新版
商取引法講義

畠田公明／松本　博／
前越俊之／嘉村雄司〔著〕

中央経済社

はしがき

　本書は、商法典第2編「商行為」を中心とした概説のほかに、現代の取引社会で実際上頻繁に行われている消費者売買、電子商取引、電子決済、保険取引、信託取引、金融取引などを含めた商取引法全般について俯瞰し、概括的な理解を得ることを意図したものである。

　商取引に関する法は、平成29年改正民法（債権法），これに伴う関係法律の整備等に関する法律による商法等の改正，さらに、平成30年「商法及び国際海上物品運送法の一部を改正する法律」により，商取引に関する規定の内容が大幅に改正された。そこで、本書は，松本博教授，前越俊之准教授および嘉村雄司准教授の協力によって，拙著「商取引法講義」（中央経済社）を全面的に改訂して，新たに上記の一連の改正に対応した教科書を公刊するものである。また，本書では，可能な限り各種の業法や約款などについても言及している。

　本書の章立ては，商行為編の体系の順序とは異なっている。本書第1章の商事売買においては，民法の規律を前提とした商行為総則の断片的な規定を可能な限り体系的な位置づけをして理解できるように工夫している。第2章では，消費者売買，電子商取引などを概説する。第3章では，商取引の決済手段について，商法典の規律する交互計算のほかに，有価証券，電子記録債権，電子決済（電子マネー）などについても言及して最小限必要な範囲内の基礎知識を得てもらうように配慮している。最終章では，その他の商取引として，商法典の規律していない，保険取引，信託取引および金融取引等についてごく簡潔に概観している。

　本書は，大学の講義等において，商取引に関する法を学ぶ者のために利用しやすいように工夫したものである。本書の本文のなかに重要な基本判例の事案の概要と判旨を紹介し，各章ごとに問題を設けて，ケース・プロブレム・メソッドに対応できるようにしている。なお，本書の内容の理解を前提として，読者がいろいろと考えて自分なりの答えを出していただければと思って，設問には解答例を付してはいない。本書の意図するところを汲んでいただいて，各自の考える力を身につける一助になるならば，筆者の何よりの喜びとするところである。

最後に,本書の刊行に当たっては,出版を快くお引き受けいただいた中央経済社の皆様方,また企画段階からご相談に応じていただき,校正その他で多大のご尽力をいただいた同社の露本敦氏に心よりお礼を申し上げる。

平成30年7月24日

畠田　公明

目　次

第1章　商事売買 ——————————————— 1

1　総　説／1
　(1)　商事売買の意義／1　　(2)　商事売買の形態／2
　(3)　商人間の売買／3

2　売買契約の成立／4
　(1)　総　説／4　　(2)　申込み／5　　(3)　承　諾／6
　(4)　商事代理および商事委任／8

3　売買契約の効力／15
　(1)　商品の引渡し／15　　(2)　商品の受領／24　　(3)　代金の支払／32

4　商事債権のその他の効力／33
　(1)　報酬請求権／33　　(2)　利息請求権／35

5　商事債権の担保／36
　(1)　総　説／36　　(2)　多数当事者間の債務の連帯／37
　(3)　流質契約の許容／39　　(4)　商人間の留置権／40
　(5)　商事売買に用いられることが多い他の債権担保手段／44

6　商事債権の消滅／47
　(1)　債権の消滅原因／47　　(2)　商事債権の消滅時効／47

7　国際売買／48
　(1)　国際売買の意義と特色／48　　(2)　国際売買の法源／48

第2章　消費者売買 ——————————————— 51

1　総　説／51
　(1)　消費者売買の意義／51　　(2)　消費者売買に関する法規制／51

2　消費者契約法／52
　(1)　総　説／52　　(2)　消費者契約法の適用範囲／52

(3)　消費者契約の申込み・承諾の意思表示の取消し／53
　　　(4)　消費者契約の条項の無効／55　　(5)　適格消費者団体の差止請求／58
　3　電子消費者契約／59
　　　(1)　総　説／59　　(2)　電子商取引などにおける消費者の操作ミスの救済／59
　　　(3)　電子商取引などにおける契約の成立時期の転換／60
　4　割賦販売法／60
　　　(1)　総　説／60　　(2)　割賦販売の規制／61
　　　(3)　ローン提携販売の規制／63　　(4)　信用購入あっせんの規制／64
　　　(5)　前払式特定取引の規制／69
　5　特定商取引に関する法律／70
　　　(1)　総　説／70　　(2)　訪問販売の規制／72　　(3)　通信販売の規制／75
　　　(4)　電話勧誘販売の規制／78　　(5)　連鎖販売取引／79
　　　(6)　特定継続的役務提供／80　　(7)　業務提供誘引販売取引／82

第3章　商取引の決済手段と有価証券　――――― 85

　1　総　説／85
　2　交互計算／85
　　　(1)　交互計算の意義／85　　(2)　交互計算の当事者・対象／86
　　　(3)　交互計算の効力／87　　(4)　交互計算の終了／89
　3　有価証券／90
　　　(1)　総　説／90　　(2)　有価証券の発行／95　　(3)　有価証券の譲渡／96
　　　(4)　有価証券の権利行使／97　　(5)　有価証券の喪失に対する救済／97
　4　電子記録債権／98
　　　(1)　総　説／98　　(2)　電子記録債権の発生・譲渡等／99
　　　(3)　電子手形としての利用／100
　5　電子決済（電子マネー，資金決済に関する法律を含む）／101
　　　(1)　総　説／101　　(2)　電子マネー／102　　(3)　資金決済法／104

第4章　匿名組合　――――――――――――――― 107

　1　匿名組合契約／107

(1) 匿名組合契約の意義／107
　　　(2) 匿名組合契約と類似するものとの相違／108　　(3) 経済的意義／109

　2　匿名組合員の出資および権利義務／112
　　　(1) 出　資／112　　(2) 営　業／113　　(3) 損益分配／116

　3　匿名組合員と第三者との関係／117

　4　匿名組合契約の終了／118
　　　(1) 終了原因／118　　(2) 終了の効果／119

第5章　仲立営業 ―――――――――――――――――― 123

　1　総　説／123
　　　(1) 仲立人の意義／123　　(2) 民事仲立人／124
　　　(3) 仲立営業の法規制／125

　2　仲立契約／126
　　　(1) 仲立契約の成立／126　　(2) 仲立契約の性質／127

　3　仲立人の義務／128
　　　(1) 善管注意義務／128　　(2) 当事者間の紛争を防止するための義務／129
　　　(3) 氏名黙秘義務および介入義務／131

　4　仲立人の権利および権限／132
　　　(1) 給付受領権限／132　　(2) 報酬請求権／132

第6章　問屋営業 ―――――――――――――――――― 139

　1　総　説／139
　　　(1) 問屋の意義／139　　(2) 問屋の経済的機能／140
　　　(3) 準問屋・運送取扱人／141

　2　問屋契約／141
　　　(1) 問屋契約の法的性質／141　　(2) 受託契約準則／142
　　　(3) 取引勧誘の規制／142

　3　問屋の権利義務／143
　　　(1) 問屋の義務／143　　(2) 問屋の権利／147

4　問屋による委託実行の効果／150
　⑴　問屋と相手方との関係／150　　⑵　委託者と相手方との関係／151
　⑶　問屋と委託者との関係／152

第7章　運送営業・運送取扱営業 ───────────── 157

1　総　説／157
　⑴　運送営業の意義と運送の種類／157　　⑵　運送人／158
　⑶　運送に対する商法以外の法規整／160

2　物品運送契約／162
　⑴　物品運送契約の意義／162　　⑵　物品運送契約の当事者／162

3　運送人の権利／163
　⑴　運送品引渡請求権／163　　⑵　送り状の交付請求権／163
　⑶　運送賃請求権・費用請求権／164　　⑷　留置権・先取特権／165
　⑸　運送品の供託権・競売権／166　　⑹　運送人の債権の短期消滅時効／167

4　運送人の義務／168
　⑴　運送人の一般的義務／168　　⑵　運送品の処分の指図に従う義務／168

5　荷送人・荷受人の権利・義務／169
　⑴　危険物に関する通知義務／169　　⑵　荷送人・荷受人の権利義務／169

6　運送人の責任／171
　⑴　総　説／171　　⑵　責任原因／171　　⑶　損害賠償額／173
　⑷　高価品に関する特則／177　　⑸　免責約款／180
　⑹　責任の消滅／181　　⑺　不法行為責任との関係／185

7　相次運送／187
　⑴　相次運送の意義／187　　⑵　相次運送の形態／188
　⑶　相次運送人の権利義務と責任／190　　⑷　複合運送／191
　⑸　宅配便および引越運送／192

8　旅客運送／196
　⑴　総　説／196　　⑵　旅客運送人の責任／198
　⑶　旅客運送人の権利／201　　⑷　企画旅行／201

9　海上運送／206
　　(1)　海上企業者／206　　(2)　海上運送／207
　　(3)　海上危険に対処する特殊制度／209

10　運送取扱営業／210
　　(1)　総　説／210　　(2)　運送取扱人の意義／211
　　(3)　運送取扱人の権利／212　　(4)　運送取扱人の義務と責任／215
　　(5)　荷受人の地位／216　　(6)　相次運送取扱い／217

第8章　寄託および場屋営業 ―― 221

1　寄　託／221
　　(1)　寄託の意義／221　　(2)　商事寄託における受寄者の注意義務／222

2　場屋営業／222
　　(1)　総　説／222　　(2)　場屋営業者の特別責任／224

第9章　倉庫営業 ―― 233

1　総　説／233
　　(1)　倉庫営業の機能と法的規制／233　　(2)　倉庫営業者の意義／234
　　(3)　倉庫寄託契約／235

2　倉庫営業者の権利／236
　　(1)　保管の目的物の引渡請求権／236
　　(2)　保管料および費用償還請求権／236
　　(3)　留置権および先取特権／237　　(4)　供託権および競売権／237

3　倉庫営業者の義務と責任／238
　　(1)　倉庫営業者の義務／238　　(2)　倉庫営業者の責任／241

4　倉庫証券／244
　　(1)　倉庫証券の意義／244　　(2)　倉荷証券／244

5　荷渡指図書／249
　　(1)　荷渡指図書の意義／249　　(2)　寄託者が発行するもの／249
　　(3)　倉庫営業者が発行するもの／250

第10章　その他の商取引 ─────────────── 253

1　保険取引／253
　(1)　総　説／253　　(2)　保険契約／253　　(3)　保険契約の法的性質／254
　(4)　保険契約の当事者および関係者／254　　(5)　損害保険契約／255
　(6)　生命保険契約／258　　(7)　傷害疾病保険契約／259
　(8)　海上保険契約／261

2　信託取引／262
　(1)　総　説／262　　(2)　信託取引の種類／263
　(3)　信託会社等の権限・義務・責任等／264　　(4)　受益者等／265
　(5)　信託の終了・清算／265

3　金融商品取引／266
　(1)　金融の意義／266　　(2)　金融商品取引／267
　(3)　金融商品販売／269

4　商品先物取引／270
　(1)　意　義／270　　(2)　商品先物取引業者／271

5　銀行取引／272
　(1)　銀行業の意義／272　　(2)　銀行以外の貸金業者の金銭貸付／275

6　その他の金融取引／278
　(1)　ファイナンス・リース取引／276
　(2)　資産の流動化による企業金融／278

事項索引 ──────────────────────────── 281
判例索引 ──────────────────────────── 287

凡　例

〔法令名〕
海運：海上運送法
会社：会社法
会社更生：会社更生法
貸金業：貸金業法
貸金令：貸金業法施行令
割賦：割賦販売法
割賦令：割賦販売法施行令
割賦施規：割賦販売法施行規則
貨物自運：貨物自動車運送事業法
貨物利運：貨物利用運送事業法
軌運程：軌道運輸規程
偽造カード：偽造カード等及び盗難カード等を用いて行われる不正な機械式預貯金払戻し等からの預貯金者の保護等に関する法律
軌道：軌道法
銀行：銀行法
金商：金融商品取引法
金商業府令：金融商品取引業等に関する内閣府令
金販：金融商品の販売等に関する法律
景表：不当景品類及び不当表示防止法
小：小切手法
公益信託：公益信託ニ関スル法律
航空：航空法
港湾運送：港湾運送事業法
国際海運：国際海上物品運送法
資金決済：資金決済に関する法律
資産流動化：資産の流動化に関する法律
下請：下請代金支払遅延等防止法
出資取締：出資の受入れ，預り金及び金利等の取締りに関する法律
商：商法
商施：商法施行法
商旧：平成17年改正前商法

商取：商品先物取引法
商取令：商品先物取引法施行令
商取規：商品取引所法施行規則
商品投資：商品投資に係る事業の規制に関する法律
消費契約：消費者契約法
信託：信託法
信託業：信託業法
信託業施規：信託業法施行規則
信託業兼営：金融機関の信託業務の兼営等に関する法律
信託業兼営施規：金融機関の信託業務の兼営等に関する法律施行規則
船舶安全：船舶安全法
船舶安全規：船舶安全法施行規則
倉庫：倉庫業法
倉施規：倉庫業法施行規則
宅建業：宅地建物取引業法
宅建業規：宅地建物取引業法施行規則
手：手形法
抵証：抵当証券法
鉄営：鉄道営業法
鉄事：鉄道事業法
鉄運程：鉄道運輸規程
電子債権：電子記録債権法
電子契約特：電子消費者契約及び電子承諾通知に関する民法の特例に関する法律
道運：道路運送法
道路運送車両：道路運送車両法
特定商取引：特定商取引に関する法律
特定商取引令：特定商取引に関する法律施行令
特定商取引規：特定商取引に関する法律施行規則
内航海運：内航海運業法
破：破産法
非訟：非訟事件手続法
法適用：法の適用に関する通則法
保険：保険法
保険業：保険業法
民：民法

民間信書送達：民間事業者による信書の送達に関する法律
民事再生：民事再生法
民執：民事執行法
民訴：民事訴訟法
無尽：無尽業法
郵便：郵便法
利息：利息制限法
旅行：旅行業法

〔判例集〕
民（刑）集：最高裁判所（大審院）民（刑）事判例集
集民：最高裁判所裁判集民事
高民集：高等裁判所民事判例集
下民集：下級裁判所民事裁判例集
　　　　＊
金判：金融商事判例
金法：旬刊金融法務事情
判時：判例時報
判タ：判例タイムズ
判決全集：大審院判決全集
法学：法学（東北帝国大学法学会）
民録：大審院民事判決録
新聞：法律新聞
新報：法律新報

主要参考文献

[概説書・コンメンタール]

青竹正一・特別講義 改正商法総則・商行為法〔第3版補訂版〕(成文堂, 2014)
石井照久=鴻常夫・商行為法（商法Ⅴ）(勁草書房, 1978)
梅田武敏・商法総則・商行為法〔新版〕(信山社, 2006)
江頭憲治郎・商取引法〔第7版〕(弘文堂, 2013)
大隅健一郎・商行為法（青林書院新社, 1967)
大塚英明=川島いづみ=中東正文・商法総則・商行為法〔第2版〕(有斐閣, 2008)
落合誠一=大冢龍児=山下友信・商法Ⅰ-総則・商行為〔第5版〕(有斐閣, 2013)
片木晴彦・基本講義商法総則・商行為法〔第2版〕(新世社, 2003)
根田正樹・企業取引法〔第2版〕(弘文堂, 2005)
近藤光男・商法総則・商行為法〔第7版〕(有斐閣, 2018)
坂本延夫=中村建=関英昭=西川昭編・新現代商法総則・商行為法（嵯峨野書院, 2006)
末永敏和・商法総則・商行為法-基礎と展開〔第2版〕(中央経済社, 2006)
鈴木竹雄・新版 商行為法・保険法・海商法〔全訂第2版〕(弘文堂, 1993)
田中誠二=喜多了祐=堀口亘=原茂太一・コンメンタール商行為法（勁草書房, 1973)
田邊光政・商法総則・商行為法〔第3版〕(新世社, 2006)
中島史雄他・導入対話による商法講義（総則・商行為法）〔第3版〕(不磨書房, 2006)
西原寛一・商行為法（有斐閣, 1973)
蓮井良憲=森淳二朗編・商法総則・商行為法〔第4版〕(法律文化社, 2006)
蓮井良憲=西山芳喜編・入門講義商法総則・商行為法（法律文化社, 2006)
服部榮三・商行為法講義〔第3版〕(文眞堂, 1976)
平出慶道・商行為法（青林書院新社, 1980)
藤田勝利=北村雅史編・プライマリー商法総則・商行為法〔第3版〕(法律文化社, 2010)
丸山秀平・基礎コース商法Ⅰ総則・商行為法／手形・小切手法〔第3版〕(新世社, 2010)
森本滋編・商行為法講義〔第3版〕(成文堂, 2009)
弥永真生・リーガルマインド商法総則・商行為法〔第2版補訂版〕(有斐閣, 2014)
山下眞弘・やさしい商法総則・商行為法〔第3版補訂版〕(法学書院, 2015)

[改正法に関する文献]
潮見佳男・民法（債権関係）改正法の概要（金融財政事情研究会，2017）
四宮和夫＝能見善久・民法総則〔第9版〕（弘文堂，2018）
野村修也ほか「特集　運送法・海商法改正に向けた動き－理論と実務からの検証」法律時報90巻3号（2018）

[判例研究・判例集]
江頭憲治郎＝山下友信編・商法（総則・商行為）判例百選〔第5版〕（有斐閣，2008）
河本一郎＝奥島孝康編・新判例マニュアル商法 I 総則・商行為（三省堂，1999）
山下友信＝神田秀樹編・商法判例集〔第7版〕（有斐閣，2017）
弥永真生・最新重要判例200〔商法〕〔第3版〕（弘文堂，2010）

[演習]
鈴木竹雄＝大隅健一郎共編・商法演習 II（総則，商行為，手形・小切手）（有斐閣，1960）
服部栄三＝蓮井良憲編・ワークブック商法〔第3版〕（有斐閣，1991）

第1章

商事売買

1 総 説

(1) 商事売買の意義

　商事売買とは，当事者の双方または一方のために商行為[1]である売買をいう。商法は，当事者の一方のために商行為となる行為について，当事者双方に適用される（商3条1項）。売買は，企業による取引の中できわめて主要なものであるが，民法にかなり詳細な規定（とくに民555条以下）が設けられているのに対して，商法は，その一般規定に対する特則として，商人[2]間の売買の特性に基づいてわずか5ヶ条の規定を設けているにすぎない（商524条〜528条）。これは，すでにある民法の売買に関する詳細な規定を前提とすることだけでなく，当事者の私的自治ないし契約自由の原則がより強く妥当する売買取引について詳細な規定を設けることは好ましくないという考慮によるものである[3]。

---

[1] 「商行為」の種類として，商法は，絶対的商行為（行為の主体のいかんを問わず，行為の客観的性質から商行為とされるもの〔商501条〕），営業的商行為（営業としてなされるとき，すなわち営利の目的をもって，反復・継続して行われることによって商行為となるもの〔商501条〕），附属的商行為（商人がその営業のためにする行為〔商503条〕）を規定する。絶対的商行為および営業的商行為は，商人概念の基礎となる行為として，基本的商行為ともいわれる。

[2] 「商人」とは，自己の名をもって商行為（商501条・502条）をすることを業とするものをいう（商4条1項〔固有の商人〕）。他に同条2項は擬制商人を定める。会社も，当然に商人となる（会社5条，商4条1項）。

[3] これに対して，一方当事者が企業であり，他方当事者が消費者である売買については，商法は特則を設けていない。このような消費者売買の場合には，企業と消費者との間の経済力や情報の格差などの観点から，買主である消費者の利益を保護する規定が必要とされることがある。このような規制をするものとして，消費者契約法，割賦販売法，特定商取引に関する法律，金融商品の販売等に関する法律などがある。消費者売買の規制は，本書第2章で取り上げる。

(2) 商事売買の形態

(イ) 総説

売買取引を営業の目的とする業としての売買業は，目的物に製造・加工をせずにそのまま商品として転売する物品販売業（いわゆる商業），製造・加工をした製品を商品として販売する製造販売業，不動産販売業などに分けられる。物品販売業は，通常の小売業，卸売業のほか，大型小売店としての百貨店やスーパー・マーケットなどの形態がある[4]。

1-1図解：商事売買

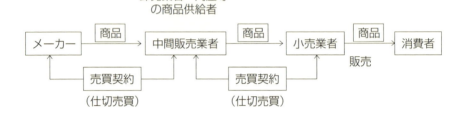

(ロ) 仕切売買等

原材料を製品化する製造業者（メーカー）の商品が最終的に消費者により購入されるまでの間，卸売業者（問屋〔とんや〕等の中間販売業者）を経て小売業者に転売されるという商人間の商品流通は，通常，連鎖的に行われる売買の形（仕切売買）をとる。このような仕切売買の場合，中間の業者は，小売業者への転売の差益を得る反面，商品の売残り・価格変動や小売業者の代金不払等のリスクを負担することになる。

これに対し，商品流通の過程において，メーカー・中間業者間の委託販売であり，中間業者が問屋（商551条〔といや〕）である場合や，中間業者が代理商（商27条，会社16条）である場合は，あまり多くないといわれる[5]。

---

4) その他の売買形態として，特約販売（特約店契約），取引所売買（商品取引所・金融商品取引所），海上売買（CIF売買・FOB売買），訪問販売・通信販売等の無店舗販売などがある。また，売買およびその類似形式として，いわゆるリース，フランチャイズ契約などが利用されている。

5) 委託販売等が多くない理由として，これらの場合に，商品の売残り・代金不払等のリスクを負わない反面，予め取り決められた報酬（手数料）の支払を受けるにとどまり，仕切売買におけるような大きな転売差益を得ることができないこと，メーカー側にとっても前記のようなリスクを中間業者に転嫁するほうがよいことなどを挙げられる。

なお，実質的な売主（たとえばメーカー）と買主（たとえば問屋〔とんや〕または小売業者）の間において売買契約が決定され，卸売業者（たとえば商社）は，単に形式的な売買当事者として両者の中間に入り，口銭（こうせん）と呼ばれる売買金額の一定割合の形で算出される報酬を取得する取引形態があり，帳合い（ちょうあい）取引あるいは介入取引といわれる[6]。

(3) 商人間の売買
(イ) 意 義

商人間の売買とは，商人間において商行為として行われる売買をいう。商人間の売買に関する商法の規定は，企業取引の迅速性の要請から，不安定な取引関係を速やかに落着させることによって，主として売主の利益を保護するために，民法の一般原則を変更している。商人間の取引であれば，相互に売主となったり買主となったりする可能性があるので[7]，商人・非商人間の売買の場合とは異なり，売主側をのみを保護することに著しく不都合があるわけではない。わが国における商品（動産）の国内売買は，商人・消費者間の売買と比べて，商人間の売買が契約金額で圧倒的な量を占めているといわれる[8]。

(ロ) 基本契約

売買契約は諾成契約であり，商人間の売買も，当事者の一方が財産権の移転を約し，相手方がその代金支払を約することによって，その効力を生ずる（民555条）。もっとも，商人間の売買は，通常，継続的取引であり，当事者間で継続的取引全体に適用される基本的事項をあらかじめ取り決めておくことが少なくない。これを基本契約という[9]。

---

[6] この取引では，卸売業者は形式上の買主・売主ではあるが，実質的には，売主（メーカー）の買主（小売業者）に対する販売信用の肩代わりをすることになるものである。したがって，商品はメーカーから小売業者に直接引き渡されるのは通例であるが，卸売業者は形式上小売業者に対する売主ではあるので，その形式に即して権利義務が定まる（大阪地判平元・3・10判時1345号100頁〔金融の便宜を供与することを目的として商社が介入した商品売買契約において商品引渡が仮装されていた事案で，買主がその商社に対し商品の引渡がないことを主張することが信義則上許されないと判示する〕）。

[7] 原材料・商品を仕入れて，製品・商品を販売するという「立場の互換性」がある。

[8] わが国の国内売買である商人間の売買は，その実態が多様であり（帳合い取引，返品条件付買取仕入れ，価格の見直し・後決めの慣行などのような各々の業界の取引慣行），また，固定化された相手方との継続的取引が中心となる。

[9] 基本契約には，①商品の特質に関する条項，②債権保全を目的とする事項，③管轄の合意（民訴11条）などの条項が含まれる。このような基本契約が締結されている場合，

2 売買契約の成立

(1) 総説

(イ) 売買契約の成立

売買契約は，申込み（承諾があれば契約を成立させる意思表示）と承諾（申込みとあいまって契約を成立させる意思表示）とによって成立する。契約書の作成は，契約条件などを確認してトラブルを防止するために望ましいものであるが，契約成立の要件ではない。商法は，申込みおよび承諾に関して，民法に対する特則を設けている（商508条～510条）。

1 - 2 図解：売買契約の成立

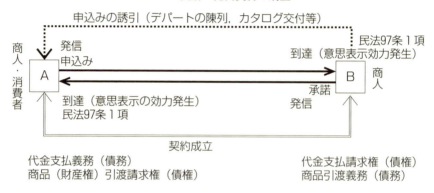

(ロ) 申込みの誘引

新規の取引である場合には，申込みおよび承諾がなされる前に，カタログ等の交付などに続いて，交渉（商談）により契約条件が詰められるが，これにより契約が成立するものではなく，それは単なる申込みの誘引と呼ばれる。契約の申込みであるのか，あるいは申込みの誘引にすぎないのかは，契約内容の重要な部分がどの程度具体的に示されているかにより区別されるものと解されている[10]。

個別の売買契約においては，当事者は，商品の明細・数量・価格・納期等について明示の合意をすることで足りる。

10) 取引の典型的な形として，売主の見積書交付は申込みではなくて，買主が注文書を交付するのが申込み，売主が注文請書を交付するのが承諾と考えられている。

(ハ) 当事者間の暫定的な合意の効力

当事者間において契約締結の準備が進捗し，相手方において契約の成立が確実なものと期待するに至った段階において，一方の当事者が相手方との契約の締結を不可能ならしめた場合には，相手方の期待を侵害しないよう誠実に契約の成立に努めるべき信義則上の義務に違反した当事者は，相手方が契約履行の準備のために支出した費用等（いわゆる信頼利益と呼ばれる）について，損害賠償責任を負うとする裁判例がある[11]。

(2) 申込み

(イ) 対話者間における契約の申込み

商人である対話者の間において（面談または電話による会話の場合），承諾期間の定めのない契約の申込みに対して，対話が継続している間に申込者が承諾の通知を受けなかったときは，その申込みは，申込者が対話の終了後もその申込みが効力を失わない旨を表示しない限り，その効力を失う（民525条3項）。なお，承諾期間の定めのない対話者間での申込みは，その対話が継続している間は，いつでも撤回することができる（民525条2項）。

(ロ) 隔地者間における契約の申込み

商人である隔地者の間において承諾の期間を定めないで契約の申込みを受けた者が相当の期間内に承諾の通知を発しなかったときは，その申込みは，その効力を失う（契約は成立しない）（商508条1項）。これは，申込者が承諾の通知を受けるのに相当な期間を経過するまでは撤回できないとする民法の規定（民525条1項）に対する特則である。なお，申込者は，遅延した承諾を新たな申込みとみなすことができる（商508条2項，民524条）。

---

11) 最判昭58・4・19判時1082号47頁（商人間の土地売買契約の過程において当事者の一方が契約の成立を不可能にしたことが不法行為になるとされた事例），最判平2・7・5集民160号187頁，東京高判昭62・3・17判時1232号110号。ただし，銀行間で業務提携等を企図した協働事業化に関する基本合意が破棄された事例で，最終契約が締結されていれば得られたであろう利益（履行利益）相当額の損害賠償を認めなかった裁判例がある（東京地判平18・2・13判時1928号3頁）。

(3) 承　諾
(イ) 到達主義
　承諾の通知が相手方に到達した時から，その効力が生じ（民97条1項〔到達主義〕），契約が成立する。また，申込者が承諾の期間を定めて契約の申込みをした場合には，その期間内に承諾の通知が到達しなければ契約は成立しない（民523条2項）。
(ロ) 商人の諾否通知義務
　商人が平常取引をする者からその営業の部類に属する契約の申込みを受けたときは，遅滞なく，契約の申込みに対する諾否の通知を発しなければならない（商509条1項）。この通知を怠ったときは，その商人は，その契約の申込みを承諾したものとみなされる（商509条2項）。商取引の迅速性を促進し，継続的・反復的に取引が行われている場合において相手方（申込者）の信頼を保護するものである。これは，民法において契約の申込みを受けた者はその諾否の通知義務がなく，その者が承諾しない限り，契約が成立しないという原則（民522条・523条・525条参照）に対する特則を規定するものである（なお，本規定は商508条に対する特則でもある）。

① 平常取引をする者　　平常取引をする者とは，従来継続的に取引関係があり，今後も取引の反復が予想される者を意味する[12]。必ずしも当該申込を受けた事項について過去に取引があったことまでは要しない[13]。以前，1，2回の売買契約があったとしても，直ちに平常取引をする間柄とはいえない[14]。申込みを受けた者は商人でなければならないが，申込者は商人でなくてもよい。

② 営業の部類に属する契約　　営業の部類に属する契約とは，その商人にとって基本的商行為（商501条・502条）に属する契約をいうと解するのが通説であり[15]，商取引における契約解除の申込みには商法509条の適用はな

---

[12] 東京高判昭58・12・21判時1104号136頁（上告審である最判昭59・11・16金法1088号80頁も原審の認定判断を正当として是認する）。
[13] 札幌高判昭33・4・15判時150号30頁。
[14] 大判昭6・9・22法学1巻2号233頁。
[15] 最判昭59・11・16金法1088号80頁も通説の同じ立場に立つ原審（東京高判昭58・12・21判時1104号136頁）の判断を正当として是認する。

く[16]．委託者からの取引所取引員に対する代物弁済の申込み[17]，商人に対する借地権放棄の申込み[18]，取消不能信用状の条件変更の申込み[19]にも同様に本条の適用はないものと解されている。また，銀行取引における保証人脱退の申込みは，承諾が当然に予想されるものではないから，その申込みについて本条の適用・類推適用を否定した裁判例[20]もある[21]。

③ **承諾の擬制** 申込みを受けた商人が遅滞なく諾否の通知を発することを怠ったときは，申込みを承諾したものとみなされる（商509条2項）。これにより当然に契約成立の効果を生じ，両当事者を拘束することになって，申込者がその後に申込みを撤回することは当然には認められない。遅滞なく拒絶の通知を発すれば，承諾が擬制されることはなく，通知の延着・不到達の危険は申込者が負担するとことになると解されている。また，商人が諾否通知義務を怠っても，損害賠償の問題を生じることはなく（法定のいわゆる不真正義務・間接義務），通知を怠ったことについて過失のない場合（正当な事由により申込みを知らなかった場合や，意思無能力の場合など）には，承諾を擬制されることはないと解されている[22]。

(4) **商人の送付物品保管義務**

商人がその営業の部類に属する契約の申込みを受けた場合において，その申込みとともに受け取った物品があるときは，その申込みを拒絶したときであっても，申込者の費用をもってその物品を保管しなければならない（商510条本文）。

---

16) 東京控判明42・6・29新聞586号9頁。
17) 大判昭2・4・4民集6巻125頁。
18) 最判昭28・10・9民集7巻10号1072頁。
19) 東京地判昭52・4・18判時850号3頁。
20) 東京高判昭58・9・28判時1092号112頁（上告審である最判昭59・5・29金法1069号31頁は原審の認定判断を正当として是認する）。東京高判昭58・12・21判時1104号136頁も，保証人変更の申込みは銀行にとって諾否を容易に決しうる日常集団的反復的に行われる契約の申込みではないとして，本条の適用を否定する。
21) 通説の立場では，問屋が委託の実行行為としてなす販売・買入れのような附属的商行為（商503条）は適用範囲外となり不合理であるとして，必ずしも基本的商行為に限らず，商人が営業上集団的・反復的に行う契約をいうとする見解も有力である。
22) なお，商法509条の承諾擬制の範囲は広すぎて相当でないとして，申込みに対する沈黙が承諾を意味すると当然に予想される類型の取引にのみ（東京高判昭58・9・28判時1092号112頁参照），同条の適用は限定されるべきである見解も近時有力に主張されている。

商法510条は，商取引においては，契約の申込みと同時に，その目的物の品質等を知らせるために見本として，または承諾を予期して，契約の目的物の全部または一部を送付することが少なくないことから，迅速・円滑な商取引の成立を促進し，取引の相手方の商人に対する信頼を保護するために，商人に特別の義務を課しているものである[23]。これは，民法において契約の申込みを拒絶した場合に契約が成立していないので，送付された物品を返送・保管する義務を負わないという原則に対する特則を規定するものである。

　ただし，その物品の価額がその費用を償うのに足りないときには，このような保管義務を課すことは商人に酷であり，また，商人がその保管によって損害を受けるときにまで保管の義務を課すのは適当ではないので，このような場合には保管義務はない（商510条但書）。

　申込みを受ける者は商人に限られるが，申込みを行う者は商人であることを要しない。また，申込者はその相手方である商人と平常取引をする者であることを要せず（商509条対比），売買その他の何らかの法律関係の存在も前提としない。

　商人が送付物品を保管するには善良な管理者の注意をもってしなければならないが，保管は必ずしも商人自身が行う必要はなく，倉庫営業者に寄託するなど場合に応じて適宜の保管方法をとればよいと解されている。

　上記の保管義務が認められるのは，隔地取引の場合（申込者が相手方である商人の営業所所在地に在住しない場合）に限られると解するのが多数説である。同地取引の場合（申込者が相手方である商人の営業所所在地に在住する場合）には，申込みが拒絶されたとき，申込者自身が送付物品について適切な処置をとることができるからである。

　なお，商法510条における契約の申込みは，必ずしも売買の申込みには限らず，問屋に対する販売の委託とか，請負業者に対する請負申込み（一部材料送付の場合），運送業者に対する運送の申込み（運送品送付の場合）などでもよい。

(4) **商事代理および商事委任**
(イ) **商事代理**
① 岩本産業事件（最大判昭43・4・24民集22巻4号1043頁）　　訴外A株式会社

---

[23] 大阪地判昭63・3・24判時1320号146頁。

は，その所有するラムアンゴラ毛糸（価格約40万円）を，金融を業とするX株式会社よりの借受金の担保のため，X会社に対し譲渡担保に供した。A会社の倒産後，X会社において換価処分しようとしたが，X会社は毛糸の売買には携わらず換価困難であったので，X会社よりA会社代表者Bにこの売却方を依頼し，Bより更に同A会社代表者Cにその旨連絡した結果，Cと毛糸類売買を業とするY株式会社代表者Dとの間に，上記毛糸を売買する旨の売買契約が締結された。その契約締結当時，B・Cにおいて本件毛糸がX会社に譲渡担保に供せられていたことを知っていた。また，代理関係の存在を認め得べき事情または外観が全く存在せず，相手方たるY会社において訴外A会社代表者CがX会社のために行為したことは到底これを知り得べきでなかった。Y会社が代金を支払わなかったので，X会社はY会社に対し売買代金・その遅延利息の各支払を求める訴えを提起した。第1審はX会社の請求を認容したが，第2審はX会社の請求を棄却した。そこで，X会社が上告したが，最高裁は，次のように判示して，本件上告を棄却した。

「民法は，法律行為の代理について……いわゆる顕名主義を採用している（同法99条1項）が，商法は，本人のための商行為の代理については……顕名主義に対する例外を認めている（同法504条本文）のである。これは，営業主が商業使用人を使用して大量的，継続的取引をするのを通常とする商取引において，いちいち，本人の名を示すことは煩雑であり，取引の敏活を害する虞れがある一方，相手方においても，その取引が営業主のためされたものであることを知っている場合が多い等の事由により，簡易，迅速を期する便宜のために，とくに商行為の代理について認められた例外であると解される。

しかし，この非顕名主義を徹底させるときは，相手方が本人のためにすることを知らなかった場合に代理人を本人と信じて取引をした相手方に不測の損害を及ぼす虞れがないとはいえず，かような場合の相手方を保護するため，同条但書は，相手方は代理人に対して履行の請求をすることを妨げないと規定して，相手方の救済を図り，もって関係当事者間の利害を妥当に調和させているのである。そして，右但書は善意の相手方を保護しようとする趣旨であるが，自らの過失により本人のためにすることを知らなかった相手方までも保護する必要はないものというべく，したがって，かような過失ある相手方は，右但書の相手方に包含しないものと解するのが相当である。

かように，代理人に対して履行の請求をすることを妨げないとしている趣

旨は，本人と相手方との間には，すでに同条本文の規定によって，代理に基づく法律関係が生じているのであるが，相手方において，代理人が本人のためにすることを知らなかったとき（過失により知らなかったときを除く）は，相手方保護のため，相手方と代理人との間にも右と同一の法律関係が生ずるものとし，相手方は，その選択に従い，本人との法律関係を否定し，代理人との法律関係を主張することを許容したものと解するのが相当であり，相手方が代理人との法律関係を主張したときは，本人は，もはや相手方に対し，右本人相手方間の法律関係の存在を主張することはできないものと解すべきである。もとより，相手方が代理人に対し同人との法律関係を主張するについては，相手方において，本人のためにすることを知らなかったことを主張し，立証する責任があり，また，代理人において，相手方が本人のためにすることを過失により知らなかったことを主張し，立証したときは，代理人はその責任を免れるものと解するのが相当である。

しかるに……Y会社において，X会社との取引関係を否定し，本件売買契約の一方の当事者は訴外A会社であってX会社ではないとして，右訴外A会社との法律関係を主張していることは，記録上明らかであるから，X会社は，Y会社に対し，右訴外A会社代表者Cの代理行為に基づいて生じたY会社との間の法律関係を主張することはできないものというべく，右法律関係を前提とするX会社の本訴請求は，理由がないといわなければならない。」

② **顕名主義と非顕名主義** 商行為の代理人が，本人のためにすることを示さない場合であっても，その行為は本人に対してその効力を生ずる（商504条本文）。これはいわゆる非顕名主義といわれる。

これに対し，民法では，代理の方式について顕名主義がとられ（たとえばA代理人B），代理人が本人のためにすることを示さないときは，代理人の行為は本人に対して効力を生じることはなく，代理人自身のためにしたものとみなされる（民99条1項・100条本文）。

そこで，商法504条本文は，民法の代理にかかる顕名主義の例外であるのか，例外ではなく実質上民法100条但書と同趣旨の規定であるのか，さらに代理人に対する履行請求を認める商法504条但書の理解をめぐって学説上争いがある。

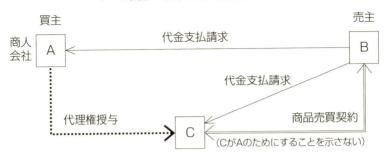

1－3図解：商事代理（非顕名顕主義）

③ **商法504条本文の立法趣旨** 商法504条本文は，簡易迅速を重んずる商取引においては，たとえば使用人が営業主のために大量的・継続的に取引する場合のように，代理行為の際にいちいち本人のためにすることを示すのは煩雑であり，また，いちいちこれを示さなくても実際上相手方においてその事情を知る場合が多く，しかも商取引においては，取引の相手方の個性よりも取引の内容が重視されることが多いことから，民法の原則に対する例外として，商行為の代理について非顕名主義の特則を定めていると解するのが判例[24]・従来の多数説である[25]。

商法504条の商行為の代理人とは，本人にとって商行為となる行為を代理する代理人を意味し，相手方にとってのみ商行為となる行為については適用されない[26]。なお，本人のために絶対的商行為となるにすぎない場合には，商法504条の適用を否定する見解[27]もある。

商法504条は代理に関する特則であるが，会社の代表機関が会社のためにすることを示さないで行為をする場合にも適用される[28]。しかし，手形行為および小切手行為（商501条4号）には，書面行為としての性質上，同条の適用はなく，また民法100条但書の適用もないと解することを要し，代理人は必ず本人のためにすることを証券に記載して署名または記名捺印をしなけれ

---

[24] 最大判昭43・4・24民集22巻4号1043頁（前掲岩本産業事件）。
[25] これに対し，商法504条本文は民法100条但書と同趣旨のことを規定したにとどまると解する少数説がある。しかし，この解釈は，商法504条但書が善意の相手方の代理人に対する請求を妨げないとする規定の文言と調和しない。
[26] 最判昭51・2・26金法784号33頁。
[27] 岐阜地判昭37・2・6下民集13巻2号170頁。
[28] 大判大7・5・15民録24輯850頁，東京地判昭56・9・25判タ463号140頁。

ばならない。

④ 相手方の保護

(a) 商法504条但書　商行為の代理については，代理関係を相手方が認識していたか否かにかかわらず，本人と相手方との間に代理行為の効力が本人に対して生ずるならば，その行為に基づく義務は本人のみが負い，代理人は何ら義務を負わないことになる（商504条本文）。

しかし，代理行為の際に本人のためにするものであることが示されないため，相手方はその行為が代理人自身のための行為であると誤信して取引する場合でも，相手方は本人に対してしか義務の履行を請求できないとすれば，相手方は不測の損害を被るおそれがある。そこで，商法504条但書は，相手方が本人のためにすることを知らなかったときは，代理人に対して履行の請求をすることを妨げないものとしたと解するのが判例[29]・多数説である。

(b) 本人・代理人と相手方との間の法律関係　商法504条但書の適用によって，誰と誰との間に法律関係（契約関係）が成立することになるのかという点をめぐり，同条但書の解釈について判例・学説が対立している[30]。

判例は，本人と相手方との間には，すでに商法504条本文の規定によって，代理に基づく法律関係が生じているのであるが，相手方において，代理人が本人のためにすることを知らなかったときは（過失により知らなかったときを除く），相手方保護のため，相手方と代理人との間にも上記と同一の法律関係が生ずるものとして，相手方は，その選択に従い，本人との法律関係を否定し，代理人との法律関係を主張することを許容したものと解するのが相当

---

[29]　最大判昭43・4・24民集22巻4号1043頁（前掲岩本産業事件）。

[30]　㋑従来の多数説は，商法504条本文により本人と相手方との間に法律関係が生じ権利を有し義務を負うが，同条但書に基づき相手方の不測の損害を防ぐため代理人も相手方に履行の責めを負わなければならず，本人および代理人は相手方に対し不真正連帯債務を負うと解する。この見解は，文理に素直で立法者の意思にも合致するものと考えられているが，相手方が本人から請求を受ける場合，相手方が代理人に対して有する抗弁を本人に主張しえない結果となるという指摘がなされている。

その他に，㋺相手方と代理人との間に法律関係が生じ，相手方に対して債権者となるのは本人ではなく代理人だけであり，相手方に対する債務者としては，本人と代理人が並んで不真正連帯債務者となるとする見解，㋩商法504条は民法100条但書と同趣旨のものと解する立場からは，相手方は，代理関係を過失なくして知らなかった旨を立証しない限り，代理の効果を否認することができないとする見解，さらに㋥相手方と本人との間ならびに相手方と代理人との間に法律関係が生じ，相手方はそのいずれかを選択して請求することができるとする見解がある。

であり，相手方が代理人との法律関係を主張したときは，本人は，もはや相手方に対し，その本人・相手方間の法律関係を主張することはできないものと解すべきであるとする[31]。

　したがって，契約関係が相手方・代理人間に確定後は，相手方は代理人が支払不能の場合にも本人に対し請求できなくなる[32]。この結論は，代理人の資力を見誤った相手方の保護に欠けるのではないかという疑問が呈されている。また，上記の判例のように解すると，本人が相手方に対し債務の履行を求める訴訟を提起し，その訴訟継続中に，相手方が債権者として代理人を選択した場合，代理人が相手方に請求しようとしても，すでに消滅時効期間が経過していたというようなことも起こりうる。

　そこで，判例は，上記のような場合，本人の請求は訴訟が継続している間，代理人の債権につき催告に準じた時効中断の効力を及ぼすものと解することにより，代理人の相手方に対する請求を認めている[33]。

　なお，商法504条但書の適用につき，相手方の無過失を要求する見解と，無過失を要求しない見解とが対立していたが，前記昭和43年最高裁判例は，無過失を要する旨を判示し，代理関係を過失により知らなかった相手方は代理人に対して履行を請求できず，かつ，相手方の過失の立証責任は代理人にあると解している。

(ロ)　**商事委任**

① **本人の死亡と商事委任による代理権**　　商行為の委任による代理権は，本人の死亡によって消滅せず（商506条），代理人は当然に相続人の代理人となる。民法の原則によれば，代理権は本人の死亡により消滅することになるが

---

[31]　最大判昭43・4・24民集22巻4号1043頁（前掲岩本産業事件〔上記注30〕の学説㊀の立場をとる〕）。

[32]　東京高判昭63・3・9判時1282号150頁（相手方が代理人に対する不法行為に基づく損害賠償請求の勝訴判決を得た後，さらに本人に対して，本人との間の委任契約に基づく債務不履行責任を追及した事案において，前記昭和43年最高裁大法廷判決の見解を判示した上で，相手方が不法行為法上の法律関係にすぎない上記件訴訟を提起したとしても，相手方と本人との間の契約法上の法律関係を否定したものと解することはできないとして，本人の債務不履行責任を認容した）。

[33]　最判昭48・10・30民集27巻9号1258頁。このような判例の立場に対して，相手方が代理人との法律関係を主張した場合にも，本人の相手方に対する請求権は消滅せず，ただ相手方は本人の請求に対し代理人に対して対抗できたはずの抗弁を提出できると解すべきであるとの見解も主張されている。

(民111条1項1号)。この原則が商取引の場合に適用されると，商業使用人などの代理権がすべて消滅することにより営業活動が一時中断する不都合を生じ，また，商取引では営業主である本人よりも，代理人が代理している本人の営業そのものを重視して取引する場合も少なくない。このような理由から，上記の特則が認められたのである。

営業主の相続人がその債権債務一切を承継する以上は，併せてその企業体としての営業も承継し，営業を承継する意思があったかどうか，また，現実に営業を承継したかどうかに係わらず，代理人の代理権は営業主の死亡によって消滅しない[34]。

商法506条の定める「商行為の委任による代理権」というのは，委任契約の目的である行為が商行為である場合（たとえば商品の仕入・売却等）ではなく，代理権を付与する行為である委任自体が委任者からみて商行為（附属的商行為〔商503条〕）である場合（たとえば商人による支配人の選任等）と解される[35]。商人でない者が絶対的商行為を委任する場合にも本条を適用することは，前記の特則を認めた理由から，適切でないからである。なお，代理権授与の基礎となる法律関係は，必ずしも委任に限らず，雇用・組合などの場合にも同様に解される。

② **商事委任と事務処理の権限**　商行為の受任者[36]は，委任の本旨に反しない範囲で，委任を受けない行為をもすることができる（商505条）。これは，事情の変更により委任者が不利益になる場合に受任者が臨機応変の措置を取りうることは民法644条の善管注意義務上からも当然であり，したがって，商法505条は，民法644条の趣旨を明確にしたものにすぎないと一般に解されている[37]。

---

34) 東京高判平10・8・27高民集51巻2号102頁。
35) 大判昭13・8・1民集17巻1597頁・通説。
36) 受任者とは，商行為をなすべき委任を受けた者の意味であり，商法506条のように委任自体が商行為であることを要しないと解されている。
37) これに対し，委任の本旨に従い委任事務を処理すべきものとする民法の原則（民644条）の例外を定めて受任者の権限を拡張した規定であると解する見解もある。
　なお，商法505条の前後の規定が代理権に関する規定であることを理由に，本条の規定は委任者と受任者との内部関係を定めると同時に対外的代理権の拡張をも行ったものであるとする見解（大判明38・5・30新聞285号13頁。この見解によれば，商行為の代理権を与えられた受任者が代理権外の行為をしたときも，委任の本旨に反しない範囲内では直接本人に対してその効力を生ずることになる）と，たんに委任について委任者と

3 売買契約の効力

(1) 商品の引渡し
(イ) 売主の財産権移転義務

　商品の売買契約において，その契約の目的物である財産権を移転することは（民555条），売主の基本的義務である。売主が移転する財産権は，売主に属している必要はなく，他人の物の売買でもよい（民561条）。目的物の占有の買主への事実としての占有移転を，「引渡し」と呼び，買主側からはそれを自己の占有下におくことを「受取り」（receipt）という。その受け取った商品が契約条件に適合するか否かを検査した後に，買主が売買契約の目的物として受け入れる意思的行為を指して「受領」（acceptance）と呼ぶ。

(ロ) 商品の引渡しの時期（取引時間）

　引渡しの時期の定め方としては，引渡期日，引渡期間，あるいは引渡期限を定める場合などがある。法令または慣習により取引時間の定めがあるときは，その取引時間内に限り，弁済（引渡し）をし，または弁済（引渡し）の請求をすることができる（民484条2項）。もっとも，本条は任意規定であるから，当事者が別段の特約をすることは差し支えない[38]。

(ハ) 商品の引渡しの場所（履行の場所）

　商行為によって生じた債務の履行（引渡し）の場所が，その行為の性質または当事者の意思表示によって定まらないときは，①特定物[39]の引渡しはその行為の時（契約時）にその物が存在した場所において[40]，②その他の債務の履

　　受任者との内部関係を定めたにすぎないとする説（多数説）が対立している。
- 38) 取引時間外の弁済の提供であっても，それが弁済期日内であり，かつ，債権者が任意に弁済を受領したときは，有効な弁済があったということができ，債務者の履行遅滞を理由とする損害賠償責任または解除も問題とならない（最判昭35・5・6民集14巻7号1136頁）。
- 39) 「特定物」とは，物の個性に着目して引渡しの対象とされる物（年代物のワイン・皿・クラシックカー，不動産〔土地・建物〕など）をいう。これに対し，「不特定物」（種類物）とは，物の個性を問わず，単に同じ種類・数量・品質等に着目して引渡しの対象とされる物（ワイン1ケース，皿1セット，新車5台など）をいう。
- 40) 民法では「債権発生の時に」その物の存在した場所（民484条前段）とされるので，停止条件付または始期付法律行為の場合には差異を生ずるが，この差異には特別の合理性は認められないといわれている。

行（引渡し）は債権者の現在の（履行時の）営業所（営業所がない場合にはその住所）において，行うことを要する（商516条〔持参債務〕）[41]。

民法では一般債務の弁済（引渡し）の場所（履行の場所）として債権者の住所を定める（民484条）のに対して，商行為によって生ずる債務の債権者は商人であることが多いので，債権者の現時の営業所を住所に優先させただけである[42]。なお，弁済（引渡し）の費用は債務者（売主）の負担とするのが原則であるが，債権者（買主）が営業所等を移転したため債務者の弁済費用を増加させたときは，その増加額は債権者の負担とされる（民485条）[43]。

㈡　債務の本旨に従った引渡し

弁済の提供（売買目的物の引渡し）は，債務の本旨に従って現実にしなければならない（民493条本文〔現実の提供〕）。ただし，債権者（買主）があらかじめその受領を拒み，または債務の履行について債権者の行為を要するときは，弁済（引渡し）の準備をしたことを通知してその受領の催告をすれば足りる（民493条但書〔口頭の提供〕）。弁済の提供により，売主は債務不履行責任（民415条）を免れ，相手方である買主は同時履行の抗弁権がなくなる（民533条）。

不特定物（種類物）の場合において，契約の性質または当事者の意思によってその引き渡すべき商品の品質を定めることができないときは，債務者（売主）は，中等の品質を有する物を給付しなければならない（民401条1項）。引渡方法は，現実の提供として，当事者間の合意または商慣習による[44]。

㈥　引渡しの遅延と損害賠償・契約解除

契約で定められた引渡時期に売主が目的物を引き渡さない場合，売主の履行遅滞となり（民412条1項），これにより，買主は損害賠償請求（民415条）およ

---

41) 買主の代金支払義務の履行場所も，売買目的物の引渡しと代金支払とが同時履行の場合には，買主の営業所が代金支払場所となる（民574条）。
42) これに対し，指図証券・記名式所持人払証券・無記名証券の弁済は，債務者の現在の住所においてしなければならない（民520条の8・520条の18・520の20〔取立債務〕）。
43) 当事者間の特約として，売主工場渡し，買主工場渡し，倉庫渡し，営業所渡しなどが挙げられるが，特約がない場合でも，業界の商慣習があれば（たとえば大判大14・12・3民集4巻685頁〔「深川渡し」と定めた場合に，その引渡場所は売主指定の深川の倉庫またはハシケ係留河岸と認められた事例〕），それが適用されることになる。
44) ①現物を買主に提供する方法，②現物を倉庫営業者等の第三者に寄託したまま倉荷証券（本書第9章**4**参照）等の物品証券を買主に提供する方法，③売主を発行者とする受寄者宛の荷渡指図書（本書第9章**5**参照）の交付を受けた買主が受寄者から現物を受け取る方法などが利用される。

び契約解除（民541条）をすることができる。この場合に、損害賠償額の予定をすることによって、買主は損害額を証明しないで予定額を請求することができる（民420条）[45]。

また、売主の履行遅滞の場合に、相当の期間を定めた催告（民541条）をしなければ、買主は売買契約を解除することができないので、実際上商取引の迅速性を図るために、催告なしに（同時履行の定めがある場合には抗弁権を喪失させるための代金提供をしないで）契約を解除することができる旨の特約が定められることがある[46]。引渡しの遅延について、売主は、自己の責めに帰すべき事由が存在しないことを立証すれば、買主による損害賠償請求（民415条）および契約解除（民541条）を免れることができる[47]。

㈡　定期売買の履行遅滞による解除

① 尼崎特殊社交飲食業組合事件（最判昭44・8・29判時570号49頁）　ＹとＡはいずれも土地の転売を業とする者であったが、Ｙは、Ａが組合長であるＢ組合に、営利の目的で特飲街用地5,000坪を売却した。上記価額は当時の時価より安く、付近一帯は地価上昇気味であったが、5,000坪のうち1,726坪分の代金が支払われなかった。そこで、Ｙはこの取引を打切ろうとしたが、Ａは組合長としての立場がなくなるからとして、上記契約を合意解除のうえで、あらためて、Ａ個人とＹとの間で1,726坪の土地の売買契約を締結し、昭和30年3月10日までにその売買代金の全額が支払われるべきこととされた。ところが、その代金の支払が履行されず、Ａは上記土地をＸに転売した。そこで、ＸがＹに対して上記土地の所有権移転登記手続を求めて訴えを提起した。

原審は、ＡとＹとの間の売買は確定期売買（定期売買）であるとして、Ｘの請求を認めなかった。これに対し、Ｘは上告したが、最高裁は、次のように

---

[45]　なお、賠償額の予定の一定額を無効とするものとして、消費契約9条、割賦6条参照。
[46]　商人間において商品の逐次供給契約（単一の売買契約が分割して履行されるもの）をした場合には、買主は原則として未履行部分についてのみ解除することができ、一部分の履行のみでは契約の目的を達することができないなどの特別の事情が存する場合にのみ、既に履行を終えた部分を含め全部の解除をすることができるとする判例がある（大判大14・2・19民集4巻64頁）。
[47]　実際上、売主の責めに帰すべき事由を明確にするために、取引基本契約において、不可抗力免責条項といわれる条項を設け、当該条項に該当する事態（たとえば、天災地変、戦争・暴動等、公権力の行使〔輸出入の禁止、行政指導等〕、ストライキ、輸送機関の事故、原材料・為替等の高騰）が生じたことのみが立証されれば、売主は責任を免れる旨を定める場合が多いといわれる。

判示して，上告を棄却した。

「商人間の売買において，当事者の意思表示により，一定の日時または一定の期間内に履行をなさなければ，契約をなした目的を達することができないときは，その売買は確定期売買と解すべきところ，Yが昭和30年2月9日Aに対し1,726坪の土地を売却するについては，特飲街をつくるという特殊な事情があり，そのため相場より相当安く売却したわけであるから，Yとしては，土地分譲を業としているかぎり，何時までも安価な土地の提供にしばられることは不本意不合理であるとの立場から，Aの立場も考慮して昭和30年3月10日までに代金全額の支払いがあることに特別の関心を示したものであり，Aもこのことを了解のうえ，同日までに代金を支払うことを約束したことは，原審の適法に確定した事実である。したがって，右売買をもって当事者の意思表示によって，同日までにAが代金を支払わなければ契約の目的を達することができない確定期売買であるとした原審の判断は相当である。」，「確定期売買においては，当事者の一方が履行をしないで，その時期を経過したときには，該売買契約は解除されたものとみなされるのであり（商法525条），その不履行が債務者の責に帰すべき事由に基づくか否か，すなわち履行遅滞の有無に関せず，所定時期の経過という客観的事実によって売買契約は解除されたとみなされるのである。」

② 定期売買の解除の意義　商人間の売買において，売買の性質または当事者の意思表示により，特定の日時または一定の期間内に履行をしなければ契約をした目的を達することができない場合において，当事者の一方が履行をしないでその時期を経過したときは，相手方は，直ちにその履行の請求をした場合を除き，契約の解除をしたものとみなされる（商525条）。

この定期売買の解除の規定は，民法の定期行為（民542条1項4号）の場合に相手方が催告することなく直ちに解除の意思表示をすることができるとする規定に対する特則である。すなわち，商取引の迅速な法律関係の確定を要請し[48]，相手方が他方当事者の危険において不当な投機をすること[49]を防止する趣旨である。

---

[48] 相手方の解除の意思表示にかからしめると，とくに売主は履行の準備と解除の場合の両方に対処しなければならないという不安定な状態におかれるからである。

[49] 相手方，通常の場合に買主は，価格が下落すれば解除し，価格が高騰すれば履行を求めるというような危険がある。

③ **売買の性質による定期売買**　たとえば，中元進物用のうちわの売買[50]やクリスマス用品の売買[51]などの季節商品は，その利用時期・転売時期が限定されていることから，売買の性質による定期売買と解されている。価格の変動が激しい商品の売買は，転売を目的とする場合には定期売買に当たるか否かを判断するために重要な要素となるが，裁判例において，それを根拠として株式の売買[52]を性質による定期売買とするものと，相場の変動の激しい商品の売買はその性質上直ちに定期売買であるとは断じ難いとして，輸出用綿布の売買[53]やビール会社の株式の売買[54]は性質による定期売買とはいえないとするものがある。

④ **当事者の意思表示による定期売買**　商人間の売買において目的物引渡しの期日が特定されただけで，当然に意思表示による定期売買となるわけではない[55]。しかし，代金支払時期を重視して，売主が代金をとくに安く定めた場合は，意思表示による定期売買と認める判例[56]がある。

⑤ **契約の当然解除**　当事者の一方が履行をしないでその時期を経過したときは[57]，相手方が直ちに[58]その履行の請求（債務者に到達することを要する〔民97条〕）をしない場合には，契約の解除の意思表示を要せず，売買契約の当然解除という効果が生じる。

(ト)　**危険負担等**

売買契約締結後にその目的物が滅失して（後発的不能），その引渡債務の履行が不可能となる場合（後発的な履行不能）に，危険負担等の問題が生じる[59]。

① **反対給付の履行拒絶**　当事者双方の責めに帰することができない事由によって債務を履行[60]することができなくなったときは，債権者は，反対給

---

50) 大判大9・11・15民録26輯1779頁。
51) 大判昭17・4・4法学11巻12号1289頁。
52) 東京控判大10・6・6新聞1876号21頁，名古屋地判大11・7・10新聞2042号24頁。
53) 大阪地判昭30・7・11下民集6巻7号1425頁。
54) 大判昭11・7・14新聞4022号7頁。
55) 大判明39・10・18民録12輯1289頁。
56) 最判昭44・8・29判時570号49頁〔前掲尼崎特殊社交飲食業組合事件〕）。
57) その不履行は，履行遅滞の有無に関しない（最判昭44・8・29判時570号49頁〔前掲尼崎特殊社交飲食業組合事件〕）。
58) 「直ちに」とは，履行期の到来と同時に，またはその後直ちにの意味である（大判明44・6・13民録17輯392頁）。
59) なお，債務者に帰責事由があるときは債務不履行の問題となる。
60) 商品の売買契約の場合，債務の履行は売主の引渡債務の履行をいう。

付の履行[61]）を拒むことができる（民536条1項）。これに対し，債権者の責めに帰すべき事由によって債務を履行することができなくなったときは，債権者は，反対給付の履行を拒むことができず，この場合において，債務者は，自己の債務を免れたことによって利益を得たときは，これを債権者に償還しなければならない（民536条2項）。

② **目的物の滅失等についての危険の移転**　売主が買主に目的物（売買の目的として特定したものに限る）[62]）を引き渡した場合において，その引渡しがあった時以後にその目的物が当事者双方の責めに帰することができない事由によって滅失し，または損傷したときは，買主は，その滅失または損傷を理由として，履行の追完の請求，代金の減額の請求，損害賠償の請求および契約の解除をすることができず，この場合において，買主は，代金の支払を拒むことができない（民567条1項）。

また，売主が契約の内容に適合する目的物をもって，その引渡しの債務の履行を提供したにもかかわらず，買主がその履行を受けることを拒み，または受けることができない場合（買主が受領しなかったので，売主が目的物を持ち帰ったような場合）において，その物が特定されている限り，その履行の提供があった時以後に当事者双方の責めに帰することができない事由によってその目的物が滅失し，または損傷したときも，上記の民法567条1項と同様に，物の滅失・損傷の危険が原則として買主に移転する（民567条2項）[63]）。

(チ)　**買主の受領遅滞と売主の供託権等**

① **買主の受領遅滞等**

(a)　**受領遅滞**　債権者が債務の履行を受けることを拒み，または受けることができない場合において，その債務の目的が特定物の引渡しであるときは，債務者は，履行の提供をした時からその引渡しをするまで，自己の財産に対するのと同一の注意をもって，その物を保存すれば足りる（民413条1項）。また，債権者が債務の履行を受けることを拒み，または受ける

---

[61]　反対給付の履行は，商品の売主である債務者からの反対債務の履行請求，すなわち買主（債権者）の代金の支払債務の履行をいう。

[62]　本条の対象は「特定物」（民400条）と「特定した種類物」（民401条2項）であることを意味し，「特定していない種類物」は含まれない。

[63]　売主の責めに帰すべき事由（民413条1項参照）による滅失・毀損の場合は，例外となる。なお，民法413条の2第2項参照。

ことができないことによって，その履行の費用が増加したときは，その増加額は，債権者の負担とする（民413条2項）。

(b) 履行遅滞中または受領遅滞中の履行不能と帰責事由　債務者がその債務について遅滞の責任を負っている間に当事者双方の責めに帰することができない事由によってその債務の履行が不能となったときは，その履行の不能は，債務者の責めに帰すべき事由によるものとみなされる（民413条の2第1項）。また，債権者が債務の履行を受けることを拒み，または受けることができない場合において，履行の提供があった時以後に当事者双方の責めに帰することができない事由によってその債務の履行が不能となったときは，その履行の不能は，債権者の責めに帰すべき事由によるものとみなされる（民413条の2第2項）。

1－4図解：商品の引渡し・受領

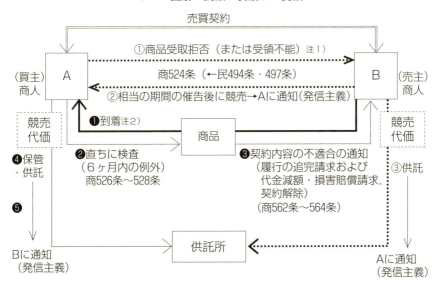

注1）　上記図解①～③の記号は買主の受領遅滞と売主の供託権等に関する。
注2）　上記図解❶～❺の記号は買主の検査・通知義務および保管・供託義務に関する。

②　売主の供託権　商人間の売買において，買主がその目的物の受領[64]を拒み，またはこれを受領することができないときは[65]，売主は，その物を供託することができる（商524条1項前段）[66]。この場合に，売主がその物を供託したときは，遅滞なく，買主に対してその旨の通知を発しなければならない（商524条1項後段）（本章1-4図解参照）。この買主への供託通知は，民法の到達主義の原則（民495条3項・97条1項）に対する特則として，発信主義をとっており，この点で民法の場合よりも売主に有利となっている[67]。この通知は，供託の要件ではない。供託および通知の費用は，買主の負担と解される。

③　売主の自助売却権　上記の供託権と同様の要件の下に，売主は，相当の期間を定めて催告をした後にその物を競売に付することができる（商524条1項前段）。商取引における簡易迅速性の要請に基づくものである。

(a) 要　件

㈠　**商人間の売買**　商人間の売買であることを要する。したがって，商人間の双方的商行為である売買にのみ適用されるものと解されるが（通説），それは売買業者である必要はなく，その売買が附属的商行為（商503条）であってもよい。ただし，買主の無権代理人（非商人）が民法117条によって本人である商人と同一の責任を負わされる場合にも，商人である売主は，商法524条の権利を行使することができるものと解されている[68]。

㈡　**受領拒絶または受領不能**　買主の受領（受取り）の拒絶または受領不能（受取不能）を必要とする。受取りの不能は，買主の責めに帰すべき事由によるか否かを問わない。また，売主の供託権・自助売却権は，売主が速やかに目的物の引渡義務を免れることができるためのものであるから，受領の拒絶または不能の事実があればよく，買主（債権者）を受領遅滞（民413条）に付するために，売主があらかじめ履行の提供（民493条）をすることを要しない[69]。売主（弁済者）が過失なく買主（債権者）を確知するこ

---

64) ここでの「受領」とは，講学上の「受取り」の意味に解される。
65) 受領の拒絶および受領不能の要件は，本文の③の自助売却権のところで説明する。
66) 民法でも，債務の弁済者に同様の要件で目的物の供託権が認められている（民494条）。
67) 供託の手続・効果については，民法（民494条以下）および供託法による。
68) 大判昭8・1・26民集12巻10頁。
69) 通説。ただし，大判明41・10・12民録14輯994頁は履行の提供を必要と解する。なお，大判明45・7・3民録18輯684頁は，民法上の供託に関して，債務者が口頭の提供をし

とができない場合（民413条1項参照）についても，商法524条の立法趣旨から本条を類推適用すべきであると解されている。

目的物の引渡時期以前に，買主が受取拒絶の意思を示し，または受取不能の事実が明らかになった場合にも，その引渡時期までに事態の好転する可能性がない限り，本条が適用されるものと解される。

なお，本条は，売主が速やかに目的物の引渡義務を免れることができるようにすることを目的としているので，買主が代金支払済みである場合にも，売主は供託権・自助売却権を行使して目的物の引渡義務を免れることができる。

(ハ) **受取りの催告**　競売に付するには，売主は買主に対し相当の期間を定めて受取りの催告をすることを要する。相当の期間とは，買主が目的物を受け取るべきか否かを考慮するのに相当と認められる期間をいう。催告は，口頭でも文書でもよいが[70]，買主に到達することを要する。

もっとも，商取引における簡易迅速性の要請から，当事者間の特約によって，売主による催告を不要とすることも可能である。ただし，損傷その他の事由による価格の低落のおそれがある物（生鮮食料品や価格急落の危険のある物）については，上記の催告をしないで競売に付することができる（商524条2項）。この場合には，処分は急を要するからである。

(b)　**効　果**　上記(a)の要件がみたされたときは，裁判所の許可を得ることなく，売主は目的物を競売することができる（商524条1項前段）[71]。これは，民法では供託が原則であって，例外的に裁判所の許可を得て競売が認められるにすぎない規定（民497条）に対する特則を定めるものである。商人間の売買では，売主は供託権と自助売却権のいずれでも自由に選択して行使することができる。このような売主の権利は，売主保護を強化するために認められたものである[72]。

売主がその物を競売に付したときは，遅滞なく，買主に対してその旨の通

ても債権者が受領しないことが明確な場合には，債務者は履行の適用をせずに直ちに供託できるとする。
70)　催告の内容は目的物の受取りについてであり，競売にまで言及する必要はない。
71)　競売の手続は，民事執行法の規定による（民執195条）。
72)　売主はその権利を行使しないで，民法の一般原則により，売買代金を提供し目的物を引き取らない買主に対して，売買契約を解除して，損害賠償を請求することもできる（大判大6・12・25民録23輯2224頁）。

知を発すること(発信主義)を要する(商524条1項後段)。この通知は,競売をなした後遅滞なくその通知を発することを要することから,競売の要件ではない[73]。競売の費用は買主の負担と解される。通知がなされなかったとしても競売が無効となるわけではなく,それによって被った損害について売主は買主に対する損害賠償責任が生じるだけである。

売買の目的物を競売に付したときは,売主は,その代価を供託しなければならないが,その代価の全部または一部を代金に充当することを妨げない(商524条3項)。この代金充当権についての規定は民法に対する特則であって,売主は,競売により目的物の引渡義務を免れるのみならず,代金債権について簡易迅速に満足を得ることができる。この場合に,代金に不足額があれば,その額はもちろん買主に請求することができる[74]。

(2) 商品の受領
(イ) 買主の目的物検査・通知義務
① 検査・通知義務の意義　商人間の売買において,買主は,その売買の目的物を受領(講学上の「受取り」の意味に解される)したときは,遅滞なく,その物を検査しなければならない(商526条1項)[75](本章1-4図解参照)。

この場合において,買主は,上記の検査により売買の目的物が数量・品質または数量に関して契約の内容に適合しないことを発見したときは,直ちに

---

73) 大判大10・6・10民録27輯1127頁。
74) 売主が代金債権を他人に譲渡した場合には,売主は競売権自体を喪失するものではないが,上記の代金充当権はその性質上債権の譲受人に属すると解される(大判大10・6・10民録27輯1127頁)。なお,競売の代価は弁済期の到来した売買代金にしか充当できないので,売主にとっては機動性に欠けるということで,代金の弁済期が未到来でも買主の期限の利益を喪失させて(民136条2項)代金支払に充当することを可能とする特約や,競売によらず任意処分の方法によることを可能とする特約などが,当事者間において定められることがあるといわれている。
75) 商法526条に規定する検査通知義務の前提になる目的物を受け取るとは,買主側において目的物の検査が事実上可能となることをいうものと解すべきところ,売主は,買主の占有代理人として本件残余商品を保管占有しているものであり,買主において検査のためいつでもその返還を請求できるのであるから,売主が買主のために本件残余商品を占有保管するようになった時点をもって,買主が本件残余商品を受け取ったものと解される(東京地判平3・3・22判時1402号113頁)。
なお,買主が,商品が契約条件に合致するか否かを検査した後,それを受け入れる意思的行為を「受領」と呼び,また,実務上,検査と受領を合わせて「検収」といわれることがある。

売主に対してその旨の通知を発しなければ、その不適合を理由とする履行の追完の請求、代金の減額の請求、損害賠償の請求および契約の解除をすることができない（商526条2項前段）[76]。

また、売買の目的物が種類または品質に関して契約の内容に適合しないことを直ちに発見することができない場合において、買主が6ヶ月以内にその不適合を発見したときも、同様である（商526条2項後段）。本条2項の規定は、売買の目的物が種類・品質または数量に関して契約の内容に適合しないことにつき売主が悪意であった場合には、適用されない（商526条3項）。

本条の規定[77]は、長期間にわたって売主を不安定な状態におくことがないように、商取引における迅速性の要請に応じて、買主に目的物の検査・通知義務を課すことによって、売主が速やかに適当な善後策（目的物の処分・仕入先との交渉など）を講じる機会を売主に与えると同時に、買主が売主の危険において投機すること（目的物の価格下落時には契約を解除し、上昇時には解除しないことなど）を防止する必要があるからである。他方、商人として専門的知識を有する買主は、目的物を受け取ったときはその種類・品質または数量に契約の内容に関して契約の内容に適合しないことを容易に発見しうるはずであるからである。もっとも、商法526条の適用は、当事者の個別の合意（特約）によって検査通知義務を排除することができると解される[78]。

② 検査・通知義務の要件

(a) 商人間の売買であること　売主・買主がともに商人として行う売買であって、この売買は双方の当事者にとって商行為であることを要する（通説）。

---

[76] 平成29年商法改正前の商法526条は、目的物の瑕疵という用語を規定していた。目的物の瑕疵とは、平成29年改正前の民法570条（売主の瑕疵担保責任）にいう隠れた瑕疵であり（隠れたとは、取引上要求される一般的注意では発見できないことを意味し、買主に善意・無過失が要求される〔判例・通説〕）、物の性質・形状・効用などが約定された通常の標準に満たないものであることをいう（権利の瑕疵は含まれない）と考えられていた。平成29年民法改正に伴い、商法の規定も「契約の内容に適合しないこと」という表現に改められた。

[77] 本条は、民法において売買の目的物が契約の内容に適合しないときは、買主はその事実を知った時から1年以内に履行の追完請求、代金の減額の請求、損害賠償の請求および契約の解除をすることができるとする一般原則（民562条～566条）に対する特則である。

[78] 東京地判平23・1・20判時2111号48頁。

(b) 目的物を受け取ったこと　受取りとは，売買の履行として買主が目的物を現実に受け取って，これを検査しうる状態におくことであって，運送証券（船荷証券等）の交付を受けただけでは足りないものと解される。目的物自体を受け取って，はじめて，その物に契約の内容に適合しないことがわかるからである[79]。売買の目的物は，特定物でも，不特定物でもよい[80]。商事売買の目的物は，通常，不特定物である。

　本条の規定は，不特定売買において買主が有する履行の追完請求権の場合にも適用されるものと解され，目的物検査・通知義務の懈怠により契約解除・損害賠償請求できなくなった後においては，かりになお完全な給付が可能であるとしても，買主は，売主に対して，もはや完全な給付を請求しえないものとされる[81]。

(c) 目的物が数量・品質または数量に関して契約の内容に適合しないこと

　契約の内容に適合した目的物を供与する義務という，契約適合性という観点から，目的物の瑕疵という用語ではなく，数量・品質または数量に関する契約不適合という表現を用いている[82]。

　種類物売買においてとくに品質等について定めのないときは，中等の品質を有する物を引き渡せば，契約の内容に適合したものとされる（民401条1項）。見本売買の場合には，現物が見本よりも劣っていれば契約の内容に適合しないとされている[83]。数個の物が一団となって初めて完全な作用を有するものであるときは，その一部の欠缺は全体として契約の内容に適合しないと認められ[84]。

---

79) 売主が買主に対し商品を占有改定（民183条）により引き渡した場合にも，売主は買主の占有代理人（民181条）として商品を保管占有しているものであり，買主において検査のためいつでもその返還を請求できるのであるから，売主が買主のために商品を占有保管するようになった時点をもって，買主が商品を受取ったものと解される（東京地判平3・3・22判時1402号113頁）。
80) 最判昭35・12・2民集14巻13号2893頁。
81) 最判昭47・1・25判時662号85頁。
82) なお，東京地平25・6・6判時2207号50頁は，盗難自動車の売買契約が締結された場合，商法旧526条2項の「瑕疵」とは，売買の目的物自体の物の瑕疵を指すのであって，売主に所有権その他処分権限がないなどの権利の瑕疵は含まれないとして，過去の権利者等に対する調査等が必要とならないと判示する。
83) 大判昭3・12・12民集7巻1071頁。
84) 大判大5・5・29民録22輯1049頁。なお，実際には，特約で一定範囲の数量過不足を容認する旨の定めがなされることが多いといわれる。この場合，通常，過不足に関す

(d) 売主に悪意がないこと　　売主が目的物が契約の内容に適合しないことについて悪意であった場合には，買主の検査・通知義務の規定は適用されない（商526条3項）。悪意とは，目的物の引渡のときに，売主が契約の内容に適合しないことを知っていることであり[85]，詐害の意思の有無は問題ではない。売主に悪意があれば，買主は検査・通知義務を怠っても，民法の一般原則により，履行の追完請求，代金の減額の請求，損害賠償の請求または契約の解除をすることができる。

⑤　検査・通知義務の内容

(a) 検査義務

　㋑　**検査の時期**　　買主は，目的物を受取ったときは，遅滞なく検査しなければならない（商526条1項）。遅滞の有無は，目的物の性質・数量または受取りの場所などに応じ，正常な取引慣行を基準として，通常相当と認められる期間内に検査を行えば遅滞なく検査をしたものと認められる[86]。買主の病気・旅行・人手不足などの主観的事情は考慮されない。

　　なお，買主が目的物を第三者に転売することを予定し，第三者の下で初めて検査が可能な状態になることを売主も了解しているときは，検査義務は，目的物が第三者に到達した時から発生すると解されている[87]。

　㋺　**検査の方法・注意義務**　　検査の方法も，正常な取引慣行を基準とし，当該目的物の内容が契約の内容に適合しないことを発見するために通常相当と認められる方法で，かつ当該目的物を取引する商人として一般的に通常要求される注意義務をもって，検査することを要する。実際上，少量で高価なものは全部の個別検査，大量・同質的なものは抜取り検査[88]，機械

る代金精算の方法も取り決められる。

85)　大判昭16・6・14判決全集8輯22号762頁。

86)　遅滞ありとされた例として，酒類の小売店が日本酒の引渡しを受けた後1週間目に検査し腐敗を発見した場合（大判昭12・6・30判決全集4輯13号637頁），木材販売業者が木材引渡しを受けた10日後に数量不足を発見した場合（大判昭16・6・14判決全集8輯22号762頁）などがある。

87)　東京地判昭52・4・22下民集28巻1～4号399頁（日本とアメリカの商人間におけるテレビキャビネットの製作物供給契約につき，買主たるアメリカの商事会社が商法旧526条2項所定の通知を直ちにしたものとは認められなかった事例）。

88)　大阪控判大6・12・7新聞1349号19頁は，穀類等の多量取引においてその全部をいちいち検査せずに，その2～3の包装を解いて取り出した見本を標準としてその全部の品質を決定するのは相当の検査方法であると判示する。

類は試運転等の方法によるのが通例とされる。実務では，特約で検査方法等を定める場合がある。なお，検査の費用は買主が負担する。

(b) **通知義務**

(イ) **受取時の検査により目的物が契約の内容に適合しないことを発見した場合**
買主は，目的物が契約の内容に適合しないことを発見したときは，直ちに売主に対してその旨の通知を発しなければならない（商526条2項前段）。

直ちにとは，可及的速やかにとの意義であって，正常な取引慣行からみて遅滞なく通知すればよい[89]。通知の内容は，売主に適切な善後策を講ずる機会を与える本条の趣旨から，単に「不適合」・「数量不足」などの抽象的な通知だけでは不十分で，不適合の内容の種類および大体の範囲または数量不足の程度を明らかにする必要があるが，詳細かつ正確な内容であることを要しない[90]。通知は発信主義により，着否の危険は売主が負担する。

(ロ) **直ちに契約の内容に適合しないことを発見できない場合** 売買の目的物が種類または品質に関して契約の内容に適合しないこと（不適合）を直ちに発見することのできない場合において，買主が6ヶ月以内にその不適合を発見したときも，買主は直ちに売主に対してその旨の通知を発しなければならない（商526条2項後段）。

この規定の趣旨は，商取引の迅速結了主義からくるものであり，したがって，買主がこの期間内に不適合を発見できなければ，過失の有無を問わず買主は売主に対して権利（追完請求権・代金減額請求権・損害賠償請求権・契約解除権等）を行使することができなくなると解されている[91]。

「直ちに発見することのできない不適合」とは，当該業種の商人の通常の注意をもってしても，容易に発見することのできない不適合をいい，直ちに発見することのできない数量不足をも含むものと解される（多数説）[92]。

---

[89] 大阪控判明36・6・23新聞155号10頁。東京地判昭52・4・22下民集28巻1～4号399頁は，商法旧526条2項の通知が買主による目的物の受取り後直ちになされたか否かは，当該取引において買主が取引常識からみて当該目的物を検査するのに要すると思われる時間，通知が遅れたことによって売主が損害を被る危険性，売主に早期に瑕疵の調査の機会を与える必要性等を比較検討して決すべきものと解すべきであるとする。

[90] 大判大11・4・1民集1巻155頁，東京地判昭56・8・19判時1035号123頁。

[91] 最判昭47・1・25判時662号85頁。

[92] 東京地判平25・1・22判時2202号45頁は，鳴門産わかめを原藻とする湯通し塩蔵わかめの継続的売買契約において，売主から納品された製品が鳴門産わかめではなかったものが，検査員の検査によっても鳴門産わかめとの相異を判別することが困難なもので

「6ヶ月以内」とは，発信が6ヶ月以内の意味ではなく，不適合の発見が6ヶ月以内になされなければならないという意味である。したがって，不適合を発見して直ちに通知を発信すれば，その発信が6ヶ月後になされた場合でもよい。しかし，通知を6ヶ月以内に発信した場合であっても，発見後直ちに通知を発信していなければ，買主は通知義務に違反することとなる[93]。

(c) 検査と通知との関係　検査義務と通知義務があわせて規定されているが，これは，目的物が種類・品質または数量に関して契約の内容に適合しない旨の通知は，通常，検査による発見を前提とするからである。しかし，義務違反の効果との関係で法的に重要なのは，通知義務である。

したがって，検査義務を履行しても通知義務に違反すると，買主は売主に対して目的物が契約の内容に適合しないことを理由とする権利を行使することはできない。他方，検査以外の方法でその不適合を知って通知した場合には，買主は売主に対してその権利を行使することができる（通説）。

④　**義務違反の効果**　買主が上記の検査・通知義務を怠る場合には，買主は，目的物が契約の内容に適合しないことを理由として，履行の追完の請求，代金の減額の請求，損害賠償の請求および契約の解除をすることができない（商526条2項）[94]。この通知義務に違反すると，売主に対する民法に基づく契約の不適合による担保責任を追及することができなくなる[95]。

検査・通知義務の履行は，目的物に不適合がある場合に，民法に基づいて，買主が売主に対して権利を行使するための前提要件を規定したにとどまるも

あり，同位体分析検査という手法を用いなければその判別をすることができない性質のものであったことが認められる場合に，その相異は商法旧526条2項後段の「直ちに発見することのできない」場合に当たると判示する。

93)　なお，実際上，一定の期間経過後であっても，売主の責めに帰すべき事由による重大な不適合については，買主による損害賠償請求を認める旨の特約がなされる場合があるといわれる。特約の内容は，売主・買主の両者の利益を考慮して，合理的に解釈されなければならない。

94)　この義務は，不履行によって損害賠償責任を生じさせる通常の義務と異なり，単に一定の権利を失うにすぎない不完全義務ないし間接義務といわれる。

95)　商品の契約不適合が発見の困難なものであった場合でも，同様である。東京地判平22・12・22判時2118号50頁は，商法旧526条2項は商取引の迅速な確定の観点から，目的物の受領から6か月以内に瑕疵の通知がなされない場合には損害賠償の請求等を制限するものであると解されるから，本件商品の瑕疵が，発見の困難な瑕疵であったことを理由に同項の適用が排除されると解することはできないと判示する。

のである。したがって，この義務の履行により買主が行使することができる権利は，民法の一般原則によって与えられている権利であり，民法の規定に定めること以外に新たに，商法がこの義務を履行した買主の権利について特別の規定を設けたものではない[96]。また，契約の内容に不適合の目的物の受領拒絶，不特定物売買の場合における代替物の引渡し，目的物の修補，不足分の引渡しによる履行の追完請求も，その前提条件として買主は検査・通知義務を履行しなければならない[97]。

なお，検査・通知義務を履行した場合でも，買主の権利はいつまで行使することができるかは，民法の一般原則により定まる。したがって，買主の追完請求権（民562条）・代金減額請求権（民563条）・損害賠償請求権（民564条）・解除権の行使（民564条）は，買主がその不適合を知った時から1年の除斥期間の経過により消滅する（民566条）[98]。

(ロ) 買主の目的物保管・供託義務

① 意　義　商人間の売買において，買主が前記検査・通知義務を履行し，契約の内容に不適合の目的物であることを理由に売買契約の解除をしたときであっても，売主の費用をもって売買の目的物を保管し，または供託しなければならない（商527条1項）。

また，売主から買主に引き渡した物品が注文した物品と異なる場合，もしくは注文した数量を超過した場合にも，その異なる物品もしくは当該超過した部分の数量の物品について，同様に買主に保管・供託義務が課されている（商528条・527条）。

上記の規定は，民法に対する特則を定めるものである[99]。商人間の売買に

---

[96]　最判昭29・1・22民集8巻1号189頁。

[97]　最判昭47・1・25判時662号85頁。

[98]　この場合に，判例によれば，損害賠償請求権を保存するには，売主の担保責任を問う意思を裁判外で明確に告げることをもって足り，裁判上の権利行使をするまでの必要はないと解される（最判平4・10・20民集46巻7号1129頁）。また，商人間の普通特殊自家用自動車の売買（不特定物売買）において，買主が自動車の瑕疵を理由として売買契約を解除するには，商法旧526条に基づく通知がなされたとしても，その後1年の除斥期間内に売買契約を解除しなければならず，債務不履行を理由とするものであっても，もはや上記の瑕疵を理由に売買契約を解除できないとする裁判例がある（東京高判平11・8・9判時1692号136頁）。

[99]　民法では，売買契約を解除したときは，各当事者がその相手方に原状回復義務（買主は受け取った目的物を売主に返還する義務）を負うにとどまると規定する（民545条）。

おいては，売主は，返送の費用・運送賃を負担するのみならず，運送の途中における危険を冒し，物品の返還を受けるまで時間がかかることにより転売の好機を失うおそれがあることから，商法は，買主に保管・供託義務を課して，売主の保護と取引の円滑を図っている。これにより，売主は，目的物所在地で直ちにそれを売却することが可能となる。

② 義務発生の要件

(a) 商人間の売買であること　　商法527条は同526条の売買を前提とし，商法528条も同じ前提の下に同527条を準用していることから，明らかである。

(b) 契約の内容に不適合の目的物であることによる契約解除（商527条1項）または異なる物品・超過数量の物品の場合（商528条）　　契約解除の場合については，商法527条1項・528条の立法趣旨からすると，契約の内容に不適合の目的物であることによる解除の場合のみならず，その他の理由による解除[100]にも，商法527条を類推適用すべきであると解されている。

(c) 隔地売買（異地売買）または送付売買であること　　売主および買主の営業所（営業所がない場合にはその住所）が同一市町村内の区域内にある場合（いわゆる同地売買）には，商法527条の規定は適用されない（商527条4項）。同地売買の場合には，通常，売主が直ちに適当な処置をとることができるからである。

　もっとも，この場合に重要なことは，必ずしも両当事者の営業所の所在地が異なっている場合（いわゆる隔地売買〔異地売買〕）であるかどうかといったことではなくて，目的物が他地に送付されることである。したがって，両当事者の営業所が同地内にあって，売主が買主の指定した他地に目的物を送付した場合（送付売買）には，売主が直ちに適当な処置をとることができないから，商法527条の規定が適用される。これとは反対に，両当事者の営業所の所在地が異なっている場合（いわゆる隔地売買〔異地売買〕）でも，売主の営業所において目的物の引渡しがなされ，他地への送付が必要でない場合には，適用がないと解すべきであるとされている。

(d) 売主に悪意がないこと　　商法527条の保管・供託義務は，商法526条を前提としていることから，売主に悪意がない限り，適用される（商527条1

---

100) たとえば，約定解除権の行使，定期売買の履行遅滞による解除，権利の瑕疵による解除など。

項・526条3項)。

③ 買主の義務の内容

(a) 保管・供託義務　上記②の要件をみたすときは，買主は，売主の費用で目的物を保管または供託しなければならない（商527条1項本文）。保管するか供託するかは，買主の自由である。

保管期間は，明文の規定がないが，売主が適当な処置をとりうるまでの相当な期間であると解される。相当な期間が経過しても，売主が何の措置もとらないときは，買主は保管義務を免れ，売主に返還することができる。契約の申込みを受けた者の物品保管義務の場合と異なり（商510条但書)，保管費用の方が目的物の価額よりも高い場合であっても，買主は保管義務がある。これにより，売主は目的物所在地でそれを転売することができる。

(b) 緊急売却　目的物について滅失または損傷のおそれがあるときは，買主は，裁判所の許可を得てその物を競売（民執195条）に付し，かつ，その代価を保管し，または供託しなければならない（商527条1項但書）[101]。買主が売買の目的物を競売に付したときは，遅滞なく，売主に対してその旨の通知を発しなければならない（商527条3項）。このような売却を緊急売却という。

④ 義務違反の効果　買主が上記の義務に違反した場合には，商法526条の検査・通知義務（いわゆる間接義務）と異なり，売主に対し損害賠償責任を負う（民415条）。他方，商人である買主は，その義務を履行すれば，売主に対し相当の報酬を請求することができる（商512条）[102]。

(3) 代金の支払

(イ) 買主の代金支払義務

買主は，売買代金を支払う義務を負う（民555条）。売買代金の支払は，買主の最も基本的な義務である。代金額について，運賃・保険料等の費用などがどの範囲まで含まれるかが約定される。

---

[101] 競売の許可に係る事件は，同売買の目的物の所在地を管轄する地方裁判所の管轄である（商527条2項）。

[102] なお，商法の定める買主の保管・供託義務は，買主の負担が重いため，実際上，特約で，売主が引取義務を履行すべき期間を定めるとともに，当該期間経過後は買主が任意売却することができる旨が定められることが多いといわれる。

㊨　代金の支払期限・支払方法

売買の目的物の引渡しについて期限があるときは，代金の支払についても同一の期限を付したものと推定される（民573条）。しかし，実際上，わが国の商人間の売買では，売主が義務を先に履行し，買主による支払がその後に行われる形（売主の買主に対する信用の供与）の契約が多い[103]。

代金の支払方法としては，従来，物品の引渡しを受けた買主が，代金支払のために，売主を受取人とする約束手形を振り出すことが多かった（信用売買）。また，特殊な支払決済方法として，商法に交互計算の規定がある（商529条〜534条）[104]。

㊁　代金の支払場所

売買の目的物の引渡しと同時に代金を支払うべきときは（民533条〔同時履行の抗弁権〕・573条），その引渡しの場所（商516条，民484条1項）において支払わなければならない（民574条）。

4　商事債権のその他の効力

商人の行為は営利を目的とするのが通常であるから，商法は，商行為の有償性を考慮した次のような特則を定めている。

(1)　報酬請求権

㋑　兵庫県営住宅用地買収事件（最判昭44・6・26民集23巻7号1264頁）

A県（兵庫県）は，神戸市垂水区内の本件土地周辺一帯の山林・畑等約5,6万坪を買収して宅地を造成し，県営住宅を建設する計画をたて，宅地建物取

---

[103] 下請契約については，下請代金の支払遅延の防止，親事業者の下請事業者に対する取引の公正等を目的とする下請代金支払遅延等防止法において，下請代金の支払期日は給付の受領の日から起算して60日の期間内において定めることが要求される（下請2条の2第1項）。

　なお，売主が契約上先行義務を負っていても，契約締結後に買主の信用状態が著しく悪化して代金支払義務の履行が危ぶまれる場合に，履行を拒絶する抗弁権（不安の抗弁権）を売主に認めるかどうかが問題となるが，一種の事情変更の原則として，売主の不安の抗弁権を認める下級審裁判例がある（東京地判平2・12・20判時1389号79頁，東京地判平9・8・29判時1634号99頁）。

[104] さらに，電子記録債権法では，手形債権に類似した規定が定められている。これらについては，後述（本書第3章**5**参照）。

引業者であるXに対し，その用地を確保するため買収の斡旋その他必要な手段を講ずるように依頼した。Xは，本件売買の売主たるYの代理人である訴外Bが上記用地の一部の売買を斡旋しているとの噂を聞いたので，Bに対しXの他の地主に対する買受交渉の協力方を依頼し，Bもこれを了承した。しかし，Bは，本件土地売却の媒介をXに委託したことはなく，Xの説得に対してもその売却を強硬に拒否しつづけ，土地収用法による収用などを危惧し，ようやくその売却を承諾するに至り，A県とYとの間で本件売買契約の締結がなされた。そこで，Xは，Yに対し仲介報酬金として11万3,356円の支払を求めて訴えを提起した。

第1審は，Xの請求を一部認容した（6万円の支払）。Yが控訴し，第2審はXの請求を全面的に棄却した。そこで，Xは上告したが，最高裁は，次のように判示して，上告を棄却した。

「右事実関係のもとにおいては，Xは，Yの媒介委託により，または同人のためにする意思をもって，本件売買の媒介をしたものではなく，買主たる兵庫県の委託により，もっぱら同県のためにする意思をもってその媒介をしたものというべきである。

一般に，宅地建物取引業者は，商法543条にいう『他人間ノ商行為ノ媒介』を業とする者ではないから，いわゆる商事仲立人ではなく，民事仲立人ではあるが，同法502条11号にいう『仲立ニ関スル行為』を営業とする者であるから同法4条1項の定めるところにより商人であることはいうまでもなく，他に特段の事情のない本件においては，Xもその例外となるものではない。……しかしながら，Xは，前示のようにYの委託により，または同人のためにする意思をもって，本件売買の媒介をしたものではないのであるから，Yに対し同法512条の規定により右媒介につき報酬請求権を取得できるものではなく，また同法550条の規定の適用をみる余地はないものといわなければならない。なお，宅地建物取引業法17条（現行46条）の規定は，宅地建物取引業者の受ける報酬額の最高限度に関するものであって，その報酬請求権発生の根拠となるものではない。」

(ロ) 報酬請求権

商人がその営業の範囲内で他人のためにある行為をなしたときは，相当の報酬を請求することができる（商512条）。これは，民法の規定に対する特則である[105]。

「他人」は，商人である必要はなく，また，その行為の相手方が商人であることも必要でない。「営業の範囲内」の行為とは，営業に関連する一切の行為が含まれ，営業の部類に属する行為に限らず[106]，営業としてなされた行為はもちろん，営業のためになされた附属的商行為であってもよい[107]。ただし，慣習上または社会通念上無償でなされることが通常の行為（見積書の作成・商品の包装など）の場合には，その行為のみについては報酬請求権は認められない。

　なお，宅地建物取引業者は，商法502条11号にいう「仲立ちに関する行為」を営業とする者であるから，商法4条1項により商人であるが，買主からの委託によって売買の媒介をした場合であって，売主からの委託によるものでないときは，商法512条により売主に対して報酬請求権を取得できず，商法550条の適用の余地もない[108]。なお，民事仲立人の報酬請求権について，本書第5章**4**参照。

(2)　**利息請求権**
(イ)　**金銭消費貸借における法定利息請求権**
　商人間で金銭の消費貸借をしたときは，特約がなくても，貸主は法定利息を

---

105)　民法上は，他人のためにある行為（委任・寄託・事務管理など）をしても，特約がなければ，報酬を請求できない（民648条・665条・702条）。
106)　大判大10・1・29民録27輯154頁，大判昭8・9・29民集12巻2376頁。
107)　営業のためになされた行為は，他人のためにする債務の保証や手形の引受けのような法律行為に限らず，商品の保管，運送，不動産の管理等のような事実行為でもよい。
108)　最判昭44・6・26民集23巻7号1264頁（前掲兵庫県営住宅用地買収事件）。ただし，宅地建物取引業者と買主との間には不動産売買について明示の媒介契約はされなかったとしても，おそくともその売買成立のときまでに黙示の媒介契約がされたと解すべきであるとして，宅地建物取引業者の報酬請求を認める判例がある（最判昭43・4・2民集22巻4号803頁〔宅地建物取引業者が，買主を現場に案内し，売買代金額について売主側と買主側の言い分を調整して合意させ，売買契約に立ち会い，売買契約書には当該業者の用意した用紙を使わせ，当該業者が媒介者として記名捺印し，この者の関与の下に売買不動産の受渡し，代金の授受，登記申請書類のとり揃えが行われ，その仲介の労も主として買主側に立って，その利益のためにされたものであることなどの事実を認定する〕）。
　なお，不動産仲介業者の媒介により締結された不動産売買契約が成立した以上，仲介業務の瑕疵や仲介業者の義務違反等により当該売買契約が解除された場合は別として，あとから手付けの放棄によって解除されたり，契約当事者の債務不履行を原因として契約が解除されたとしても，商法512条により相当の報酬額を請求することができると解されている。東京高判平6・7・19金判964号38頁，東京地判平6・9・1判時1533号60頁，福岡高判平15・12・25判時1859号73頁。

請求できる（商513条1項）。

　これは，民法における消費貸借の無利息の原則（民587条）の例外であって，営利性から当然のことである。この規定の範囲について，商法512条と同様「営業の範囲内」の金銭消費貸借に限定されるものと解するのが通説である。

㊁　立替金の利息請求権

　商人がその営業の範囲内で他人のために金銭の出損（立替金）をしたときは，その立替日以後の法定利息を請求することができる（商513条2項）。

　それが委任に基づくもの（民650条1項）であるか，事務管理に基づくもの（民702条）であるかを問わない[109]。なお，その利息請求権と商人の報酬請求権とは別個のものであるから，商人は，利息請求権とは別に立替行為についての報酬請求権も行使することができる。

㊂　法定利率

　利息を生ずべき債権について別段の意思表示がないときは，その利率は，その利息が生じた最初の時点における法定利率により（民404条1項），法定利率は，年3パーセントとされる（同条2項）。「その利息が生じた最初の時点」とは，「その利息を支払う義務が生じた最初の時点」（利息の支払の特約がある場合には，金銭交付の時点）を意味する。そして，3年を一期とし，一期ごと（3年ごと）に，変動するものとし（同条3項），過去5年間の平均利率の合計を60（12月×5年）で除して計算した「基準割合」と直近変動期の「基準割合」との差に相当する割合（当該割合に1パーセント未満の端数があるときは，これを切り捨てる）を，直近変動期における法定利率に加算または減算する処理（同条4項5項）が行われる[110]。

5　商事債権の担保

(1)　総　説

　担保とは，債権の弁済を確保する手段（広義）をいうが，一般に，担保は物

---

[109] 大判昭4・12・4民集8巻895頁。
[110] 平成29年改正民法404条は，法定利率について変動制に基づく規定をしている。平成29年改正前の民法404条（民事法定利率）は年5パーセント，商法514条（商事法定利率）は年6パーセントで固定の法定利率であったが，改正民法404条は変動制を採用するとともに，商事法定利率を定めた商法514条が削除された。

的担保と人的担保（保証・連帯債務）に分類される。

物的担保は、民法典の定める典型担保物権として、当事者の合意で設定される約定担保物権（質権・抵当権）と法律上当然に発生する法定担保物権（留置権・先取特権）とがある[111]。

商法は、商行為に基づく債権の物的・人的担保に関して、多数債務者・保証人の連帯（商511条）、流質契約（商515条）、商人間の留置権（商521条）その他の商事留置権（商31条・557条・562条・574条・741条2項）についての規定を定める。ここでは、多数債務者・保証人の連帯、流質契約、商人間の留置権について説明をする。その後で、これら以外に、商事売買において用いられることが多い、解除特約・所有権留保および先取特権を取り上げる。

1-5図解：商事債権の担保

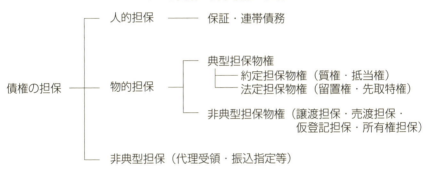

(2) **多数当事者間の債務の連帯**

(イ) **債務者の連帯**

債務者が数人いる場合において、その1人または全員のために商行為である行為によって債務を負担したときは、その債務は各自連帯してこれを負担する

---

111) さらに、慣習上の担保物権である非典型担保物権（譲渡担保・売渡担保・仮登記担保〔代物弁済予約〕・所有権留保）、また非典型担保として代理受領（債権者が債務者の代理人としての受領権限を得て、債務者の第三者に対する債権の取立を行い、債権者自身の債権を回収する方法）・振込指定（代理受領権限のある債権者が銀行の場合に、債務者が第三債務者に対して有する債権の弁済について、その銀行の債務者の口座への振込みを指定し、銀行が融資債権と預金債務との相殺により債権を回収する方法）等がある。

（商511条1項）。これは，民法の原則（民427条）に対する特則である[112]。

本条が適用されるためには，債権者のために商行為であることは必要ではなく，かつ債権者のためにのみ商行為であるときは適用がない[113]。また，債権者はもとより，債務者が商人であることも必要としない。債務の発生原因は商行為でなければならないが，現存の債務は必ずしも直接に商行為によって生じたことを要せず，たとえば契約の解除または不履行による原状回復債務や損害賠償債務などのように，商行為によって生じた債務と同一性を有すれば足りる。

債務は，数人の債務者の共同の行為によって生じたことを要するが，それらの者の間に組合関係などがあることは必要ではない[114]。また，共同手形行為に商法511条1項が適用されるかにつき，判例[115]は肯定するが，その性質上適用なしと解するのが通説である。なお，ある行為が数人の債務者の1人にとって商行為であれば，商法が全員に適用される（商3条2項）。

㊥　保証人の連帯

保証人がある場合，債務が主たる債務者（商人であることを要しない）の商行為によって生じたとき，または保証が商行為であるときは，主たる債務者および保証人が各別の行為をもって（たとえば保証人が後で）債務を負担したときでも，その債務は各自連帯してこれを負担する（商511条2項）。

連帯保証となるため，保証人はいわゆる催告の抗弁権（民452条）および検索の抗弁権（民453条），また保証人が数人いる場合の分別の利益（民456条）を認められなくなる。ただし，本条の規定は任意規定であって，反対の特約を妨げない[116]。

「保証が商行為であるとき」とは，保証が保証人にとって商行為である場合はもちろん，保証契約の相手方である債権者にとって商行為である場合をも含

---

[112] 民法は，数人の債務者がいるときは，各自が平等の割合で分割した債務を負うにすぎないと定める（民427条）。
[113] 大判大10・12・7民録27輯2095頁。
[114] なお，判例として，建設工事共同企業体は，基本的には民法上の組合の性質を有するものであるが，共同企業体の構成員が会社である場合には，その構成員として共同企業体の事業を行う行為は附属的商行為（商503条）であり，共同企業体の各構成員は，共同事業体がその事業のために第三者に対して負担した債務につき，商法511条1項により連帯債務を負うと解するのものがある（最判平10・4・14民集52巻3号813頁）。
[115] 大判昭8・5・9民集12巻1115頁。
[116] 大判昭13・3・16民集17巻423頁，通説。

むと解するのが判例である[117]。また，保証人が数人いる場合には，保証が別個の行為によるときであっても，保証人相互の間に連帯関係が生ずる[118]。なお，手形法上の手形保証は，連帯債務に類似しているが，独立の債務負担行為として合同責任を負うもので（手47条・77条1項），商法511条2項の適用はないと解されている[119]。

(3) 流質契約の許容

商行為によって生じた債権を担保するために設定した質権に対しては，流質契約が認められる（商515条）。民法では，債務者保護のために，いわゆる流質契約は禁止される（民349条）。

しかし，商人は冷静に利害を打算して契約をするものであるから，法の後見的作用を必要としないのみならず，流質契約を認めることがかえって商人に金融の便を与えることになるから，商法は特則を設けているのである。

商行為によって生じた債権とは，当事者のいずれか一方にとって商行為である行為によって生じた債権であるとするのが従来の通説である[120]。

---

[117] 大判昭14・12・27民集18巻1681頁（非商人が会社の使用人の身元保証をし，その使用人が会社に損害を与えた事案で，身元保証人に連帯責任を認めた）。当時の通説でもあったが，近時の学説には，保証人にとって商行為である場合のみに限り，債権者にとってだけ商行為である場合を含まないと解する見解が多い。

[118] 大判明44・5・23民録17輯320頁，通説。

[119] ただし，手形上の債務についての手形外の保証は，手形外の保証によって手形関係に影響を及ぼすことは手形の性質に反するから，商法511条2項の適用はないとする見解と，手形債務は商行為によって生じた債務であるから（商501条4号），適用すべきとする見解（東京地判昭49・6・26金法744号35頁は，融通手形が交換的に〔いわゆる書合手形または馴合手形〕振り出された事案で本件手形の振出人のために保証をした者は商法511条2項により各自連帯して本件手形債務を支払う義務を負うと判示する）が対立する。

[120] これに対し，上記の立法趣旨から当事者の自衛能力を問題とする限り，債務者にとって商行為である行為によって生じた債権と解すべきとする見解も有力である。

(4) 商人間の留置権

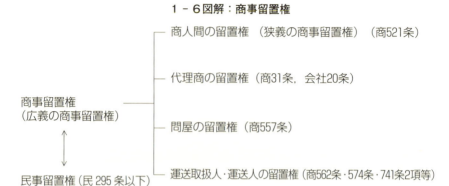

1－6図解：商事留置権

(イ) 商事留置権の意義

　商人間の留置権（狭義の商事留置権）[121]は，商人間において，その双方のために商行為となる行為によって生じた債権が弁済期にあるときは，債権者は，別段の意思表示がない限り，その債権の弁済を受けるまで，その債務者との間における商行為によって自己の占有に属した債務者の所有する物または有価証券を留置することができる（商521条）。

　これにより，継続的な信用に基づく取引関係にある商人間の営業取引上の債権者は，債権について担保を確保しつつ，流動する商品について個別に担保権を設定・変更する煩雑さを避けることができ，また，担保の請求により相手方に不信を表明する不利も避けることができる。

(ロ) 要　件

　商人間の留置権は，被担保債権と目的物について，民法上の留置権と異なる，次のような要件が必要である。

① 被担保債権　　被担保債権については，(a)当事者双方が商人であること，

---

121) 商法・会社法は，業種を問わない商人間の留置権（商521条）のほか，代理商（商31条，会社20条），問屋（商557条），運送取扱人（商562条），陸上および海上の運送人（商574条・741条2項，国際海運15条）のそれぞれについて留置権の規定が置かれている。これらの留置権は，総称して商事留置権と呼ばれ（広義の商事留置権），民法の留置権（民事留置権）に関する一般的規定（民295条以下）の特則として，商取引の必要からそれぞれの場合に応じて民法の一般的規定の要件を変更・緩和し，債権者保護の強化によって信用取引の円滑・安全を図っている。狭義の商事留置権は，商人間の留置権をいい，ここでは，狭義の商事留置権について取り上げる。

(b)商人間の双方的商行為によって生じた債権であること，(c)その債権が弁済期の到来したものであることが要件となる。民法上の留置権のように被担保債権と留置の目的物との間の直接の個別的関連性は必要でなく，商人間の取引によって生ずる債権一般と，その取引によって債権者が占有を取得する債務者の所有物一般という，一般的関連性があれば足りる。

商人資格は，被担保債権発生の当時に存することを要するが，必ずしもその存続は必要でなく，留置権の取得・行使する時には必ずしも商人である必要はない（通説）。

商人間の双方的商行為によって生じた債権であることを要するから，他から譲り受けた債権については，この留置権を主張することができない（通説）。そうでないと，無担保債権が債務者の物を占有する第三者に譲渡され，留置権が人為的に作り出される弊害が生ずるからである[122]。

② **目的物**　留置の目的物は，(a)その債務者所有の物または有価証券であること，(b)その債務者との間における商行為によってその目的物が債権者の占有に属したことを要件とする。

ここにいう物とは，動産に限るとする見解もあるが，規定上とくに動産に限定されているわけではないから，民事留置権の場合と同様に，不動産も含まれるものと解される（多数説）[123]。

---

[122] ただし，上記のような弊害が生じない，相続・合併などの包括承継（一般承継）や営業・事業譲渡の場合には，前債権者と承継人を同一視して，留置権の消滅を生じないと解され，同様に，指図証券，無記名証券を他人から譲り受けたときも，このような証券の流通証券性上，債務者は本来特定人に対するものとして債務を負担したものではないから，債務者である商人との間の商行為によって債権を取得したものとして，その所持人である債権者は債務者に対し留置権を行使できると解すべきである（多数説）。

[123] 不動産会社の倒産において，建設会社が建物建設請負代金の担保として建物およびその敷地について商人間の留置権を主張する場合に，その敷地に金融機関が抵当権を設定していることが多く，建設会社と金融機関との間で土地からの優先弁済をめぐって争われた事例について，下級審裁判例は，不動産も含まれるものとするもの（東京高決平10・11・27判時1666号143頁，東京高決平11・7・23判時1689号82頁，福岡地判平9・6・11判時1634号147頁）と，不動産は含まれないとするもの（東京高判平8・5・28高民集49巻2号17頁，東京地判平11・6・7判タ1042号231頁）がある。

近時，最判平29・12・14金判1533号8頁は，生コンクリートの製造・販売業の会社が，自社の所有する建物・土地を，貨物自動車運送事業会社の使用する事務所・駐車場として，同運送事業会社に賃貸していたが，賃貸借契約を解消し，上記建物・土地の明渡し等を求めたところ，同運送事業会社は，本件土地について運送委託料債権を被担保債権とする商法521条の留置権が成立すると主張して争った事案で，「商法521条の趣旨は，

目的物が債務者の所有に属することを要するため，第三者が所有している場合には，たとえ債権者が善意であっても留置権は成立しない。この点は狭きに失するといわれている[124]。なお，留置権成立後に，債務者所有の留置の目的物が第三者に譲渡されて債務者がその所有権を失ったとしても，いったん成立した留置権は何らの影響を受けない[125]。

商行為によってその目的物が債権者の占有に属したこととは，債権者による占有取得の原因が当事者間の商行為（たとえば債権者・債務者間の寄託契約・賃貸借契約など）であることを要するという意味であって，占有取得行為自体が商行為であるという意味ではない[126]。したがって，物の占有それ自体は第三者から取得した場合[127]でも差し支えない。その占有は，間接占有でもよい[128]。

③　**排除の特約**　　商人間の留置権は，以上の要件が備われば，法律上当然に発生するが，当事者の別段の意思表示によって，これを排除することができ

商人間における信用取引の維持と安全を図る目的で，双方のために商行為となる行為によって生じた債権を担保するため，商行為によって債権者の占有に属した債務者所有の物等を目的物とする留置権を特に認めたものと解される。不動産を対象とする商人間の取引が広く行われている実情からすると，不動産が同条の留置権の目的物となり得ると解することは，上記の趣旨にかなうものである」として，「不動産は，商法521条が商人間の留置権の目的物として定める『物』に当たると解するのが相当である。」と判示する。

なお，建設株式会社が建物建築のための請負契約に基づいて占有した土地および建物について商人間の留置権が成立するとするものがあるが（東京高決平6・2・7判タ875号281頁），他方，建物建築工事請負人は請負契約の趣旨に従って建築する建物の敷地である土地に立ち入り建築工事をするのが通常であり，工事の着工からその完成と注文主への引渡しまでの間の請負人による土地の使用は，他に別段の合意があるなどの事情がない限り，注文主の占有補助者として土地を使用しているにすぎないというべきであり，土地に対する商法521条の商事留置権を基礎付けるに足りる独立した占有にはあたらないと解するものがある（東京高決平10・12・11判時1666号141頁，東京高決平11・7・23判時1689号82頁，東京高決平成22・9・9判タ1338号266頁）。

124)　民295条，商31条，会社20条対照。
125)　東京地判昭53・12・21下民集29巻9〜12号376頁。
126)　この商行為は，債権者または債務者のいずれにとって商行為であるかを問わないとする見解と，非営業的な偶然の占有取得に対しこの強力な権利を認める必要はないという理由で，少なくとも債権者にとって商行為であることを要するとする見解の対立がある。
127)　たとえば，当事者間の寄託契約が商行為で，その目的物が第三者から引き渡された場合。
128)　たとえば，運送証券（船荷証券等）・倉庫証券などの処分証券（引渡証券）を所持する場合。

る（商521条但書）。従来は，これをもって民法上の留置権に対する特則と解されていたが，現在の通説は民法上の留置権についても同様に解しているため，この点は単なる注意規定にすぎないと考えられている。

(ハ) 効　力

　商人間の留置権の効力については，商法に別段の規定がないため，民法の一般規定によることになる。したがって，債権の弁済を受けるまで目的物を留置し，これにより生ずる果実を収取して優先的に弁済にあてることができるが（民295条・297条），この場合を除いて，優先弁済権はない[129]。

　なお，民法上の留置権は，破産手続開始の決定等により効力を失うのに対し（破66条3項，民事再生53条1項，会社更生2条10項），商人間の留置権は，特別の先取特権（破66条1項。別除権とされる〔破2条9項・65条1項〕），別除権（民事再生53条1項）または更正担保権（会社更生2条10項）として，破産手続開始の決定等後も効力を有する[130]。

---

[129]　もっとも，競売権は認められるが（民執195条），留置権の実行としての競売の場合には，債権の弁済を目的としている担保権の実行としての競売の手続である配当要求に関する規定はその性質上適用の余地がないとして，使用人からの給料等の先取特権に基づく配当要求は許されないとする裁判例がある（東京地決昭60・5・17判時1181号111頁）。

[130]　判例は，破産法66条1項の商事留置権は「特別の先取特権とみなす」という文言は，債務者の破産手続開始の決定により商事留置権者の有していた留置機能を消滅させる意味ではなく，したがって，手形につき商事留置権を有する銀行は，破産会社に対する破産手続開始の決定後も，破産管財人による手形の返還請求を拒絶でき，手形の占有を適法に継続することができ，当該銀行は銀行取引約定書4条4項による合意に基づき本件手形を手形交換制度によって取り立てて破産会社に対する債権の弁済に充当することができるものと判示する（最判平10・7・14民集52巻5号1261頁。なお，東京地判平11・2・25金法1574号48頁は，約束手形の割引依頼を受けた銀行が依頼者に対して有していた債権を保全するため，真実は手形決済の日まで割引を留保する意図であったのに，これを秘匿し，速やかに割引を実行するかのように装い，その旨誤信した依頼者（破産者）の錯誤に乗じて不法に約束手形を取得したものである場合に，当該手形の占有は正当な商行為によって当該銀行の占有に帰したものとはいえず，本件手形について商法521条の商事留置権は生じないと判示する）。

　この判例に対し，これは特殊な例であり，一般には商事留置権の留置権能は失われるとする見解がある。商事留置権が転化した特別の先取特権の効力は他の先取特権に劣後するとされるが（破66条2項），商事留置権が転化した特別の先取特権と抵当権との優劣関係は，物権相互の優劣関係を律する対抗関係として処理すべきであり，特別の先取特権に転化する前の商事留置権が成立した時と抵当権設定登記が経由された時との先後によって決すべきであるとされる（東京高決平10・11・27判時1666号143頁〔抵当権設定登記後に成立した商事留置権から転化した先取特権は，抵当権者に対抗できないと判示する）。

(5) 商事売買に用いられることが多い他の債権担保手段

(イ) 解除特約

売買契約が有効に解除されうるとするならば，売主は物品の所有権を回復するとともに，買主には原状回復義務を生じるから（民545条），売主は，買主に対し物品の引渡しを請求することができ，また，競売手続によらずに権利を実現できるという利点がある。

そこで，商事売買において，買主の倒産により生じる売主の損害を防止する手段として，基本契約等の中に，買主に対し銀行取引停止処分・破産手続開始申立て・会社更生手続開始申立て等の事由が生じたことをもって，売買契約解除権の発生原因または売買契約当然解除の原因とする旨の特約が設けられる場合が多い。もっとも，そのような売買契約解除の事由とする旨の特約の効力は認められないとする判例がある[131]。

(ロ) 所有権留保

所有権留保とは，売買代金債権の担保のために，売買代金の完済まで目的物の所有権を売主が留保することを約定するものである。

所有権留保は，買主が代金債務を履行しなかった場合，買主のほか，買主から目的物を譲渡（転売）されこれを即時取得（民192条）していない転得者に対しても，所有権に基づき目的物の引渡しを請求することができる[132]。また，所

なお，民事再生法には，商事留置権を特別の先取特権とみなす旨その他の優先弁済権を認める明文の規定がないけれども，最判平23・12・15民集65巻9号3511頁は，「会社から取立委任を受けた約束手形につき商事留置権を有する銀行は，同会社の再生手続開始後に，これを取り立てた場合であっても，民事再生法53条2項の定める別除権の行使として，その取立金を留置することができることになる」こと，民事再生法88条・94条2項の規定も考慮すると，「上記取立金を法定の手続によらず債務の弁済に充当できる旨定める銀行取引約定は，別除権の行使に付随する合意として，民事再生法上も有効であると解するのが相当である」から，「会社から取立委任を受けた約束手形につき商事留置権を有する銀行は，同会社の再生手続開始後の取立てに係る取立金を，法定の手続によらず同会社の債務の弁済に充当し得る旨を定める銀行取引約定に基づき，同会社の債務の弁済に充当することができる。」と判示する。

131) 最判昭57・3・30民集36巻3号484頁（会社更生手続の趣旨・目的を害することを理由とする）。学説においては，無効と解する説と，買主倒産時の動産売主の保護という観点から，有効とする見解がある。
132) 所有権留保付で物品を購入した買主がそれを第三者に転売した場合に，売主がその第三者に対して所有権に基づく返還請求をすることができるためには，第三者が善意の取得者（民192条）でないことが必要となる。
　判例において，土木建設機械を購入するときには所有権留保の割賦販売の方法による

有権留保は，買主の他の債権者の商人間の留置権（商521条）・先取特権（民303条）に優先することができる[133]。これらの点で，所有権留保のほうが有利である[134]。

(ハ) **動産売買の先取特権**

　動産の売主は，動産の代価およびその利息に関し，買主に引き渡した当該動産について先取特権（民303条）を有する（民311条5号・321条）。

① **動産売買の先取特権に基づく競売**　動産売買の先取特権の実行としての競売は，債権者である売主が執行官に対し，(a)当該動産を提出した場合（民執190条1項1号），(b)動産の占有者が差押えを承諾することを証する文書を提出した場合（民執190条1項2号），さらに，(c)債権者である売主が担保権

　ことが多いということを認識していた第三者は，それに対する所有権の有無の調査を怠っていたとき，過失があり，即時取得による所有権取得は認められないとするものがある（最判昭42・4・27判時492号55頁〔土木建設請負業者が販売業者から買い受けた土木建設機械を，古物商が購入した事例〕）。

　また，自動車については，登録が所有権の得喪の公示方法であるため（道路運送車両5条1項），民法192条の適用はないものと解される（最判昭62・4・24判時1243号24頁）。さらに，販売業者（サブディーラー）が売主（ディーラー）所有の自動車を第三者（ユーザー）に売却し，その後売買を完成するため売主からその自動車を買い受けるという方法がとられていた場合に，売主が販売業者と第三者との自動車売買契約の履行に協力しておきながら，その後販売業者にその自動車を売却するにあたって所有権留保特約を付し，販売業者の代金不払を理由に同人との売買契約を解除したうえ，留保された所有権に基づき，すでに販売業者に代金を完済して自動車の引渡しを受けている第三者にその返還を請求することは，権利の濫用として許されないと判示するものがある（最判昭50・2・28民集29巻2号193頁）。

133）　商人間の留置権・先取特権は，債務者以外の第三者の所有物である所有権留保物には及ばない。

134）　買主について破産手続・民事再生手続または会社更生手続が開始した場合に，所有権留保を行った売主は，留保所有権を理由として取戻権（破62条，民事再生52条，会社更生64条）が認められるとする見解と，留保所有権を担保権であるとして，別除権（破65条，民事再生53条）・更生担保権（会社更生2条10項）として取り扱われるとする見解とがある。

　現在では，取戻権を認めず，所有権留保の担保としての機能を重視して，別除権・更生担保権を有するにすぎないとする後者の見解が支配的であり，下級審裁判例もこの立場をとる（札幌高決昭61・3・26判タ601号74頁，大阪高判昭59・9・27金判709号36頁，大阪地判昭54・10・30判時957号103頁）。

　なお，売主が別除権を有するとする見解によれば，売主は残代金債権額と目的物の価額との差額を清算する義務を負う。また，目的物が転売された場合には，転売代金について，売主は，代償的取戻権（破64条，民事再生52条2項，会社更生64条2項）ではなく，物上代位権を行使するか，または，破産財団に対し不当利得返還請求権（破148条1項5号。民事再生119条6号，会社更生127条6号も同様）を有することになる。

の存在を証する文書を提出して競売開始の申立てをし，執行裁判所がそれを許可し，売主が執行官に対し当該許可の決定書の謄本を提出し，かつ，当該許可の決定が債務者に送達された場合（民執190条1項3号）にも開始される[135]。

② **動産売買の先取特権に基づく物上代位**　債務者である買主が先取特権の目的である動産を第三取得者に引き渡した後は，売主は，その動産について先取特権を行使することができない（民333条）。しかし，買主が売買目的物を第三者に転売しその代金債権が残存する場合，売主はその代金債権に対して動産売買の先取特権を行使することができる（民304条1項〔物上代位〕）[136]。ただし，物上代位権を行使するためには，その払渡しまたは引渡しの前に差押えをすることを要する（民304条1項但書）。当該債権の特定性を保持し，また第三者債務者または当該債権の譲受人の損害を防止する趣旨であると解されている[137]。

---

[135]　上記(a)・(b)の場合は，買主が差押えに協力しないとき，買主に対する動産引渡請求権・差押承諾請求権・換価権などを売主に認める解釈により動産売買の先取特権の効力を強化しない限り，競売は実際上きわめて困難である。

[136]　この場合に，売主が当該担保権を実行するためには，担保権の存在を証する文書を裁判所に提出することを要する（民執193条1項）。

[137]　判例は，この規定は抵当権とは異なり公示方法が存在しない動産売買の先取特権については，物上代位の目的債権の譲受人等の第三者の利益を保護する趣旨を含むものというべきであるから，動産売買の先取特権者である売主は，買主の転売代金債権（物上代位の目的債権）が譲渡され，第三者に対する対抗要件が備えられた後においては，その転売代金債権を差し押さえて物上代位権を行使することはできないものと解するのが相当であると判示する（最判平17・2・22民集59巻2号314頁〔本件転売契約により商品を購入した者は，本件転売代金債権の譲受人に対し，転売代金債権について支払義務を負うものとする〕）。しかし，売主による差押え前に買主の一般債権者が当該債権に対し差押えの執行をしたにすぎない場合，または買主が破産手続開始の決定を受けたにすぎない場合には，売主が動産売買の先取特権に基づく物上代位権を行使して優先弁済を主張することは妨げられない（最判昭59・2・2民集38巻3号431頁，最判昭60・7・19民集39巻5号1326頁）。なお，動産売買の先取特権に基づく物上代位権を有する債権者である売主は，他に競合する差押債権者があるときは，配当要求の終期までに，担保権の存在を証する文書を提出して先取特権行使の申出をしなければ，優先弁済を受けることができないと解される（最判昭62・4・2判時1248号61頁，最判平5・3・30民集47巻4号3300頁）。

6 商事債権の消滅

(1) 債権の消滅原因

債権の消滅原因[138]の中で，債務の内容を実現する債務者の行為が，弁済である。債務者が債権者に対して債務の弁済をしたときは，その債権は，消滅する（民473条）。

弁済は，金銭の支払に限られず，動産・不動産の引渡しや登記の移転も弁済である。弁済は，履行ともいわれる。たとえば，商品の売買契約が有効に成立すると，売主には，買主に対し履行期に代金を支払えと請求する債権が生じる。他方，買主には，売主に対し同日に商品を引き渡せと請求する債権が生じる。そして，売主の商品引渡義務および買主の代金支払義務が約定通り履行されれば，債権債務は目的を達して消滅する。

(2) 商事債権の消滅時効

債権は，権利者が権利を行使することができることを知った時（主観的起算点）から5年間行使しないとき，時効によって消滅する（民166条1項1号）。また，権利を行使することができる時（客観的起算点）から10年間行使しないとき，債権は，時効によって消滅する（民166条1項2号）[139]。

もっとも，商法に別段の定めがある場合[140]，または他の法令により民法よりも短い時効期間が定められている場合[141]には，当然それによる。

---

138) 債権の消滅原因は，民法上，目的の達成によるものとして弁済（民473条以下），債権を存続させる必要がなくなることによるものとして混同（民520条），債権の消滅を目的とする法律行為として代物弁済（民482条）・供託（民494条以下）・相殺（民505条以下）・更改（513条以下）および免除（民519条）について，規定がなされている。また，その他の消滅原因として，消滅時効の完成，債権にある終期の到来，債権を発生させた契約の解除・取消しによる消滅，債務者の責めに帰すことのできない事由による履行不能などがある。
139) 平成29年民法改正前は，商法は，商行為によって生じた債権は，商法に別段の定めがある場合を除き，5年間行使しないときは，時効によって消滅する旨の規定をしていた（商旧522条本文）。平成29年民法改正に合わせて，商法の定める5年の商事債権消滅時効は廃止された。
140) 商564条・586条・594条・617条等。
141) 手70条，小51条等。

7 国際売買

(1) 国際売買の意義と特色

　国際売買とは，商人間の売買の中で，売主と買主の営業所がそれぞれ異なる国に存在する売買をいう。国際売買は，現在の経済社会では国際的な取引が活発に行われ重要なものとなっているが，国際取引法の分野で取り扱われることが多い。

　国際売買は，異なる法の下に生活する売買当事者間において，契約の締結，目的物の引渡し，代金の決済等が国境を越えて行われることから，買主の信用状態の把握の困難性，輸出入取引・為替の規制，為替レート変動，適用される法の不明確性，政変，外国における訴訟・強制執行などのようなリスクを伴うという特色がある。

(2) 国際売買の法源

　国際売買契約においても，当事者自治の原則により，当事者間の合意，または，これによる意思を有すると認められるべき商慣習に従って問題解決がなされることは，国内の売買契約と異なるところはない。

　これに対し，当事者の意思が明確でないことなどにより，問題の解決ができない場合には，法廷地の国際私法により定まる準拠法に従うことになる[142]。しかし，国際私法の内容は各国で異なり，準拠法の決定をめぐり混乱が生じること，準拠法となる個々の外国法のすべてを知ることも容易ではないことなどから，国際的な統一法が望まれる[143]。

---

142) 法の適用に関する通則法（平18法78号）では，当事者による準拠法の選択（法適用7条），準拠法の選択がない場合には行為地法（契約を締結した地の法）ではなくて当該法律行為（契約）に最も密接な関係がある地の法によること（法適用8条1項），法律行為（契約）の方式（法適用10条）などの規定がある。

143) 1964年にハーグで採択された「有体動産の国際的売買についての統一法に関する条約」および「有体動産の国際的売買契約の成立についての統一法に関する条約」，1980年にウイーンで採択された「国際物品売買契約に関する国際連合条約」，国際物品売買契約に関する国際連合条約などがある。

　なお，国際売買契約の当事者が契約書中に使用される定型取引条件の定義を明確にする試みがなされているが，国際商業会議所が1936年に作成したインコタームズ（Intarnatinal Commerce Terms〔Incoterms〕）において，FOB条件・CIF条件を含む13

問題

1　九州特産の商品の販売業を目的とするA株式会社は，販売網を拡張することを計画をした。そこで，A会社の指示により，A会社東京支店長Bは，東京での販売に必要な資金をCより借りた。その金銭消費貸借契約書には「B㊞」と署名しただけで，A会社支店長の肩書を記載しなかった。しかし，Bは，Cより借りた金銭を個人的な遊興費に充てて，費消してしまった。

 (1)　返済期限がきたので，Cは，Bに上記貸金の返済を請求したところ，BがA会社の代理人であるからA会社に請求すべきであると主張した。そこで，Cは，A会社に対して貸金の返済を請求したが，CのA会社に対する貸金返済請求は認められるか。

 (2)　上記の事例で，A会社が責任を負うべきものとした場合，CがA会社に請求しないで，B個人に請求したときは，Bは会社が責任を負うから自分には責任がないと主張して，責任を免れることができるか。

2　F市内で電気販売業を営む商人Aは，8月の盆前の2週間，これまでお世話になった来客に竹細工の「おしぼり入れ」を配ろうと考え，竹細工の製造販売を業とするB株式会社の製造した「おしぼり入れ」を購入する契約をした。ところが，B会社は8月に入ってもその竹細工をAに引き渡さなかったので，Aは，本件の売買について，7月上旬ごろまでにその引渡しを受けなければ，売買契約の目的を達することができないことを理由に，商法525条に基づき本件契約は当然解除されたと主張した。Aの主張は認められるか。

3　果物の卸問屋を業とする商人Aは，リンゴ100箱を商人Bに販売した。Bは，引渡しを受けたリンゴ箱を検査しないで，転売先の小売業者Cに納入した。ところが，Cの検査によってそのリンゴの多くに傷があった。そこで，Bは，Cから指摘されてあわててAにこの事実を通知したが，リンゴを受領して1週間以上経過していた。

 (1)　商人Aのリンゴ代金請求に対して，商法上，商人Bは契約の解除や損害賠償請求をすることができるか。

 (2)　上記(1)の場合に，A・B間の売買契約締結の際に当事者間において売買の目的物がBからCに転売されることが予定されており，Aから直接に転売先のCへリンゴ箱が送られ，Cがその検査をしたことにより，BはAに対する通知が遅れた

種の定型的取引条件に関して売主・買主の義務が定義されている。FOBとは，Free on Boardの略語であり，売買契約上定められた船積港において，売主が船舶に目的物を船積みすることによって，売主の引渡義務が完了する契約条件である（売主は海上運賃を負担しない）。CIFとは，Cost, Insurance and Freightの略語であり，売主が目的地までの貨物海上保険料および海上運送賃を負担する契約条件である。

とするならば，上記(1)の結論は異なるか。
(3) Bは，商法526条所定の通知をしなかったとしても，Aに対する完全履行請求権を有するか。
(4) 商人Bは，商人Aから密封されたイチゴジャムの瓶詰めを500個を購入したが，そのジャムが傷んでいて，これは直ちに発見することができないものであった。その瓶詰めを受け取って，6ヶ月以内にその瑕疵を発見して直ちにA商店に通知したが，その通知が6ヶ月後になった。Bは，Aに上記瓶詰め購入の契約の解除や損害賠償請求をすることができるか。

4 F市在住のAは，東京に転勤するので，自宅を他の者に売却しようと考えて，宅地建物取引業者Bに買い手を探すことを依頼していた。Bは，たまたま知り合いのCと年末に食事する機会があったときに，よもやま話をし上記宅地売却の件についても話題にのぼった。すると，Cが是非ともその物件を購入したいといったので，BはAにCを紹介した。その後，A・C間の売買契約が成立した。
(1) Bは，Cに対して商法512条により報酬請求をすることができるか。
(2) 上記の事例で，BがCを現場に案内し売買価格を調整して契約締結に至らしめ，契約書作成・目的物受渡し・代金授受に関与した場合は，Bの商法512条による報酬請求は認められないか。

5 ゼネコンのA株式会社とB株式会社により結成された建設工事共同企業体が，共同企業体の下請業者Cに2億円の債務を負担した場合に，CがA会社に2億円の弁済を請求してきたとき，A会社は，A会社とB会社の損失分担割合が各2分の1で，工事費用も各2分の1とする取り決めがあると主張して，1億円の支払をするだけでよいとすることができるか。

6 F市中央区に土地を所有しているA会社は，建築請負業を営むB株式会社にアパート建築を発注した。本件アパート建築に際して，A会社は，C銀行から融資を受けていた。しかし，会社の経営状態の激変により，A会社は，その建築を中途で断念せざるをえなくなった。そして，A会社は，B会社に対する一部工事代金債務およびC銀行に対する融資の返済債務について弁済することができなくなった。そこで，C銀行は，本件土地に対する抵当権の実行を申し立てたのに対し，B会社は，A会社に対する工事代金債権につき本件土地に商事留置権が生じていることを主張した。B会社の主張は認められるか。

第2章

消費者売買

1 総説

(1) 消費者売買の意義

消費者とは,他人の供給する物資(商品)・役務(サービス)を消費生活のために購入・利用する者である。消費者売買は,商人・非商人間の売買の中で,消費者が自己・家族等の消費の用に供するために商人から商品等を買い受ける取引である。

現代社会では,品質の欠陥,価格の不公正,販売方法の不公正などによる消費者被害は,大量生産・大量販売・複雑化した流通過程によって被害が広がり,複雑化した商品による被害規模の増大,消費者被害の類型化といった特色がある。また,消費者取引においては,提供される商品・サービスに関する情報・経験は,商人側が圧倒的に優位にあることは否定できない。そこで,消費者保護基本法(昭43法78号)をはじめ,多数の立法がなされている。

(2) 消費者売買に関する法規制

消費者売買は,商法典中に特別の規定は設けられてはいないが,商人の優位性から,消費者を保護する特別法が必要とされ,消費者に対する信用販売が増加したことに伴い,昭和36年に「割賦販売法」(昭36法159号)が制定され,その後,昭和51年に訪問販売・通信販売等の無店舗販売について「訪問販売等に関する法律」(昭51法57号)が制定された(現在の「特定商取引に関する法律」)。

しかし,これらの法律は,基本的には業法ないし行政規制法としての性格が濃厚で,被害を受けた消費者の救済手段とはなり難かったこと,また,新たに生まれる取引類型についての対応が不十分なことから,その限界が指摘されていた。一方で,平成6年頃から経済活動一般への行政官庁の介入について規制緩和が行われたことから,消費者契約について消費者の利益を擁護する包括的な民事立法が必要であるとの認識が高まり,平成12年に「消費者契約法」(平

12法61号）が制定された。また，同年には，幅広い金融商品を包括的に適用対象とする投資者保護法の制定の必要性から，「金融商品の販売等に関する法律」（平12法101号）が制定された。

さらに，近時急速に発達してきたインターネット等を通じた契約についても，消費者保護を図るために，平成13年に「電子消費者契約及び電子承諾通知に関する民法の特例に関する法律」（平13法95号）が制定されている。

本章では，消費者契約法，および割賦販売法・特定商取引に関する法律の私法的側面について触れる。

2　消費者契約法

(1)　総　説

消費者契約法は，消費者と事業者との間の情報の質・量ならびに交渉力の格差を前提に，事業者の一定の行為により消費者が誤認・困惑した場合について契約の申込み・承諾の意思表示を取り消すことを認め，事業者の損害賠償の責任を免除する条項その他の消費者の利益を不当に害することとなる条項を無効とすることを中核に，消費者の利益の擁護を図り，もって国民生活の安定向上と国民経済の健全な発展に寄与することを目的とする（消費契約1条）[1]。

(2)　消費者契約法の適用範囲

消費者契約法において「消費者契約」とは，消費者と事業者との間で締結される契約をいう（消費契約2条3項）[2]。「消費者」とは，事業としてまたは事業のために契約の当事者となる場合を除き，個人をいう（消費契約2条1項）。ま

---

[1]　なお，平成28年5月25日に，「消費者契約法の一部を改正する法律」が成立し，平成29年6月3日に改正された消費者契約法が施行された。改正法では，当該消費者にとって契約の目的物の分量，回数，期間が著しく過度な量の契約であることを知りながら事業者が勧誘をすることが，契約の取消事由として新設された（消費契約4条4項）。また，重要事項の対象に「物品，権利，役務その他の当該消費者契約の目的となるものが当該契約者の生命，身体，財産その他の重要な利益についての損害又は危機を回避するために通常必要であると判断される事情」が追加され（消費契約4条5項3号），事業者の債務不履行があった場合につき，消費者の解除権を放棄させる条項，有償契約であって契約の目的物に隠れた瑕疵があった場合に消費者の解除権を放棄させる条項，解除に関する条項が無効の事由に追加された（消費契約8条の2第1号，2号）。

[2]　消費者契約法は，労働契約には適用されない（消費契約48条）。

た,「事業者」とは, 法人[3] その他の団体 (法人格のない団体で事業目的のために組織されたもの), および事業としてまたは事業のために契約の当事者となる場合における個人をいう (消費契約2条2項)。

「事業」とは, 営利目的に限らず, 自己の危険と計算により一定の目的で同種の行為を反復・継続することであり, 医師・弁護士等の専門職業人も事業者となる[4]。

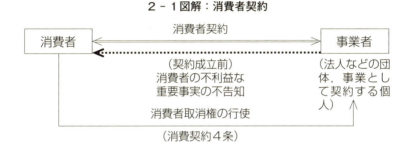

2-1図解:消費者契約

(3) 消費者契約の申込み・承諾の意思表示の取消し
(イ) 取消事由

事業者が消費者契約の締結について勧誘するに際し, 消費者に対して以下のような行為をした場合に, 誤認または困惑した消費者は, 契約の申込み・承諾の意思表示を取り消すことができる (消費契約4条)。民法の詐欺・強迫 (民96条) による意思表示の取消しの要件を緩和するものである (消費契約6条・11条1項参照)。

① **不実告知** 重要事項[5] について事実[6] と異なることを告げ (事業者の故意・過失を要しない), 告げられた内容が事実であると消費者が誤認した場合である (消費契約4条1項1号)。

② **断定的判断の提供** 物品・権利・役務その他の当該消費者契約の目的と

---

3) ここでいう法人は, 営利法人に限らず, 公益法人・一般社団法人・公法人・外国法人等も含まれる広い意味である。
4) 内職従事者のような者 (商502条柱書但書参照) は事業者でないと解される。
5) 用途その他の内容および対価その他の取引条件であって消費者の判断に通常影響を及ぼすべきもの (消費契約4条4項)。平均的な消費者を基準に客観的に判断される。
6) 主観的な評価を含まない客観的事実をいう (福岡地判平18・2・2判タ1224号255頁)。

なるものに関し，将来における変動が不確実な事項につき断定的判断を提供し，消費者が提供された断定的判断の内容が確実であると誤認した場合である（消費契約4条1項2号）。

③ **不利益事実の不告知**　消費者に対してある重要事項または当該重要事項に関連する事項について当該消費者の利益となる旨を告げ，かつ，当該重要事項について当該消費者の不利益となる事実[7]を故意に告げなかったことにより，不利益事実が存在しないと消費者が誤認した場合[8]である（消費契約4条2項）。

④ **不退去等による困惑**　消費者がその住居またはその業務を行っている場所から退去すべき旨の意思を示したにもかかわらず退去せず，または，勧誘場所から消費者が退去する旨の意思を示したにもかかわらず，その場所から消費者を退去させないことにより，消費者が困惑した場合である（消費契約4条3項）。

(ロ)　取消権の行使期間・効果等

① **取消権の行使期間**　消費者の上記取消権は，追認をすることができる時から6ヶ月間行わないとき，または消費者契約の締結の時から5年を経過したとき，時効によって消滅する（消費契約7条1項。募集株式の引受けの取消の制限〔同条2項〕）。

② **取消しの効果**　消費者契約が取り消された場合の効果については，民法の定めるところによる（消費契約11条1項，民121条）。この場合における意思表示の取消しは，善意の第三者に対抗することができない（消費契約4条5項）。

③ **媒介の委託を受けた第三者等**　事業者から消費者契約の締結について媒介の委託を受けた第三者（受託者等）が消費者に対して前記取消事由となる行為をした場合についても，消費者契約法の意思表示の取消しの規定が準用される（消費契約5条1項）。

7）　当該告知により当該事実が存在しないと消費者が通常考えるべきものに限る。
8）　事業者が不利益事実を告げようとしたにもかかわらず消費者がこれを拒んだ場合は除かれる。

(4) 消費者契約の条項の無効

消費者契約中の以下のような条項は，当然に無効とされる。

(イ) 事業者の損害賠償責任の免除

①事業者の債務不履行責任の全部免責条項（消費契約8条1項1号），②事業者・その代表者またはその使用する者の故意・重過失による債務不履行責任の一部免責条項（消費契約8条1項2号），③事業者の不法行為責任の全部免責条項（消費契約8条1項3号），④事業者・その代表者またはその使用する者の故意・重過失による不法行為責任の一部免責条項（消費契約8条1項4号），および⑤事業者の瑕疵担保責任の全部免責条項（消費契約8条1項5号）は無効である。

(ロ) 消費者が支払う損害賠償の額を予定する条項等

① 学校法人日本大学事件（最判平18・11・27民集60巻9号3437頁）　X1は，平成13年11月17日，Y大学（学校法人日本大学の設置する日本大学）芸術学部演劇学科（演出コース）の平成14年度一般推薦（公募制）入学試験（本件推薦入試）を受験して合格し，所定の期限までに，Y大学に対し，入学者納入金として，入学金・授業料等を納付するとともに，入学手続書類を提出し，入学手続を行った。X2は，Y大学の平成14年度文理学部心理学科の一般入学試験を受験して合格し，所定の期限までに，Y大学に対し，入学者納入金として，入学金・授業料等を納付するとともに，入学手続書類を提出し，入学手続を行った。Y大学の入学試験要項・入学手続要項（本件要項等）には，いったん提出した入学手続書類・入学者納入金はいかなる理由があっても返還しない旨記載されていた。したがって，XらとY大学との間で，それぞれ納入した入学者納入金（本件学生納付金）については，いかなる理由があってもY大学において返還しない旨の合意（本件不返還特約）がそれぞれ成立した。X1は，平成14年3月13日，Y大学に対し，「退学願」と題する書面を提出して，Y大学への入学を辞退する旨申し出た。X2は，平成14年3月29日ころ，Y大学に対し，電話でY大学への入学を辞退する旨告げ，同年4月3日，X2が送付した「入学辞退届出」と題する書面がY大学に到達した。Y大学の学則には，〔1〕病気その他やむを得ない事由のため，退学しようとする者は，その事実を証明する書類を添え，保証人連署で所属の学部長に退学願を提出して，許可を受けなければならない，〔2〕既納の学費はいかなる理由があっても返還しない旨の定めがある。

Xらが，Y大学への入学を辞退してY大学との間の在学契約を解除したなどとして，Y大学に対し，不当利得返還請求権に基づき，本件学生納付金相当額等の支払を求めて訴えを提起した。これに対し，Y大学は，Xらとの間に本件不返還特約が有効に存在することなどを主張して，Xらの請求を争った。第1審・第2審は，Xらの請求を一部認容した。そこで，Y大学およびX2が上告受理申立てを行ったが，最高裁は，次のように判示して，一部破棄差戻し，一部破棄自判，一部棄却した。

　「消費者契約法9条1号の規定により，違約金等条項は，『当該消費者契約と同種の消費者契約の解除に伴い当該事業者に生ずべき平均的な損害』（以下「平均的な損害」という。）を超える部分が無効とされるところ，在学契約の解除に伴い大学に生ずべき平均的な損害は，1人の学生と大学との在学契約が解除されることによって当該大学に一般的，客観的に生ずると認められる損害をいうものと解するのが相当である。そして，上記平均的な損害及びこれを超える部分については，事実上の推定が働く余地があるとしても，基本的には，違約金等条項である不返還特約の全部又は一部が平均的な損害を超えて無効であると主張する学生において主張立証責任を負うものと解すべきである。」，「当該大学が合格者を決定するに当たって織り込み済みのものと解される在学契約の解除，すなわち，学生が当該大学に入学する（学生として当該大学の教育を受ける）ことが客観的にも高い蓋然性をもって予測される時点よりも前の時期における解除については，原則として，当該大学に生ずべき平均的な損害は存しないものというべきであり，学生の納付した授業料等及び諸会費等は，原則として，その全額が当該大学に生ずべき平均的な損害を超えるものといわなければならない。」，「一般に，4月1日には，学生が特定の大学に入学することが客観的にも高い蓋然性をもって予測されるものというべきである。そうすると，在学契約の解除の意思表示がその前日である3月31日までにされた場合には，原則として，大学に生ずべき平均的な損害は存しないものであって，不返還特約はすべて無効となり，在学契約の解除の意思表示が同日よりも後にされた場合には，原則として，学生が納付した授業料等及び諸会費等は，それが初年度に納付すべき範囲内のものにとどまる限り，大学に生ずべき平均的な損害を超えず，不返還特約はすべて有効となるというべきである。」，「推薦入学試験（これに類する入学試験を含む。）に合格して当該大学と在学契約を締結した学生については……在学契

約を締結した時点で当該大学に入学することが客観的にも高い蓋然性をもって予測されるものというべきであるから……当該大学には当該解除に伴い初年度に納付すべき授業料等及び諸会費等に相当する平均的な損害が生ずるものというべきである。」

「本件学生納付金のうち，本件授業料等及び本件後援会費は，在学契約に基づくY大学の学生に対する給付の対価及び費用としての性質を有するものであるが，本件入学金は，Y大学に入学し得る地位を取得するための対価としての性質を有するものであり，Y大学が合格した者を学生として受け入れるための事務手続等に要する費用にも充てられることが予定されているものというべきである。……そうすると……X2の請求のうち，本件入学金の返還を求める部分は理由がない。」，「本件不返還特約のうち，本件授業料等及び本件後援会費に関する部分は，在学契約の解除に伴う損害賠償額の予定又は違約金の定めの性質を有するものと解される。」，「本件在学契約は消費者契約に当たり，本件不返還特約（本件授業料等及び本件後援会費に関する部分。以下同じ。）は，違約金等条項に当たる。」，「本件推薦入試を出願，受験して，合格発表を受けた後に……本件学生納付金を納付してY大学と在学契約を締結した……X1……の在学契約の解除についてY大学に生ずべき平均的な損害は，X1の納付した本件授業料等及び本件後援会費に相当する額を下回るものではないというべきである。……X1に係る本件不返還特約は全部有効と認められるので，Y大学は，X1に対し，本件授業料等及び本件後援会費の返還義務を負わないというべきである。」，「X2は，平成14年3月31日以前である同月29日ころ本件在学契約を解除したものであり……上記時点ではX2がY大学に入学することが客観的にも高い蓋然性をもって予測されるような状況になかったというべきであり，この在学契約の解除については，Y大学に生ずべき平均的な損害は存しないものであって，X2が納付した本件授業料等及び本件後援会費は，その全額がこれを超えるものとして，X2に係る本件不返還特約は全部無効というべきである。そうすると，Y大学は，X2に対し，本件授業料等及び本件後援会費を返還する義務を負う。」

② **損害賠償の額を予定する条項等** (a)契約解除に伴う損害賠償の額の予定または違約金を定める条項であって，これらを合算した額が同種の消費者契約の解除に伴い当該事業者に生ずべき平均的な損害の額を超える場合に，当該超える部分（消費契約9条1号），および，(b)消費者の金銭支払義務の履行

を遅滞した場合における損害賠償額の予定または違約金を定める条項であって，これらを合算した額が支払期日における未払残高に年14.6パーセントの割合を乗じて計算した額を超える場合に，当該超える部分（消費契約9条2号）は，無効である。

　上記(a)の損害賠償の額の予定・違約金を定める条項については，裁判所は，大学の学納金の不返還特約について，入学金は学生が大学に入学しうる地位を取得するための対価としての性質を有するものであるから当該条項にあたらないが，授業料等に関する部分は在学契約の解除に伴う損害賠償額の予定・違約金を定める条項にあたる旨判示する[9]。

(八)　消費者の利益を一方的に害する条項

　民法・商法その他の法律の公の秩序に関しない規定（任意規定）の適用による場合に比べ，消費者の権利を制限しまたは消費者の義務を加重する消費者契約の条項であって，民法1条2項に規定する基本原則（信義則）に反して消費者の利益を一方的に害するものは，無効である（消費契約10条）。

(5)　適格消費者団体の差止請求

　適格消費者団体（消費契約2条4項・13条）は，①事業者・受託者等または事業者の代理人もしくは受託者等の代理人が，消費者契約の締結について勧誘をするに際し，不特定かつ多数の消費者に対して取消事由の行為（消費契約4条1項～3項）を現に行いまたは行うおそれがあるとき，または，②事業者・その代理人が，消費者契約を締結するに際し，不特定かつ多数の消費者との間で無効の条項（消費契約8条～10条）を含む消費者契約の申込みまたはその承諾の意思表示を現に行いまたは行うおそれがあるときは，その事業者等（上記②の場合は事業者・その代理人）に対し，当該行為の停止・予防または当該行為に供した物の廃棄・除去その他の当該行為の停止・予防に必要な措置をとることを請求することができる（消費契約12条以下）。

　なお，消費者契約法による認定を受けた適格消費者団体は，「不当景品類及び不当表示防止法」（昭37法134号）および「特定商取引に関する法律」（昭51法57号）に基づく差止請求権も行使できる（景表10条，特定商取引58条の4～58条の9）。

---

9)　最判平18・11・27民集60巻9号3437頁（前掲学校法人日本大学事件）。

3　電子消費者契約

(1) 総説

　電子消費者契約法（電子消費者契約及び電子承諾通知に関する民法の特例に関する法律）は，電子商取引などにおける消費者の操作ミスの救済，契約の成立時期の転換などを定めたもので，平成13年12月25日に施行された。本法は，パソコンやインターネットの普及に伴って，パソコンを誤作動したり，画面の読み間違いによって入力ミスをしたりすることによる消費者トラブルが増加したことを背景に成立したものである。事業者側がこうしたトラブルを防止するための適切な措置をとっていない場合には消費者からの申込みが無効となる。

(2) 電子商取引などにおける消費者の操作ミスの救済

　民法第95条但書の規定は，消費者が行う電子消費者契約の申込みまたはその承諾の意思表示について，その電子消費者契約の要素に錯誤があった場合であって，当該錯誤が次のいずれかに該当するときは，適用しない（電子契約特3条本文）。
(イ)　消費者がその使用する電子計算機を用いて送信した時に当該事業者との間で電子消費者契約の申込みまたはその承諾の意思表示を行う意思がなかったとき。
(ロ)　消費者がその使用する電子計算機を用いて送信した時に当該電子消費者契約の申込みまたはその承諾の意思表示と異なる内容の意思表示を行う意思があったとき。
　ただし，当該電子消費者契約の相手方である事業者が，当該申込みまたはその承諾の意思表示に際して，電磁的方法によりその映像面を介して，その消費者の申込みもしくはその承諾の意思表示を行う意思の有無について確認を求める措置を講じた場合またはその消費者から当該事業者に対して当該措置を講ずる必要がない旨の意思の表明があった場合は，この限りでない（電子契約特3条但書）。
　したがって，B to C（事業者・消費者間）の電子契約では，消費者が申込みを行う前にその申込み内容などを確認する措置などを事業者が講じないと，消費者の操作ミスによる申込みは無効になる。そのため，事業者は，申込みボタ

ンを押した後に，消費者が入力した申込み内容を一度確認させるための画面などを用意する必要がある。また，申込みボタンを押す＝購入（有料）であるということを，ボタンを押す前にわかるように明示しなくてはならない。

(3) 電子商取引などにおける契約の成立時期の転換

民法526条1項および527条の規定は，隔地者間の契約において電子承諾通知を発する場合については，適用しない（電子契約特4条）。したがって，電子契約においては，事業者側の申込み承諾の通知が消費者に届いた時点で契約成立となる。そのため，事業者としては，注文・申込みがあった場合，事業者は申込み承諾の連絡をし，かつそれが申込み者に届かないと（法律上では）契約成立とはならないため，承諾の連絡を行う必要がある。

4 割賦販売法

(1) 総　説

消費者が商人から商品等を購入する際に，代金の全部または一部について，売主である商人から信用の供与を受ける場合と，売主以外の第三者（信販会社等）から信用の供与を受ける場合がある。割賦販売法は，このような商品等の購入に係る信用供与について規制する[10]。

割賦販売法は，割賦販売等に係る取引の公正の確保，購入者等が受けることのある損害の防止およびクレジットカード番号等の適切な管理に必要な措置を講ずることにより，割賦販売等に係る取引の健全な発達を図るとともに，購入者等の利益を保護し，あわせて商品等の流通および役務の提供を円滑にし，もって国民経済の発展に寄与することを目的とする（割賦1条1項）。①割賦販売（割賦2条1項），②ローン提携販売（割賦2条2項），③信用購入あっせん（割賦2条3項・4項），④前払式特定取引（割賦2条6項）という取引形態に適用される。

しかし，いずれの取引も当然に割賦販売法の適用があるわけではなく，上記

---

[10] なお，商品等の購入のために資金を必要とする場合に，消費者に対する直接の融資（消費者金融，クレジットカードの利用によるキャッシング・サービス等）については，「貸金業の規制に関する法律」（昭58法32号）による業法規制と，融資の利率に対する「利息制限法」（昭29法100号）による規制が適用される。

①・②は，定型的な条件で販売するのに適する商品であって政令（割賦令1条1項・別表第1）で定めるもの（指定商品），施設を利用しまたは役務の提供を受ける権利のうち国民の日常生活に係る取引において販売されるものであって政令（割賦令1条2項・別表第1の2）で定めるもの（指定権利），前払式特定取引にあたる場合を除き，国民の日常生活に係る取引において有償で提供される役務であって政令（割賦令1条3項・別表第1の3）で定めるもの（指定役務）に，限定されている（割賦2条1項・2項）。

上記③は，現在では極めて多様な取引に利用されている関係で，指定のない取引について新たな消費者被害が生じた後に当該取引の指定を行うことにならないように，取引対象の限定はない（ただし，個別信用購入あっせんについて指定権利の限定がある〔割賦2条4項〕）。上記④の取引対象は，商品（指定商品に限らない）の引渡しまたは政令（割賦令1条4項・別表第2）で定める役務の提供である。

なお，割賦販売法は，購入者・役務受領者が営業のためにまたは営業として契約の申込み・締結するものには，原則として適用されない[11)12)]。

(2) 割賦販売の規制
(イ) 割賦販売の定義

割賦販売は，通常の割賦販売，リボルビング方式の割賦販売，および前払式割賦販売に分けられる。

① **通常の割賦販売** 割賦販売とは，通常，商品・権利の販売業者または役務提供事業者が，購入者・役務受領者から商品・権利の代金または役務の対価を2ヶ月以上の期間にわたり，かつ，3回以上に分割して受領することを条件として指定商品・指定権利の販売または指定役務を提供することをいう（割賦2条1項1号）。

---

11) 割賦8条1号・29条の4第1項・35条の3の60第1項1号2項1号・35条の3の62。
12) なお，平成28年12月2日に，割賦販売法の改正が可決・成立し，同年12月9日に「割賦販売法の一部を改正する法律」（「改正割賦販売法」）が公布され，クレジットカードを取り扱う加盟店において，カード番号等の適切な管理や不正使用対策を講じることが義務付けられた。改正割賦販売法の施行は，平成30年6月1日とされている。

2-2図解：割賦販売

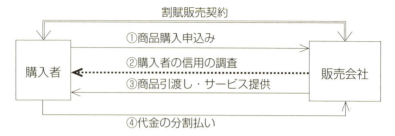

② リボルビング方式の割賦販売　リボルビング方式とは，販売業者等が，カード等を利用者に交付・付与し，あらかじめ定められた時期ごとに，そのカード等の提示・通知を受けて，またはそれと引換えに当該利用者に販売した商品・権利の代金または提供する役務の対価の合計額を基礎としてあらかじめ定められた方法により算定して得た金額を受領することを条件として，指定商品・指定権利を販売しまたは指定役務を提供することをいう（割賦2条1項2号）。

③ 前払式割賦販売　前払式割賦販売とは，通常の割賦販売（割賦2条1項1号）の中で，指定商品を引き渡すに先立って購入者から2回以上にわたりその代金の全部または一部を受領するものをいう（割賦11条）。

(ロ)　取引条件の開示

割賦販売について販売条件等を購入者等が十分に認識できるように，契約締結前の開示（割賦3条1項・3項），広告による開示（割賦3条4項），および契約の内容を明らかにする書面（割賦4条・4条の2〔電磁的方法による提供〕）の交付をする義務が割賦販売業者に課されている。

(ハ)　契約内容に関する規制

割賦販売業者側から契約解除・期限の利益喪失の措置を取ることの制限（割賦5条），契約の解除等に伴う損害賠償等の額の制限（割賦6条），割賦販売業者が瑕疵担保責任を負わない旨の特約の禁止[13]が規定されている。

---

13) 割賦4条1項7号・4条2項6号，割賦施規6条1項3号表4・8条3号表3。購入者等側から契約解除できる旨の記載等（割賦4条1項5号・4条2項4号，割賦施規6条1項2号・8条2号）。

(3) ローン提携販売の規制
(イ) ローン提携販売の定義

ローン提携販売とは，販売業者等からカード等を交付・付与された利用者が，そのカード等を提示・通知して，またはそれと引換えに購入した商品・権利の代金または提供を受ける役務の対価にあてるために，ローン提携販売業者と提携しているローン提供業者から2ヶ月以上の期間にわたりかつ3回以上に分割して返還することを条件として金銭の借入れをし，ローン提携販売業者が利用者のその債務の保証をして，指定商品・指定権利の販売または指定役務の提供をすることをいう（割賦2条2項1号）。

2-3図解：ローン提携販売

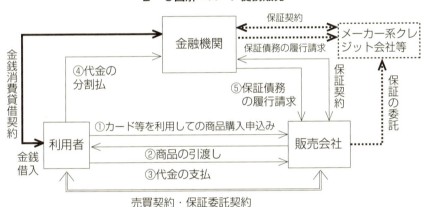

(ロ) 取引条件の開示

割賦販売の規制に準じて，ローン提携販売条件等についての契約締結前の開示（割賦29条の2第1項2項），広告による開示（割賦29条の2第3項），および契約の内容を明らかにする書面（割賦29条の3）の交付をする義務がローン提携販売業者に課されている。

(ハ) 契約内容に関する規制

割賦販売契約と同様に，ローン提携販売業者の瑕疵担保責任[14]が規定され

---

14) 割賦29条の3第1項7号・2項6号，割賦施規31条4号表2・33条4号表2。購入者等側から契約解除できる旨の記載等（割賦29条の3第1項5号・2項4号，割賦施規31条2号・33条2号）。

ている。

　また，ローン提携販売の購入者等は，ローン提携販売に係る分割返済金の返済について，ローン提携販売業者に対して生じている事由をもってローン提供業者に対抗することができ，これに反する特約で購入者等に不利なものは無効とされる[15]。

(4) 信用購入あっせんの規制
(イ) 信用購入あっせんの定義
　信用購入あっせんは，包括信用購入あっせんと個別信用購入あっせんに分けられる。
① 包括信用購入あっせん　　包括信用購入あっせんとは，信用購入あっせん業者（信販会社等）がカード等[16]を利用者（カード等の会員）に交付または付与し，利用者がそのカード等を提示・通知してまたはそれと引換えに特定の販売業者（加盟店）または役務提供事業者から商品・権利を購入しまたは役務の提供を受けるときは，信用購入あっせん業者が当該販売業者・役務提供事業者に商品・権利の代金または役務の対価相当額の交付をするとともに，利用者から代金等相当額をあらかじめ定められた時期までに受領することをいう（割賦2条3項1号）。この場合，契約締結時から2ヶ月を超えれば，3回以上の分割払でなくても規制の対象となり，リボルビング方式による受領も認められる（割賦2条3項2号）。
② 個別信用購入あっせん　　個別信用購入あっせんとは，カード等を利用することなく，信用購入あっせん業者（信販会社等）が，特定の販売業者（加盟店）・役務提供事業者による購入者・役務受領者への商品・指定権利の販売または役務の提供を条件として，商品・指定権利の代金または役務の対価の全部または一部に相当する金額の販売業者・役務提供事業者への交付をするとともに，購入者等からあらかじめ定められた時期までに当該金額を受領

---

15) 割賦29条の4第2項3項・30条の4第1項2項（少額取引の例外について，割賦令18条）参照。
16) それを提示・通知してまたはそれと引換えに，特定の販売業者から商品・権利を購入し，または特定の役務提供事業者から有償で役務の提供を受けることができるカードその他の物または番号・記号その他の符号（クレジットカード・チケット・クーポン・パスワード等）のこと。

2−4図解：包括信用購入あっせん

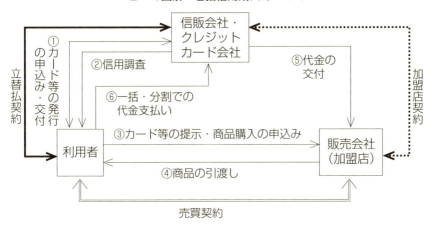

2−5図解：個別信用購入あっせん

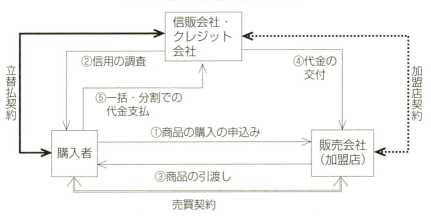

することをいう（割賦2条4項）。一般的にショッピングクレジットと呼ばれる。

(ロ) 取引条件の開示

信用購入あっせんをする場合の取引条件についての契約締結前の開示[17]，広

---

17) 利用者と包括信用購入あっせん関係販売業者等との間の契約締結時から2ヶ月を超えない範囲内の時期までの受領を除く。

告による開示[18]および契約・信用供与に関する書面[19]の交付が義務づけられている。これらの義務の違反には，罰金の制裁がある（割賦53条1号・3号）。

(八) **信用購入あっせん業者の調査義務等**
　包括信用購入あっせん業者は，包括信用購入あっせんをするためカード等を利用者（個人に限る）に交付する場合，または利用者に交付したカード等の極度額を増額しようとする場合には，先立って，年収・預貯金・借入れの状況その他の当該利用者の包括支払可能見込額を算定するために必要な事項を調査しなければならない（割賦30条の2）。包括信用購入あっせん業者は，カード等に係る極度額または増額後の極度額が包括支払可能見込額を超えるときは，カード等の交付または極度額の増額をしてはならない（割賦30条の2の2）。

　また，個別信用購入あっせん業者は，個別信用購入あっせん関係受領契約を締結しようとする場合には，その契約の締結に先立って，利用者の個別支払可能見込額を調査することを要し（割賦35条の3の3），1年間の支払額が個別支払可能見込額を超えるときは，当該契約を締結してはならない（割賦35条の3の4）。その調査を行うときは，指定信用情報機関（割賦35条の3の36・35条の3の59）が保有する特定信用情報を使用しなければならない（割賦35条の3第3項）。また，加入包括信用購入あっせん業者・加入個別信用購入あっせん業者は，指定信用情報機関と特定信用情報提供契約を締結したときは，信用情報を指定信用情報機関に提供することを要する（割賦35条の3の56）。

　さらに，個別信用購入あっせん業者は，特定商取引のいずれかに該当する契約に係る個別信用購入あっせん関係受領契約を締結しようとする場合には，その契約の締結に先立って，特定商取引に関する法律または消費者契約法に規定する不当な勧誘等の有無に関する事項を調査することを要し（割賦35条の3の5），不当な勧誘等の行為をしたと認めるときは，当該勧誘の相手方との間で個別信用購入あっせん関係受領契約を締結してはならない（割賦35条の3の7）。

(二) **契約内容に関する規制**
① **割賦販売に準ずる規制**　割賦販売の場合に準じて，包括信用購入あっせん・個別信用購入あっせんの双方について，瑕疵担保責任[20]，契約の解除・

---

18) 割賦30条1項2項・35条の3の2第1項・30条の6・4条の2，割賦施規36条・37条・69条（割賦30条3項・35条の3の2第2項，割賦施規38条・70条）。
19) 割賦30条の2の3・35条の3の8・35条の3の9，割賦施規49条・55条・79条・84条。
20) 割賦30条1項3号・35条の3の2第1項5号，割賦施規55条3号表1・80条7号表3。

期限の利益喪失[21], 契約の解除等に伴う損害賠償等の額の制限[22] が規定されている。

② 販売契約・役務契約上の抗弁の対抗
　(a) 抗弁の対抗　　包括信用購入あっせん・個別信用購入あっせんの双方について, 購入者等は, 信用購入あっせん関係販売業者等に対して生じている事由をもって, 信用購入あっせん業者からの支払または弁済の請求に対して対抗することができ, これに反する特約で購入者等に不利なものは無効とされる[23]。ただし, 政令で定める金額[24]に満たない少額の取引の場合には適用されない[25]。
　(b) クレジットの名義貸し　　実際には購入していない商品の購入者として自己の名義を使うことを信用購入あっせん関係販売業者に対して承諾する等の行為（いわゆるクレジットの名義貸し）をした者は, 原則として, 割賦販売法30条の4・30条の5・35条の3の19の規定を根拠に, 信用購入あっせん業者に対する支払を拒むことは認められないと解される[26]。ただし, 販売業者等が名義貸与者の無知に付け込んでそうさせた場合には, 名義貸与者の販売業者等に対する抗弁を信用購入あっせん業者に対抗することを認めるべきであると解されている[27]。

③ 過量販売等に係る個別信用購入あっせん関係受領契約の申込みの撤回等
　訪問販売にあたる個別信用購入あっせん関係販売契約・役務提供契約の場合（割賦35条の3の10第1項1号・2号・4号・5号）において, 申込者等は, 通常必要とされる分量を著しく超える商品の販売契約等（特定商取引9条の2第1項各号）に係る個別信用購入あっせん関係受領契約の申込みの撤回等

---

21) 割賦30条の2の4・35条の3の17。
22) 割賦30条の3・35条の3の18。
23) 割賦30条の4第1項2項・30条の5第1項・35条の3の19第1項2項。
24) 割賦令21条・24条〔4万円。ただし, リボルビング方式の場合は3万8,000円〕。
25) 割賦30条の4第4項・35条の3の19第4項。
26) 福岡地判昭61・9・9判時1259号79頁（顧客が有償の名義貸しをしていた場合, 販売店からの報酬が途絶えた途端に, 信販会社に対して当該売買契約の無効を主張することは, 信義則の理念に照らし認められないと判示）。
27) 長崎地判平元・6・30判時1325号128頁（販売業者がクレジット契約に無知の未成年者に詐欺的な言動で名義使用を許諾させた場合に, 名義貸与者が虚偽表示の主張を割賦購入あっせん業者に対して主張することは信義則に反しないと判示）, 東京高判平12・9・28判時1735号57頁（ライフ求償金請求事件）。

を行うことができる（割賦35条の3の12第1項）。この申込みの撤回等の権利は，当該個別信用購入あっせん関係受領契約の締結の時から1年以内に行使しなければならない（割賦35条の3の12第2項）。

④　不実告知等による個別信用購入あっせん関係受領契約の取消し　(a)訪問販売，(b)電話勧誘販売，(c)特定連鎖販売個人契約，(d)特定継続的役務提供等契約，(e)業務提供誘引販売個人契約であって個別信用購入あっせん関係販売契約・役務提供契約に該当するものに係る個別信用購入あっせん関係受領契約の締結について，個別信用購入あっせん関係販売業者等が勧誘をするに際し，一定の事項につき不実のことを告げまたは故意に事実を告げない行為をしたことにより，購入者または役務の提供を受ける者が誤認をして，当該個別信用購入あっせん関係受領契約の申込みまたはその承諾の意思表示をしたときは，当該契約を取り消すことができる（割賦35条の3の13・35条の3の16）。

　この取消権は，追認をすることができる時から6ヶ月間行わないときは，時効によって消滅し，また，当該個別信用購入あっせん関係受領契約の締結の時から5年を経過したときも同様とされる（割賦35条の3の13第7項・35条の3の14第3項・35条の3の15第3項・35条の3の16第2項）。

(ホ)　個別信用購入あっせん関係受領契約のクーリングオフ

　特定商取引に該当する契約であって販売契約・役務提携契約に係る個別信用購入あっせん関係受領契約の場合において，申込者等は，書面により，申込みの撤回等を行うことができる[28]。

　特定商取引に該当する販売契約・役務提携契約は特定商取引法により申込みの撤回等をすることができるが[29]，個別信用購入あっせん業者との関係で，当該契約に係る個別信用購入あっせん関係受領契約をクーリングオフすることができる旨を規定するものである。

　クーリングオフは，契約者に再考する期間を保証する制度である。クーリングオフのできる期間は，契約書面を受領した日[30]から起算して8日または20日を経過するまでである。ただし，申込者等が，個別信用購入あっせん関係販

---

[28]　割賦35条の3の10第1項・35条の3の11第1項。
[29]　特定商取引9条・24条・40条・48条・58条。
[30]　割賦35条の3の9第1項3項・35条の3の10第1項・35条の3の11第1項。

売業者等・個別信用購入あっせん業者が契約締結の勧誘をする際にクーリングオフに関する事項につき不実のことを告げる行為をしたことなどにより，当該期間を経過するまでにクーリングオフをしなかった場合には，当該申込者等が，当該販売業者・信用購入あっせん業者がクーリングオフができる旨を記載して交付した書面を受領した日から起算して当該期間が経過するまでである（割賦35条の3の10第1項・35条の3の11第1項）。

　クーリングオフがあった場合には，個別信用購入あっせん業者は，クーリングオフに伴う損害賠償または違約金の支払を請求することができない[31]。個別信用購入あっせん業者は，すでに代金等に相当する金額を個別信用購入あっせん関係販売業者等へ交付をしたときにおいても，申込者等に対し，当該金額の支払を請求することができず[32]，申込者等からすでに受領した金銭があるときは，速やかにこれを返還しなければならない[33]。個別信用購入あっせん関係販売業者等は，個別信用購入あっせん業者からすでに受け取った金額を返還しなければならない[34]。

　すでに引渡し・権利の移転がされた商品の引取り・返還に要する費用は，個別信用購入あっせん関係販売業者の負担とされ[35]，すでに商品の使用・役務の提供等がされていても，申込者等に対し，対価その他の金銭の支払を請求することができない[36]。個別信用購入あっせん関係役務提供事業者は，当該契約に関連して金銭を受領しているときは，申込者等に対し，速やかに，これを返還しなければならない[37]。

(5) 前払式特定取引の規制
(イ) 前払式特定取引の定義

　前払式特定取引とは，①商品（指定商品に限らない）の売買の取次ぎであって，購入者に対する商品の引渡しに先立って購入者から当該商品の代金の全部または一部を2ヶ月以上の期間にわたり，かつ，3回以上に分割して受領するもの

---

[31] 割賦35条の3の10第3項・35条の3の11第5項。
[32] 割賦35条の3の10第7項・35条の3の11第9項。
[33] 割賦35条の3の10第9項・35条の3の11第11項。
[34] 割賦35条の3の10第8項・35条の3の11第10項。
[35] 割賦35条の3の10第10項・35条の3の11第12項。
[36] 割賦35条の3の10第11項12項・35条の3の11第13項。
[37] 割賦35条の3の10第13項・35条の3の11第14項。

（割賦2条6項1号），および②指定役務の提供，または，指定役務の提供をすることもしくは指定役務の提供を受けることの取次ぎであって，指定役務の提供に先立って指定役務の提供を受ける者から当該指定役務の対価の全部または一部を2ヶ月以上の期間にわたり，かつ，3回以上に分割して受領するもの（割賦2条6項2号）をいう。

②の指定役務は，婚礼（結婚披露を含む）のための施設の提供，衣服の貸与その他の便益の提供およびこれに附随する物品の給付，葬式のための祭壇の貸与その他の便益の提供およびこれに附随する物品の給付，と定められている（割賦令1条4項・別表第2）。

(ロ) 取引条件の開示・契約内容に関する規制

前払式特定取引については，他の販売信用取引の場合のような取引条件の開示および契約内容に関する規制は，設けられていない。

2-6図解：前払式特定取引

```
                ④商品・サービスの提供
  ┌─────┐ ──────────────→ ┌─────┐
  │     │                          │     │
  │購入者│                          │百貨店│
  │     │ ←──────────────          │     │
  └─────┘   ③買物・サービス提供の申込み └─────┘
     ↑                                    │
     │   ②会員証の発行                   │
     │ ←──────────────                  │
     │                                  ┌─────┐
     │ ──────────────→                  │友の会│
        ①入会申込み・代金の前払・積立    └─────┘
```

5 特定商取引に関する法律

(1) 総　説

特定商取引とは，訪問販売，通信販売および電話勧誘販売に係る取引，連鎖販売取引，特定継続的役務提供に係る取引ならびに業務提供誘引販売取引をいう（特定商取引1条括弧書）。

販売員が家庭等を訪れて契約を勧誘する訪問販売，消費者から郵便・インターネット等により契約の申込みを受ける通信販売，販売業者から消費者に電話をかけるなどの方法で契約を勧誘する電話勧誘販売に係る取引は，売主である商人の店舗外で行われる消費者売買であり，無店舗販売と呼ばれる。

こうした無店舗販売取引の規制のために昭和51年に「訪問販売等に関する法律」が制定されたが，同法は無店舗販売以外にも適用領域を拡大したので，平成12年の改正により，「特定商取引に関する法律」という名称に変更された。
　特定商取引に関する法律により規制を受ける訪問販売・通信販売および電話勧誘販売については，平成20年の改正により，規制の隙間を埋める趣旨で，指定商品・指定役務制が廃止され，原則としてすべての商品の販売，役務の提供が規制対象とされる。ただし，改正後も，指定権利の限定は存在している[38]。平成28年5月25日には改正特定商取引法が成立し，同年6月3日に公布された。改正法は，平成29年12月1日から施行されている[39]。
　改正消費者契約法と同様に，特定商取引における取消権の短期の行使期間について，追認することができる時から6ヶ月とされていたのが，1年間に延ばされた。また，取消権によって契約を取り消した場合には，現存利益を返還すればよいことになった[40]。
　悪質事業者の法違反に対する適切な抑止力を確保する等の観点から，不実告知等に対する法人への罰金300万円以下から1億円以下へ引き上げられることになり，また業務停止命令違反に対する懲役刑の上限が2年から3年へ引き上げられるなど，刑事罰が強化された（改正特定商取引70条ないし74条）。

---

38) 特定商取引2条1項・3項，特定商取引令3条・別表第1。
39) 今回の改正では，従来の政令指定権利は廃止せず残されたが，「役務」を幅広く解釈してカバーし，「役務」と位置づけることができない「社債その他の金銭債権」と「会社の株式」や「社員権」等を，従来の政令制定権利と併せて「特定権利」と位置づけることで（改正特定商取引2条4項），規制の抜け穴が生じることの対策が講じられた。
　　特定権利とは，(1)施設を利用しまたは役務の提供を受ける権利のうち国民の日常生活に係る取引において販売されるものであって政令で定めるもの，(2)社債その他の金銭債権，(3)株式会社の株式，合同会社，合名会社もしくは合資会社の社員の持分もしくはその他の社団法人の社員権または外国法人の社員権でこれらの権利の性質を有するものをいう（改正特定商取引2条4項）。
　　通信販売に関しては，消費者からの事前の請求や承諾なしにファクシミリ広告をすることが禁止された（改正特定商取引12条の5）。また，電話勧誘販売に過量販売解除権が導入された（改正特定商取引24条の2）。
40) 改正特定商取引9条の3，24条の3，40条の3，49条の2，58条の2。

(2) 訪問販売の規制

(イ) 訪問販売の定義

　訪問販売とは，①販売業者・役務提供事業者が営業所等[41]以外の場所において，売買契約・役務提供契約の申込みを受けもしくは売買契約・役務提供契約を締結して行う，商品・指定権利の販売または役務の提供をいう（特定商取引2条1項1号）。②販売業者・役務提供事業者が，営業所等において，営業所等以外の場所において呼び止めて営業所等に同行させた者その他政令で定める方法（特定商取引令1条1号・2号）により誘引した者（特定顧客）から売買契約・役務提供契約の申込みを受けもしくは特定顧客と売買契約・役務提供契約を締結して行う，商品・指定権利の販売または役務の提供も，訪問販売に含まれる（特定商取引2条1項2号）。

(ロ) 氏名等の明示・再勧誘の禁止等

　販売業者・役務提供事業者は，訪問販売をしようとするときは，その勧誘に先立って，その相手方に対し，販売業者・役務提供事業者の氏名または名称，売買契約・役務提供契約の締結について勧誘をする目的である旨および当該勧誘に係る商品・権利または役務の種類を明らかにしなければならない（特定商取引3条）。また，販売業者・役務提供事業者は，訪問販売をしようとするときは，その相手方に対し，勧誘を受ける意思があることを確認するよう努め，契約を締結しない旨の意思を表示した者に対し，当該契約の締結について勧誘（再勧誘）をしてはならない（特定商取引3条の2）。

　これらの規定の違反に対する罰則はないが，主務大臣による必要な措置の指示（特定商取引7条），業務の停止の命令（特定商取引8条）が定められている。

(ハ) 取引条件の開示のための契約申込時の書面の交付および契約書面の交付

　販売業者・役務提供事業者は，契約の申込みを受けたとき，直ちに，主務省令で定めるところにより，一定事項についてその申込みの内容を記載した書面を，申込者に交付しなければならない（特定商取引4条，特定商取引規3条・5条・6条）。また，販売業者・役務提供事業者は，契約を締結したとき，遅滞なく（3，4日以内），契約の内容を明らかにする書面を購入者または役務の提

---

[41] 営業所・代理店その他の主務省令（特定商取引規1条3号）で定める場所（露店・屋台店など）。

供を受ける者に交付しなければならない（特定商取引5条[42]，特定商取引規4条・6条）。

これらの規定に違反する場合には，罰則があるほか（特定商取引72条1号），主務大臣による必要な措置の指示（特定商取引7条），業務の停止の命令（特定商取引8条）が定められている。

(二) **禁止行為**

販売業者・役務提供事業者は，訪問販売に係る契約の締結について勧誘をするに際し，または契約の申込みの撤回もしくは解除を妨げるため，商品の種類・品質・価格等の一定の事項について，不実のことを告げる行為をしたり，故意に事実を告げない行為をしてはならない（特定商取引6条1項2項）。また，契約を締結させ，または契約の申込みの撤回・解除を妨げるため，人を威迫して困惑させてはならない（特定商取引6条3項）。さらに，販売業者・役務提供事業者は，訪問販売に係る契約の締結について勧誘をするためのものであることを告げずに営業所等以外の場所において呼び止めて同行させることその他政令で定める方法により誘引した者に対し，公衆の出入りする場所以外の場所において，契約の締結について勧誘をしてはならない（特定商取引6条4項，特定商取引令3条の2）。これらの規定に違反する場合には，懲役刑もしくは罰金刑が科され，また，主務大臣の指示もしくは業務停止命令の対象となる（特定商取引6条の2・7条・8条・70条・70条の3）。

(ホ) **契約内容に関する規制**

① **割賦販売に準ずる規制**　瑕疵担保責任（特定商取引4条6号，特定商取引規5条1項），契約の解除（特定商取引4条6号，特定商取引規5条1項），契約の解除等に伴う損害賠償の額の制限（特定商取引10条・26条5項）について，割賦販売法と同様の規制がなされている。

② **過量販売契約等の申込みの撤回等**　訪問販売において，申込者等は，その日常生活において通常必要とされる分量を著しく超える商品・指定権利の売買契約，または，その日常生活において通常必要とされる回数・期間・分量を著しく超えて役務の提供を受ける役務提供契約（過量販売契約等）の申込みまたは契約締結がなされたときは，申込者等は，その申込みの撤回また

---

[42] ただし，顧客から申込みを受けた際に契約を締結した場合（同条1項括弧書），および現金取引の場合（同条2項）には，ただちに交付することを要する。

は契約の解除（申込みの撤回等）を行うことができる（特定商取引9条の2第1項1号）。複数の販売業者・役務提供事業者により過量販売契約等がされたときは、過量となることを販売業者等が知りながら、申込みを受けまたは契約締結した場合に、申込者等は、申込みの撤回等を行うことができる（特定商取引9条の2第1項2号）。この申込みの撤回等の権利は、当該契約の締結の時から1年以内に行使しなければならない（特定商取引9条の2第2項）。申込みの撤回等があった場合において、販売業者等は、損害賠償・違約金の支払請求、申込者等に交付をした金銭の支払請求をすることができず、申込者等から受領した金銭の返還を要する（特定商取引9条の2第3項）。

③　不実告知等による訪問販売に係る契約の取消し　販売業者・役務提供事業者が、訪問販売に係る契約の締結について勧誘をするに際し、前記(二)の禁止行為の規定（特定商取引6条1項）に違反して不実のことを告げ、または同規定（特定商取引6条2項）に違反して故意に事実を告げない行為をしたことにより、申込者等が誤認をして、当該の申込みまたはその承諾の意思表示をしたときは、その意思表示を取り消すことができる[43]。この取消権は、追認をすることができる時から6ヶ月間行わないときは、時効によって消滅し、当該契約の締結の時から5年を経過したときも、同様とされる[44]。

(ヘ)　クーリングオフ

訪問販売においては、不意打ちによる契約の勧誘により不用意に契約の申込みまたは契約の締結をするおそれがあるので、申込者等は、書面により、その売買契約・役務提供契約の申込みの撤回またはその売買契約・役務提供契約の解除（申込みの撤回等）を行うことができる（特定商取引9条）。

クーリングオフができる期間は原則として契約書面受領から8日（特定商取引9条1項）、クーリングオフの意思表示は書面によるべきこと（特定商取引9条1項）、クーリングオフの効力発生時期はクーリングオフに係る書面を発した時（発信時）であること（特定商取引9条2項）、販売業者・役務提供事業者は、クーリングオフに伴う損害賠償・違約金の支払を請求することができないこと（特定商取引9条3項）、すでに引渡し等がされた商品の引取り・返還に要する

---

43)　特定商取引9条の3第1項2号（善意の第三者に対抗不可）3項（民96条の適用）。消費契約4条1項1号・4条2項（消費者の利益となる旨を告げることを要件とする）対比。

44)　特定商取引9条の3第4項。消費契約7条1項対比。

費用は販売業者の負担とすること（特定商取引9条4項），販売業者・役務提供事業者は，すでに商品の使用・役務の提供等がされていても，申込者等に対しその対価等（不当利得返還を含む）を請求することができないこと（特定商取引9条5項），役務提供事業者がすでに受領した金銭があれば速やかに返還しなければならないこと（特定商取引9条6項），土地・建物その他の工作物の現状が変更されたときは無償で原状回復すべきこと（特定商取引9条7項），これらの規定に反する特約で申込者等に不利なものは無効とされる（特定商取引9条8項〔強行規定〕）。

また，現金取引の場合に，訪問販売に係る商品・指定権利の代金または役務の対価の総額が3,000円に満たないときは，クーリングオフは認められない（特定商取引26条4項3号，特定商取引令7条）。

なお，申込者等が契約書面を受領した場合において，その使用もしくは一部の消費により価額が著しく減少するおそれがある商品として政令で定めるものを使用しまたはその全部もしくは一部を消費したとき（特定商取引26条4項1号，特定商取引令6条の4別表第3〔健康食品・化粧品等〕），また，相当の期間品質を保持することが難しく，品質の低下により価額が著しく減少するおそれがある商品として政令で定めるものを引き渡されたときは（特定商取引26条4項2号），クーリングオフの適用が排除される。

(3) 通信販売の規制
(イ) 通信販売の定義

通信販売とは，販売業者・役務提供事業者が郵便その他の主務省令で定める方法（郵便等〔信書便，電話機・ファクシミリ装置・パソコン等を利用する方法，電報，預金・貯金の口座に対する払込み［特定商取引規2条1号～4号］］）により，

2-7図解：通信販売

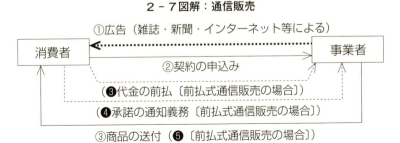

売買契約・役務提供契約の申込みを受けて行う商品・指定権利の販売または役務の提供であって，電話勧誘販売に該当しないものをいう（特定商取引2条2項）。

(ロ) 広告の規制

① 契約条件の広告　販売業者・役務提供事業者は，通信販売をする場合の契約条件（商品・指定権利の販売条件または役務の提供条件）について広告をするときは，主務省令（特定商取引規9条）で定めるところにより，当該広告に，商品・権利または役務に関する販売価格・役務の対価，代金・対価の支払の時期・方法，商品等の引渡時期等，商品・権利の売買契約の申込みの撤回または契約解除等，消費者の購入意思形成に必要な情報を，原則として一括表示しなければならない（特定商取引11条，特定商取引規8条・10条）。これに違反する場合に罰則の定めはないが，主務大臣の指示もしくは業務停止命令の対象となる（特定商取引14条・15条）。

② 誇大広告等の禁止　販売業者・役務提供事業者は，通信販売の契約条件について広告をするときは，商品の性能または権利・役務の内容，売買契約の申込みの撤回または契約解除に関する事項その他の主務省令（特定商取引規11条）で定める事項について，著しく事実に相違する表示をし，または実際のものよりも著しく優良であり，もしくは有利であると人を誤認させるような表示をしてはならない（特定商取引12条）。これに違反する場合に罰則（特定商取引72条1項3号）があるほか，主務大臣の指示もしくは業務停止命令の対象となる[45]。

③ 承諾をしていない者に対する電子メール広告の提供の禁止等　販売業者・役務提供事業者は，相手方となる者の承諾を得ないで電子メール広告を送信してはならない（特定商取引12条の3・12条の4〔広告業務の委託を受けた者への規制〕）。これに違反する場合に罰則（特定商取引72条1項4号5号・2項）があるほか，主務大臣の指示もしくは業務停止命令の対象となる（特定商取引14条・15条）。

(ハ) 通信販売における契約の申込みの撤回等

通信販売による商品・指定権利の購入者は，その売買契約に係る商品の引渡

---

[45] 特定商取引12条の2・14条・15条。なお，景表4条・6条（差止め・防止に必要な措置命令）。

しまたは指定権利の移転を受けた日から起算して8日を経過するまでの間は，その売買契約の申込みの撤回または契約解除（申込みの撤回等）を行うことができる（特定商取引15条の2第1項本文）。ただし，販売業者が申込みの撤回等についての特約（返品不可等とする）を広告に表示していた場合には，この限りでない（特定商取引15条の2第1項但書）。なお，申込みの撤回等があった場合に，商品・指定権利の引取り・返還に要する費用は，購入者の負担とされる（特定商取引15条の2第2項）。

㈡ 通信販売における承諾等の通知

販売業者・役務提供事業者は，いわゆる前払式通信販売の場合に，代金・対価の全部または一部を受領したときは，遅滞なく[46]，商品送付・権利移転または役務提供をしない限り，その申込みの承諾・不承諾の旨その他の主務省令（特定商取引規13条）で定める事項を申込者に書面により通知しなければならない（特定商取引13条）。これに違反する場合に罰則（特定商取引72条1項6号）があるほか，主務大臣の指示もしくは業務停止命令の対象となる（特定商取引14条・15条）。

㈥ 通信販売における電子契約の規制

販売業者・役務提供事業者が，①電子契約[47]の申込みを受ける場合に，電子契約に係る電子計算機の操作が電子契約の申込みとなることを，顧客が容易に認識できるように表示していない場合，または，②申込みの内容を顧客が電子契約に係る電子計算機の操作を行う際に容易に確認・訂正できるようにしていない場合に（特定商取引規16条1項1号2号），通信販売に係る取引の公正および顧客の利益が害されるおそれがあると認めるときは，主務大臣は，その販売業者等に対し，必要な措置をとるべきことを指示することができる（特定商取引14条1項2号）。

また，電子計算機（コンピュータ）の映像面を介して締結される電子消費者契約（電子契約特2条1項）について民法（錯誤の規定〔民95条〕）の特例として，消費者がその使用する電子計算機を用いて送信した時に，①当該事業者との間で電子消費者契約の申込み・承諾の意思表示を行う意思がなかったとき，また

---

46) この場合，1週間程度と考えられている。
47) 電子契約とは，電子計算機（コンピュータ）の映像面を介して締結される売買契約・役務提供契約であって，販売業者等が当該映像面に表示する手続に従って，顧客がその使用する電子計算機を用いて送信することによってその申込みを行うものをいう。

は②その申込み・承諾の意思表示と異なる内容の意思表示を行う意思があったときには，消費者が契約の要素の錯誤に陥るについて重大な過失（民95条但書）があった場合でも，消費者の申込み・承諾の意思表示は無効となる（電子契約特3条本文）。ただし，事業者が，電磁的方法によりその映像面を介して，その消費者の意思の確認を求める措置を講じた場合またはその消費者から当該措置を講ずる必要がない旨の意思の表明があった場合は，上記の民法の特例は適用されない（電子契約特3条但書）。

(ヘ) ネガティブ・オプション

販売業者は，売買契約の申込者・購入者（申込者等）以外の者に対して，売買契約の申込みをし，かつ，その申込みに係る商品を送付した場合，または申込者等に対してその売買契約に係る商品以外の商品につき売買契約の申込みをし，かつ，その申込みに係る商品を送付した場合において（いわゆるネガティブ・オプション），その商品の送付があった日から起算して14日を経過する日（商品送付を受けた者が販売業者に対し商品の引取りを請求した場合に，その請求の日から起算して7日を経過する日）までに，その商品の送付を受けた者がその申込みにつき承諾をせず，かつ，販売業者がその商品の引取りをしないときは，その送付した商品の返還を請求することができない（特定商取引59条1項）。上記の規定は，その商品の送付を受けた者のために商行為となる売買契約の申込みについては適用されない（特定商取引59条2項。なお，商509条・510条参照）。

(4) 電話勧誘販売の規制

(イ) 電話勧誘販売の定義

電話勧誘販売とは，販売業者・役務提供事業者が，電話をかけ，または，売買契約等の締結について勧誘をするためのものであることを告げずに（特定商取引令2条1号）あるいは他の者に比して著しく有利な条件で契約を締結することができる旨を告げ（特定商取引令2条2号）電話をかけることを電話・郵便等により要請する方法により電話をかけさせ，その電話において行う売買契約・役務提供契約の締結についての勧誘（電話勧誘行為）により，その相手方（電話勧誘顧客）から契約の申込みを郵便等（特定商取引2条2項，特定商取引規2条）により受け，もしくは電話勧誘顧客と当該契約を郵便等により締結して行う，商品・指定権利の販売または役務の提供をいう（特定商取引2条3項）。

2-8図解：電話勧誘販売

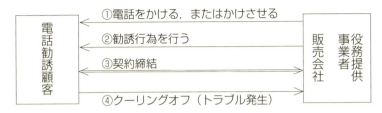

(ロ) 規制の内容

① **訪問販売に類似する規制** 氏名・勧誘目的の明示義務（特定商取引16条），書面の交付義務（特定商取引18条・19条），8日間のクーリングオフ（特定商取引24条），などの規制が課されている[48]。

② **電話勧誘販売における承諾等の通知** 販売業者・役務提供事業者は，いわゆる前払式電話勧誘販売の場合に，代金等を受領したときは，遅滞なく，商品送付・権利移転または役務提供をしない限り，その申込みの承諾・不承諾の旨その他の主務省令（特定商取引規21条・22条）で定める事項を申込者に書面により通知しなければならない（特定商取引20条）。これに違反する場合に罰則（特定商取引72条1項6号）があるほか，主務大臣の指示もしくは業務停止命令の対象となる（特定商取引22条・23条）。

(5) 連鎖販売取引

(イ) 連鎖販売取引の定義

連鎖販売取引とは，物品の販売（そのあっせんを含む）または有償で行う役務の提供（そのあっせんを含む）の事業であって，販売の目的物たる物品（商品）の再販売，受託販売もしくは同種役務の提供またはその販売・役務提供のあっせんをする者を，特定利益[49]を収受し得ることをもって誘引し，その者

---

48) 契約を締結しない旨の意思を表示した者に対する勧誘の禁止（特定商取引17条），禁止行為（特定商取引21条・70条〔罰則〕），違反に対する主務大臣の指示・業務停止（特定商取引22条・23条・70条の2〔罰則〕等），禁止違反行為による申込み・承諾の意思表示の取消し（特定商取引24条の2），契約の解除等に伴う損害賠償等の額の制限（特定商取引25条）などの規制が課されている。

49) その商品の再販売・受託販売もしくは同種役務の提供またはその販売・役務提供のあっせんをする他の者が提供する取引料（特定商取引33条3項）その他の主務省令（特定商取引規24条）で定める要件に該当する利益の全部または一部。

と特定負担[50]を伴うその商品の販売もしくは同種役務の提供またはその販売・役務提供のあっせんに係る取引（その取引条件の変更を含む）をすることをいう（特定商取引33条1項）。個人ビジネス勧誘型取引の一種である。

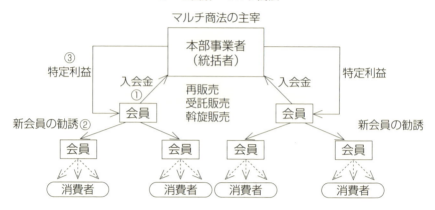

2-9図解：マルチ商法

㊂ 規制の内容

　連鎖販売取引について，統括者・勧誘者等の氏名等の明示義務（特定商取引33条の2），書面交付義務（特定商取引37条），20日間のクーリングオフ（特定商取引40条），などの規制がなされている[51]。

(6) 特定継続的役務提供
(イ) 特定継続的役務提供の定義

　特定継続的役務提供とは，①役務提供事業者が，特定継続的役務（特定商取引41条2項）を，それぞれの特定継続的役務ごとに政令で定める期間（特定商取引令11条1項・別表第4）を超える期間にわたり提供することを約し，相手方がこれに応じて政令で定める金額（5万円〔特定商取引令11条2項〕）を超える金銭を支払うことを約する契約を締結して行う特定継続的役務の提供，または，

---

50) その商品購入，役務の対価の支払または取引料の提供。
51) その他，禁止行為（特定商取引34条・70条〔罰則〕），合理的な根拠を示す資料の提出義務（特定商取引34条の2），広告規制（特定商取引35条・36条の3・72条3号〔罰則〕等），主務大臣による指示・停止命令（特定商取引38条・39条・70条の2〔罰則〕等），中途解約権（特定商取引40条の2），禁止違反行為による申込み・承諾の意思表示の取消し（特定商取引40条の3）などの規制が規定されている。

②販売業者が，特定継続的役務の提供を受ける権利を上記①の政令で定める金額を超える金銭を受け取って販売する契約を締結して行う特定継続的役務の提供を受ける権利の販売，をいう（特定商取引41条1項）。

　特定継続的役務とは，国民の日常生活に係る取引において有償で継続的に提供される役務であって，①役務の提供を受ける者の身体の美化または知識・技能の向上その他のその者の心身・身上に関する目的を実現させることをもって誘引が行われるもの，②役務の性質上上記①の目的が実現するかどうかが確実でないものの，いずれにも該当するものとして，政令（特定商取引令12条・別表第4）で定めるものをいう（特定商取引41条2項）。

　特定継続的役務提供の要件をみたす取引であっても，役務受領者・権利購入者にとって営業である取引には，規制は一切適用されない（特定商取引50条1項1号）。

㊁　規制の内容

　特定継続的役務提供について，訪問販売や電話勧誘販売と同様に契約締結前の書面の交付義務（特定商取引42条1項），契約締結の際の書面の交付義務（特定商取引42条2項3項），誇大広告等の禁止（特定商取引43条・72条3号〔罰則〕）[52]，8日間のクーリングオフ（特定商取引48条），などの規制が規定されている。

　なお，特定継続的役務提供契約については，クーリングオフ期間経過後，特定継続的役務の提供を受ける者は，事由の如何を問わず，将来に向かってその特定継続的役務提供契約の解除を行うことができる（特定商取引49条1項〔中途解約権〕）。その契約が解除されたときは，役務提供事業者が役務受領者に対し請求できる損害賠償額・違約金等に制限が設けられている（特定商取引49条2項）。

---

[52]　その他，禁止行為（特定商取引44条・70条〔罰則〕），合理的な根拠を示す資料の提出義務（特定商取引44条の2），主務大臣による指示・停止命令（特定商取引46条・47条・70条の2〔罰則〕），禁止違反行為による申込み・承諾の意思表示の取消し（特定商取引49条の2）。

(7) 業務提供誘引販売取引

(イ) 業務提供誘引販売取引の定義

　業務提供誘引販売取引とは，物品の販売または有償で行う役務の提供（それらのあっせんを含む）を行う者が自ら提供・あっせんするその商品・役務を利用する業務に従事することにより，利益を収受し得ることをもって相手方を誘引し，その者となす，特定負担[53]をいい，その取引を行う事業が業務提供誘引販売業である（特定商取引51条1項）。

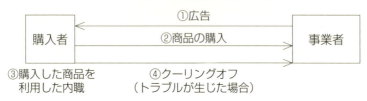

2-10図解：業務提供誘引販売取引

(ロ) 規制の内容

　業務提供誘引販売取引について，業務提供誘引販売業を行う者の氏名等の明示義務（特定商取引51条の2）[54]，広告規制（特定商取引53条～54条の4・72条3号～5号〔罰則〕等），書面交付義務（特定商取引55条），20日間のクーリングオフ（特定商取引58条），の規制が規定されている。

[問題]

1　次の消費者取引において，クーリングオフの権利行使が認められないものはどれか。
　(1) 訪問販売　(2) 特定連鎖販売個人契約　(3) 通信販売
　(4) 割賦販売　(5) ネガティブ・オプション　(6) 電話勧誘販売

---

53) その商品購入・役務の対価支払，または取引料（登録料・保証金等の金品）の提供（特定商取引51条2項）を伴う，その商品販売・役務提供またはそのあっせんに係る取引（その取引条件の変更を含む）。

54) その他，禁止行為（特定商取引52条・70条〔罰則〕），合理的な根拠を示す資料の提出義務（特定商取引52条の2），主務大臣による指示・停止命令（特定商取引56条・57条・70条の2〔罰則〕等），禁止違反行為による申込み・承諾の意思表示の取消し（特定商取引58条の2），契約の解除等に伴う損害賠償等の額の制限（特定商取引58条の3）。

2 Aは，第一希望の甲大学の入学試験を受験したものの，不合格となったために，すでに合格していた第二希望の乙大学に入学金・授業料を納付して入学手続を済ませていた。乙大学の入学手続書類にはいったん提出した入学金・授業料は返還しない旨の記載（不返還特約）があった。

ところが，乙大学への入学手続き後，甲大学から追加合格の連絡が入った。そうなると，どうしても甲大学への気持ちがあきらめきれなかったAは，甲大学への入学を考え，乙大学への入学前に入学辞退届けを提出したが，乙大学側は前記の不返還特約を理由として入学金・授業料は返還しない旨主張している。Aの乙大学に対する入学金・授業料の返還請求は認められるか。

第3章

商取引の決済手段と有価証券

1 総説

　商取引を完了させるために金銭債務の履行をする決済の手段については，現金の支払ではなくて，交互計算（あるいはネッティング〔差額決済〕）によって決済が行われるほか，伝統的な決済手段として広く利用されてきた手形・小切手や銀行振込がある。この振込手続を電子化した新しい決済システムとして，コンピュータとネットワークを利用する電子資金移動（Electronic Fund Transfer〔EFT〕）がある。さらに，近時，主として金銭債権を利用した事業者の資金調達の円滑化を図ることを目的とする電子記録債権法（平19法102号）が制定され，手形類似の機能を有する電子記録債権が利用されている。

　平成21年には，「資金決済に関する法律」（平21法59号）が制定された。本法は，資金決済に関するサービスの適切な実施を確保し，その利用者等を保護するとともに，当該サービスの提供の促進を図るため，前払式支払手段の発行，銀行等以外の者が行う為替取引および銀行等の間で生じた為替取引に係る債権債務の清算について，登録その他の必要な措置を講じて，資金決済システムの安全性，効率性および利便性の向上に資することを目的としている。

　本章では，商取引の決済手段として，まず，交互計算を取り上げ，次に，有価証券一般について概説し，最後に電子記録債権について取り扱う。

2 交互計算

(1) 交互計算の意義

　交互計算とは，商人間（たとえば運送業者相互間，銀行相互間）または商人と非商人との間（たとえば銀行と顧客との間）で平常取引をする場合において，一定の期間内の取引から生ずる債権・債務の総額について相殺をし，その残額の支払をすることを約する契約である（商529条）。交互計算は，継続的な取引関

係がある場合に，取引のたびに個々の債権・債務の決済をするための手間・費用および金銭授受・送金に伴う危険などを避けることができる（決算の簡易化機能）。また，一定の期間は互いに支払が猶予され，期末に差額を支払うだけでよいから，資金を有効に利用することができ（信用授与的機能），さらに，当事者は相互に相手方に対する債権のうち対等額について他の債権者に優先して満足を得ることができる（担保的機能）。

3－1図解：交互計算

```
              交互計算契約
        ┌─────────────────────┐
        │  取引（600万円の債権）  │
  ┌───┐ │  取引（500万円の債権）  │ ┌───┐
  │商 │ └─────────────────────┘ │商 │ （非
  │人 │                          │人 │  商
  │ A │        計算閉鎖          │ B │  人）
  │   │←────         ────→│   │
  └───┘  交付              交付 └───┘
    │         ┌─────┐            │
  承認 ────→│計算書│←──── 承認
              └─────┘
         相殺 → 残額 ← 法定利息
```

(2) 交互計算の当事者・対象

(イ) 交互計算の当事者

　交互計算の当事者は，少なくともその一方が商人でなければならない（当該商人にとっては附属的商行為となる〔商503条〕）。非商人間で交互計算と類似の内容の契約をしても，商法の定める交互計算ではなく，いわゆる民事上の交互計算であり，これには商法の規定は当然には適用されない。なお，三当事者以上の相互間において，相互に成立する債権・債務を一定の時期に一括決済の処理をする契約は，集合差引計算または交換決済といわれるが，これは交互計算のように相対当する債権・債務の消滅を目的とするものではなく，固有の意義の相殺を目的とするとは解されず，この点で交互計算とは異なる。

　また，交互計算の当事者は，双方の間に継続的な取引関係がある者でなければならない。当事者双方に債権・債務を生ずべき関係が予定されているものであることを要し，一方が債権のみを取得し，債務を負担しないことが予定されている場合（たとえば卸売商と小売商の関係）は，商法上の交互計算ではなく，一方的交互計算または単純交互計算といわれる。

㊁　交互計算の対象となる債権・債務

　交互計算の対象となるのは，特約による制限（たとえば取扱営業所や取引の種類・品目などによる限定）がない限り，一定の期間内の取引から生ずる一切の債権・債務である。この期間は交互計算期間と呼ばれ，特約がないときは6ヶ月である（商531条）。対象となる債権・債務は，総額につき一括相殺をするのに適するものでなければならないので，金銭債権に限られると一般に解されている[1]。

　もっとも，金銭債権でも，その性質上，一括して相殺することが不適当なものは除かれる。たとえば，①事務管理・不当利得・不法行為による債権や第三者から譲り受けた債権のように当事者間の通常の取引から生じたのではない債権，②消費貸借の予約による債権のように現実の履行を必要とする債権，③手形その他の有価証券上の債権のように特殊な権利行使（呈示・受戻・支払拒絶による遡求など）を必要とする債権[2]などは，交互計算の対象とはならないと考えられている。その他，担保付債権については，商人間の留置権（商521条）のような一般的担保の場合と異なり，特約がない限り，交互計算による相殺の対象とはならないと解される（多数説）[3]。

(3)　交互計算の効力

(イ)　消極的効力──交互計算不可分の原則

　交互計算期間中に生じた債権・債務は，交互計算の一項目として，その計算に組み入れられ，それらの債権・債務は独立性および個性を喪失し，その総額を計算期末に一括して相殺されるまでは停止状態におかれる[4]。これを交互計

1）　民法上の相殺〔民505条［同種の目的を有する債務でよい］〕と対比。
2）　ただし，有価証券を対象とした取引の対価，たとえば手形割引に基づく割引代金債務は交互計算の対象となる（商530条参照）。
3）　担保権は交互計算の結果として成立する残額債権に移らず，被担保債権の消滅とともに担保権が消滅することになり，担保付債権を相殺の対象とすることは債権者の期待に反するからである。
4）　大判昭11・3・11民集15巻320頁は，交互計算期間中に当事者間で生じた複数の債権債務は原則として交互計算に組み入れられて一つの不可分債権債務となるとし，交互計算を決済のための法定の「制度」と理解しているようである。裁判所は，組入債権は譲渡性を喪失し，交互計算契約の中に排他的に融合されるので，第三者にも効力が及ぶとする。最判昭45・4・10民集24巻4号240頁は差押債権者の善意・悪意を問わず差押え・転付命令による債権の移転を認めているので，大判昭11・3・11の判旨は現在では維持できないとの指摘がある。

算不可分の原則という。

　個々の債権・債務は，交互計算期間中は支払が猶予されたのと同じ効果が生じる。その結果，債権を個々的に行使することができず，消滅時効も停止し，また履行遅滞の問題も生じない。また，当事者は，交互計算に組み入れられた個々の債権について譲渡・質入れ等の処分をすることができない。なお，交互計算への組み入れによって上記の制約に服するとはいえ，各債権・債務はその発生原因に従い同一の性質を持続するのであって，当然に更改（民513条〜518条）により消滅して別の債権・債務になるわけではない。したがって，交互計算期間中でも，各債権について存在・不存在の確認の訴えの提起や，各債権を発生させた原契約上の権利（たとえば抗弁権・解除権など）を行使することができる。

　交互計算に組み入れられた債権・債務は，相手方の同意がなければ任意に計算中から除去することができない。交互計算の対象とはならない手形その他の有価証券上の債権ではなく，手形割引に基づく割引代金債務のように有価証券の取引に基づく債権・債務（証券授受の対価）は交互計算に組み入れることができるが，この場合にその証券上の債務者が弁済しなかったときは，当事者は，その債務に関する項目を交互計算から除去することができる（商530条）[5]。

(ロ) 積極的効力

　交互計算期間が満了すると，交互計算に組み入れられた債権・債務の総額について一括相殺が行われ（民505条対比），その差額が残額債権となる。その残額債権は，当事者が個々の債権・債務の項目を記載した計算書を作成して相互に承認（黙示でもよい）したときに，確定する[6]。

---

[5] このように除去できないとすれば，振出人A・受取人Bの約束手形をBがCに譲渡して，BのCに対する割引代金債権がB・C間の交互計算に組み入れられ，その後にBが破産する場合に，もしCがAからこの手形の支払拒絶をされたときは，手形上の債権（遡求権〔手77条1項・43条，小39条〕）は破産債権として割合的弁済を受けるにすぎないから（破194条2項参照），Cは遡求金額（手77条1項・48条）の全額を回収できないという不利益を被るのに対し，交互計算に組み入れられたBの割引代金債権はその全額で他の債務と相殺されて弁済を受けることになるからである。したがって，除去できれば，手形を割引取得したCは，Bに対する遡求権を割引代金債務と相殺することにより，遡求金額を回収することが可能となる。

[6] 段階的交互計算理論によれば，個々の債権・債務の交互計算への組入れにより残額は交互計算期間中絶えず自動的・客観的に確定し，計算書の承認の有無にかかわらず期末には当然にその残額を請求しうることになる。

したがって，①計算書類の承認は，組み入れられた債権・債務の総額を消滅させて，それとは別個の新たな残額債権を発生させる更改的効力を有するものである。

②当事者は，計算書の承認後は，原則として，その各項目について異議を述べることができなくなる（商532条本文）[7]。

③計算書の記載に錯誤または脱漏があったときは，異議を述べることができる（商532条但書）[8]。

④残額債権は更改（民513条）による新たな債権であるから，旧債権に付された担保や保証は，特約がない限り消滅し，残額債権に移転しないし（民518条参照），残額債権の消滅時効は，旧債権とは別個に期末から進行する。⑤相殺によって生じた残額債権については，債権者は，計算の閉鎖の日以後の法定利息を請求することができる（商533条1項）。なお，この場合に，当事者の特約により，組み入れられた個々の債権・債務について利息が付いているときは，当該相殺に係る債権・債務の各項目を交互計算に組み入れた日からこれに利息を付することが認められる（商533条2項）。これは，民法の重利に関する規定（民405条）に対する例外を定めたものである。

(4) 交互計算の終了

交互計算契約は，当事者相互間の信用を基礎とするものであるから，交互計算契約の存続期間の定めの有無にかかわらず，各当事者は，いつでも交互計算契約の解除（解約告知）をすることができる（商534条前段）。この場合において，交互計算の解除をしたときは，直ちに，計算を閉鎖して，残額の支払を請求することができる（商534条後段）。また，存続期間の満了その他，契約の一般終了原因によって終了する。さらに，当事者の一方について，破産手続（破59条1項），あるいは，会社更生手続（会社更生63条）や民事再生手続（民事再生51条）の開始がなされたとき，交互計算は終了する。なお，交互計算契約の存続

---

7) この場合，計算間違いがあっても残額債権について争うことができない。
8) これについては見解が分かれている。残額債権自体またはその内容も争えるという見解があるが，これに対し，残額債権の確定について争えるということではなく，交互計算外において不当利得返還請求権が認められることを意味すると解するのが通説である。なお，計算書の承認行為自体について錯誤・詐欺・脅迫がある場合には，民法の一般原則によってその承認行為の無効・取消しを主張して，残額債権の発生そのものを争うことができる。

期間（たとえば3年）と交互計算期間（たとえば6ヶ月）とは異なるのであって，交互計算契約の存続期間が満了しない限り，6ヶ月の交互計算期間が満了しても，その残額債権が新たに開始される交互計算期間の1項目となるにすぎない（交互計算契約の存続期間は6個の交互計算期間を含むことになる）。交互計算期間が満了しても残額が確定するだけであり，当然に交互計算契約が終了するわけではない。

交互計算契約が終了した場合には，交互計算期間の途中であっても，当事者は直ちに計算を閉鎖し，計算書の承認を経ることなく残額債権が成立し，残額の支払を請求することができる（商534条，破59条，会社更生63条，民事再生51条）[9]。

3 有価証券

(1) 総 説

従来，有価証券のうち，一般的にもっとも馴染みのあるものは株券であったが，現在では上場株は電子化されていることもあって実際に株券を目にする機会はほとんどなくなった。

株券に次いで馴染みのある有価証券は手形と小切手である。手形と小切手は，現金と同様の役割を担っており，専用の用紙に記入する点や，現金の受け取り方法など，多くの共通点がある。基本的な機能については類似点が多いが，支払期日や振出しの条件など，いくつかの違いも存在する。

共通する点としては，手形も小切手も，専用の用紙に振出人の名前，支払う金額，支払う場所などが記載されており，その用紙を銀行や手形割引業者に呈示すれば現金を受け取ることができる。いずれも，専用の用紙に記載されていることが必須であり，万が一金額に誤りがあっても，修正はできず，記載通りに支払われることになる。この特徴を「文言証券性」という。受取人が第三者に譲渡した場合などは，譲渡された側に間違いが伝わらずに混乱を招く可能性があるためにこのような処理がなされる。このような点に，手形と小切手は基

---

[9] なお，破産者が有する残額債権は破産財団に属し，相手方が有する場合は破産債権者となり（破59条2項），会社更生・民事再生の場合には相手方の有する残額債権は更生債権となる。

3－2図解：手形・小切手

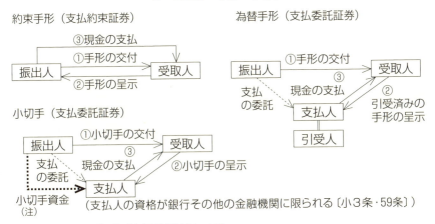

（注）当座勘定取引契約〔小切手契約〕による。

本的な共通点を有する。

　手形と小切手の最も大きな違いは支払期日（満期日）である。手形は，振出しから支払期日までに一定の期間が設けられている。支払期日を含む3営業日以内に手形を呈示して支払を受ける。振り出してから支払期日までの期間は，振出人と受取人の合意で決められるが，おおよそ1ヶ月～4ヶ月（30日，60日，90日，120日程度）が一般的である。また，手形の場合は，小切手と異なり支払期日まで現金を受け取ることはできない。しかし，手形割引を行うことで，金利や手数料を払って第三者（銀行，割引業者）に譲渡すれば資金化することが可能になる。一方，小切手の場合には，受け取った人が，それを金融機関に呈示すればすぐに現金化することができる。小切手は基本的に「振出日の翌日から10日間」のうちに呈示しなければならない（小29条）。この期間には金融機関の休業日も算入するが，最終日が休業日の場合は翌営業日までとなる。

　手形と小切手は支払期日が大きく異なるため，振り出す時の条件も大きく違ってくることになる。手形の場合は，振り出してから支払までに一定の期間があり，すぐにまとまった金額を用意することができないということを前提として手形を振り出しているので，振り出す時点で額面金額を所有していなくても問題はない。これに対して，小切手の場合には振り出した日の翌日から支払を請求される可能性があるため，小切手を振り出す時点で，当座預金口座に額

面金額の残高があることが前提となる。

　手形も小切手も支払期日に預金残高が不足していれば，受取人に現金が支払われずに不渡り（不渡手形）となって，信用問題に発展してしまう。とくに，6ヶ月以内に2度の不渡りを出すと，「銀行取引停止」の処分を受け，銀行から融資を受けられなくなる。したがって，しっかりと資金計画を立てた上で手形や小切手を振り出すことが必要である。とくに手形の場合は，支払期日までに日数があるため，その管理を徹底しなければならない。

　元々，手形・小切手は商事決済に伴って発展してきた歴史的な経緯があった。その点で，企業活動に不可欠の決済手段として位置付けられてきた。しかし，急速な技術の発展によりインターネットバンキングや電子記録債権といった新たな決済手段の導入が企業において進行している現実がある。こうした傾向は今後もさらに加速することと思われる。

　現在「紙媒体の手形の廃止」が検討されているが，このことはたんに手形よりも電子債権の利用が増えるといったレベルにとどまらず，取引自体への電子債権の利用の普及を加速させ取引スキームに多大な影響を与える可能性も高い。

　手形・小切手のほか，倉荷証券（商600条以下），船荷証券（商757条以下），株券（会社214条以下），新株予約権証券（会社288条以下），社債券（会社696条以下），抵当証券（抵証11条以下）などの証券は，有価証券と呼ばれる。有価証券の制度は，無形の権利を有形の証券に表章し（権利が証券に化体するともいわれる），証券を基準として権利関係を処理することによって，権利の流通と行使を円滑に処理する制度である。民法は有価証券に関する諸規定を設けている（民520条の2以下）。

(イ)　有価証券の意義と判例

①　姉ケ崎カントリー倶楽部入会証書事件（東京高決昭52・6・16判時858号101頁）　A株式会社（平和観光開発株式会社〔後に平和農産工業株式会社に変更〕は，姉ケ崎カントリー倶楽部入会証書をX（再抗告人）に対して発行した。本件証書を喪失したXは，本件証書について公示催告の申立てをしたが，第1審・第2審ともにその申立てを却けた。そこで，Xは，本件証書は指図証券または譲渡制限付記名株券類似の無記名証券である有価証券であるから公示催告の手続により無効とすることができるし，仮に記名証券だとしても民法施行法57条に条理上包含される有価証券であるから同様であることを理由として，再抗告した。東京高裁は，次のように判示して，Xの再抗告

を棄却した。

　「有価証券とは一般に財産権を表彰する証券であって権利の移転行使が証券をもってなされることを要するものとされており，従って権利者がこれを喪失した場合権利の移転行使が不可能になるのでこれを何等かの手続で救済する必要がある。」，「そこで民訴法は商法その他実体法に規定する有価証券たる証書についてその場合の救済手続を定めているのであるが，右の趣旨からすると右実体法の規定は条理により拡張又は縮少することができるものの，有価証券でない証書は右手続の対象外にあるものと解するのを相当とする。」
　「本件証書は元来姉ケ崎カントリー倶楽部正会員であることを証する証書であり，右会員とA会社……との間には，会員のゴルフ場施設の優先的利用権，会員の一定期間経過後退会時に請求できる預託金返還請求権，会員の会費納入等の義務を包括する債権関係があるものと解される。」，「しかし，本件証書は一見指図証券類似の形態を具えているが……その表彰された権利はいわゆる預託金会員組織のゴルフ会員権であって一般に会員としての権利行使に会員証書の所持が絶体に必要であるとは解し難く，本件証書上にも会員権の行使に本件証書の所持を要する規定の記載はないから，その権利の行使に本件証書を必要とするものということはできない。即ち権利の行使については，会社には会員に関する書類も存するわけであるから，会員が証書を所持しなくてもその権利を証明することは容易で，その証明によって権利を実行することができるわけであり，その権利の行使に本件証書が必要であるとは解されない。」，「本件証書上の権利の移転には一連の承認手続が必要であり，又義務も伴っているのであるから，そこには流通を妨げるものが多く存在するのであり，さらに会員券を他の有価証券のように転々流通させなければならない必要性もみられない。」，「かりに無権利者から本件証書を取引によって取得した善意者があるとしても，右証書は……高度の流通を予定しておらず，右移転には会社，倶楽部理事長の承認が必要であるから，会社としてはこれを権利者と認めることを要せず，通常有価証券にみられる善意取得の制度も本件証書には認められていないものと解すべきである。」，「そうすると本件証書は所論のような有価証券であると解することはできず，姉ケ崎カントリー倶楽部の会員であり，預託金返還請求権者であることを証する証拠証券であるというべきである。」

② **有価証券の意義**　　有価証券とは，財産的価値を有する私法上の権利（私

権)を表章する証券であって,その権利の譲渡(移転)または行使に証券を必要とするものをいう[10],と解するのが多数説である。これは,株券発行会社の株主名簿上の株主は株券を呈示することなく権利行使できることから,そのような株券も有価証券の定義に含めるためである。これに対し,権利の譲渡に証券の交付が必要であることと,権利の行使に証券を要することとの間には論理的な関連性があるとして,権利の譲渡および行使に証券を必要とするものを有価証券と解する見解も有力である。

　有価証券の意義をこのように解するとすれば,(a)法律関係の証明手段にすぎない証拠証券[11],(b)債務者がその証券所持人に給付すれば免責される免責証券(たとえば荷物の預り証・預金通帳など),(c)権利を表章しているからでなく証券それ自体に価値がある金額券(たとえば印紙・郵便切手など)などの証券類は,いずれも権利の譲渡や行使に証券を必要とするものではないから,有価証券ということができない。

(ロ) 　有価証券の分類

① 　**債権証券・物権証券・社員権証券・受益証券**　　表章される権利の種類による分類である。(a)債権を表章する「債権証券」には,金銭債権を表章する手形・小切手,社債の償還請求権を表章する社債券,物品運送請求権・物品引渡請求権を表章する船荷証券,寄託物の返還請求権を表章する倉庫証券,券面に記載された一定金額の商品請求権を表章する商品券などがある。また,(b)物権を表章する「物権証券」として抵当権・質権とともに被担保債権をも表章している抵当証券・質入証券,(c)社員権(社団の社員たる地位)を表章する「社員権証券」として株券・新株予約権証券がある。いずれにも分類されないものとして,信託受益権を表章する「受益証券」がある。

② 　**記名証券・指図証券・無記名証券・選択無記名証券**　　権利の指定方法による分類である。(a)証券上に特定人が権利者として指定される「記名証券」(たとえば裏書禁止手形),(b)証券上に記載された特定人またはその指図人を

---

10) 　東京高決昭52・6・16判時858号101頁(前掲姉ケ崎カントリー倶楽部入会証書事件)は,有価証券とは一般に財産権を表彰する証券であって権利の移転行使が証券をもってなされることを要するものとされており,従って権利者がこれを喪失した場合権利の移転行使が不可能になるのでこれを何等かの手続で救済する必要がある。

11) 　たとえば借用証書・ゴルフクラブ入会証書(東京高決昭52・6・16判時858号101頁〔前掲姉ケ崎カントリー倶楽部入会証書事件〕。証書の善意取得が争われた事案で,有価証券性を否定したものとして,最判昭57・6・24判時1051号84頁)など。

権利者とする「指図証券」（たとえば手形・小切手・株券・倉荷証券など），(c)特定の権利者の指定のない「無記名証券」（たとえば無記名社債券・持参人払式小切手），(d)証券上特定人を権利者とするが，同時に所持人をも権利者とする「選択無記名証券」（たとえば選択持参人払式小切手）がある。
③ **要因証券・無因証券**　証券上の権利とその原因上の法律関係との関連の有無による分類である。(a)証券に表章された権利が証券作成の原因となった法律関係の効力に影響される「要因証券（有因証券）」（株券など多くの有価証券），(b)証券上の権利が原因上の法律関係の効力により影響されない「無因証券」（典型的なものが手形・小切手）がある。
④ **文言証券・非文言証券**　証券上の権利内容と証券の記載文言との関係による分類である。(a)証券上の権利の内容が証券の記載文言によって定まる「文言証券」，(b)証券上の権利の存在・内容は証券外の法律関係によって実質的に定まる「非文言証券」がある。無因証券である手形・小切手は，同時に文言証券でもある。もっとも，本来は要因証券である船荷証券・倉庫証券などは，文言証券性が認められる限度で，無因証券性が認められる（商604条・760条）。
⑤ **完全有価証券・不完全有価証券**　権利と証券との結合の程度による分類である。(a)権利の発生・移転・行使の全部が証券によってなされることを要する「完全有価証券」（手形・小切手がこれに属し，設権証券性〔証券の作成が権利の成立要件であること〕を有するものである），(b)権利の発生・移転・行使の一部が証券によってなされることを要するにとどまる「不完全有価証券」（非設権証券である株券がこれに属する。株券等は，原因関係上の権利が証券の作成によって発生しない不完全有価証券ではあるが，文言証券性・無因証券性が認められる限度で設権証券性も有する）がある。

(2) 有価証券の発行

　有価証券は，原因となる法律関係に基づいて証券上債務者となる者が証券を作成し，最初の権利者となる者に交付する形で発行される。有価証券の成立時期については，とくに完全有価証券・無因証券である手形の発行の場合において，手形債務の効力発生時期に関する手形理論（手形学説）の争いがある。これは，①手形を授受する当事者間で手形の交付契約がなされることにより手形債務が発生すると解する説（交付契約説），②振出人がその意思に基づいて手形

の占有を移転することにより手形債務が発生すると解する説（発行説），③振出人が手形の作成・署名という一方的行為をすることにより手形債務が発生すると解する説（創造説）[12]に分かれる。交付契約説と発行説は，交付の欠缺により手形債務が発生していない場合に，取引の安全の要請から，権利外観理論によって，善意で手形と取得した第三者に対して振出人として手形債務を負うことを認める[13]。他方，株券の効力発生時期についても，手形理論の類推で議論され，交付時説（最判昭40・11・16民集19巻8号1970頁），発行時説，作成時説の争いがあるが，手形と異なり，株券は不完全有価証券・要因証券であるという法的性質の違いがあることに留意する必要がある。

(3) **有価証券の譲渡**
(イ) **譲渡方法**
① **無記名証券**　無記名証券の譲渡は，選択無記名証券も含めて，当事者間の意思表示と証券の交付によって行われる（民520条の20参照）。証券の交付は，対抗要件ではなく，権利移転の成立要件である。
② **指図証券**　指図証券の譲渡は，裏書の方法による[14]。
③ **記名証券**　記名証券の譲渡も，証券の交付をしなければ，その効力を生じない（民520条の13）。
(ロ) **善意の譲受人の保護**
① **抗弁の切断**　(a)民法は，有価証券の債権者はその証券に記載した事項およびその証券の性質から当然に生ずる結果を除き，その証券の譲渡前の債権者に対抗することができた事由をもって善意の第三者に対抗することができないと定める（民520条の6・520条の16）。その特則として，手形・小切手の場合に，その取引の安全・円滑を図るため，人的抗弁の切断（制限）が規定

---

[12] わが国では，手形行為（約束手形の場合は振出・裏書および保証，為替手形の場合は振出・引受・裏書・保証・参加引受をいう）を手形債務負担行為（振出人の単独行為によって一方的になされる手形の作成・署名により，振出人が手形債務を負担するため，この債務に対応する手形上の権利が振出人の自己に対する権利として生じる）と，手形権利移転行為（その生じた権利が手形の交付により移転し，この権利移転行為は振出人と受取人との間の手形の授受を介した有因の契約である）の二段階にわけて説明する説（二段階行為説）がある。

[13] 最判昭46・11・16民集25巻8号1173頁は，特定の手形理論によることなく，「流通におく意思」を認めて，結論として同旨である。

[14] 民520条の2・520条の3，商606条・762条，手11条1項・77条1項1号，小14条1項。

されている（手17条・77条1項1号，小22条）。
② **善意取得**　従来手形・小切手の取引の安全・円滑を図るため，民法上の動産の即時取得の制度（民192条）よりも一層強力に譲受人の保護をする善意取得制度が認められている（手16条2項，小21条）。民法も有価証券の善意取得を認める規定をしている（民520条の5・520条の15）。

(4) 有価証券の権利行使
(イ) 債務の履行場所
　一般の債務は，原則として持参債務であるが（民484条，商516条），指図証券および無記名証券については，原則として，取立債務とされている（履行場所は，債務者の現在の住所〔民520条の8〕。なお，第三者方払が認められる〔手4条・27条・77条2項，小8条参照〕）。証券の流通により，債務者には誰が債権者であるか知りえないからである。

(ロ) 証券の呈示と受戻
　指図証券または無記名証券の債務者は，その債務の履行について期限の定めがあるときであっても，その期限が到来した後に所持人がその証券を提示してその履行の請求をした時から遅滞の責任を負う（民520条の9）。
　指図証券または無記名証券の債務者は，証券の呈示を受けて初めて債権者を確知したのちに（呈示証券性），証券と引換えに債務の履行をすることになる（受戻証券性。商613条・764条，手39条1項・77条1項3号，小34条1項）[15]。

(5) 有価証券の喪失に対する救済
(イ) 有価証券無効宣言公示催告制度
　有価証券を喪失した場合には，前記の善意取得のように正当な手形所持人がその権利を失う危険が高いし，また，その者が当該証券を呈示して権利行使ができない。そこで，このような者を保護するために，有価証券無効宣言公示催告制度が設けられている（非訟114条以下参照）。除権決定において裁判所は申

---

[15] 債務の履行を求めるため訴訟が提起された場合，訴状の送達をもって証券の呈示と同一の効力を有するか否かについて，判例は訴状の送達により遅滞の効力を生じると解するが（大判明42・4・1民録15輯314頁，大判昭2・12・20民集6巻681頁），これに対して，訴状の通達には時効中断の効力を認めることはよいが，債務者遅滞の効力まで認めることができないとする見解が多い。

立てに係る有価証券を無効とする旨を宣言し（非訟118条1項），公示催告を申し立てた最終所持人は当該有価証券なくしてその証券に係る権利を主張することができる（非訟118条2項）。

(ロ) 除権決定を要しない権利行使方法

公示催告から除権決定をえるまで2ヶ月以上の期間を要するので（非訟117条2項・103条・106条1項），その間に債務者の資力が悪化したり，権利の目的物が滅失・毀損したりするおそれがある。そこで，金銭その他の物または有価証券の給付を目的とする有価証券の所持人がその有価証券を喪失した場合において，非訟事件手続法114条に規定する公示催告の申立てをしたときは，その債務者に，その債務の目的物を供託させ，または相当の担保を供してその有価証券の趣旨に従い履行をさせることができると規定されている[16]。これは，証券を喪失した権利者の保護を図るためである。

(ハ) 株券失効制度

なお，株券については有価証券無効宣言公示催告制度が適用されることはなく（会社233条），株券喪失者は，株券喪失登録手続をとることにより，喪失株券を無効とすることができる株券失効制度が採用されている（会社223条〜232条）。

4　電子記録債権

(1) 総　説

電子記録債権は，電子記録債権を発生させる原因となった法律関係に基づく債権とは別個の金銭債権であって，当事者の意思表示に加えて，電子債権記録機関が作成する記録原簿に記録しなければ発生または譲渡の効力を生じない債権であり，指名債権・手形債権等既存の債権と異なる類型の債権である。

平成19年に，主として金銭債権を利用した事業者の資金調達の円滑化を図ることを目的とする電子記録債権法が制定されたが，この法律の趣旨は，電子記録債権の発生・譲渡等について定めるとともに，電子記録債権に係る電子記録を行う電子債権記録機関の業務・監督等について必要な事項を定めるものであ

---

[16]　民520条の12・520条の18・520条の19第2項・520条の20。同趣旨の規定が平成29年改正前の商法旧518条に規定されていたが，同年民法改正により削除された。

る（電子債権1条）。

(2) 電子記録債権の発生・譲渡等
(イ) 電子記録

　電子記録（電子債権2条1項）は，電子債権記録機関（電子債権2条1項・51条1項）が記録原簿（電子債権2条3項）に記録事項（電子債権2条5項）を記録することによって行う（電子債権3条）。電子記録の請求は，原則として，電子記録権利者（電子債権2条7項）および電子記録義務者（電子債権2条8項）双方がしなければならない（電子債権5条）。電子債権記録機関は，電子記録の請求があったときは，遅滞なく，当該請求に係る電子記録をしなければならない（電子債権7条）。

　電子記録債権（電子債権2条1項）の内容は，債権記録（電子債権2条4項）の記録により定まり（電子債権9条1項），債権記録に電子記録債権の債権者または質権者として記録されている電子記録名義人（電子債権2条6項）は，電子記録に係る電子記録債権についての権利を適法に有するものと推定される（電子債権9条2項）。

(ロ) 発　生

　電子記録債権は，発生記録をすることによって生ずる（電子債権15条）。発生記録には，必要的記載事項として，債務者が一定の金額を支払う旨，支払期日（確定日に限る），債権者・債務者の氏名・名称および住所等の事項を記録しなければならない（電子債権16条1項3項）。また，任意的記載事項（電子債権16条1項）として，電子記録債権の発生記録において，口座間送金決済に関する契約（電子債権62条1項）に係る支払をする旨ならびに債務者・債権者の預金・貯金の口座（債務者口座・債権者口座）（電子債権16条2項1号），債務者または債権者および銀行等と電子記録債権に係る債務の債権者口座に対する払込みによる支払に関する契約（電子債権64条）に係る支払をする旨（電子債権16条2項2号）などの事項を記録することができる。

(ハ) 譲　渡

　電子記録債権の譲渡は，譲渡記録をしなければ，その効力を生じない（電子債権17条）。譲渡記録には，電子記録債権の譲渡をする旨，譲受人の氏名・名称および住所，電子記録の年月日等の事項を記録しなければならない（電子債権18条）。電子記録債権は分割をすることができ（電子債権43条・47条），この分

割より一部譲渡ができる。これに対し，手形では一部の譲渡は認められない（手12条2項・77条1項1号）。

譲渡人の担保責任については，手形では裏書の担保的効力（手15条1項・77条1項1号）が認められるが，電子記録債権にはそのような担保責任はない。ただし，電子記録保証が認められており（電子債権2条9号・31条～35条），譲渡人が保証記録することは可能である。電子記録債権の質入れも認められる（電子債権36条～42条）。

(二) 善意の譲受人の保護

① 抗弁の切断　発生記録における債務者または電子記録保証人（電子記録債務者）は，電子記録債権の債権者が当該電子記録債務者を害することを知って当該電子記録債権を取得した場合を除き，当該債権者に当該電子記録債権を譲渡した者に対する人的関係に基づく抗弁をもって当該債権者に対抗することができない（電子債権20条1項）。

② 善意取得　譲渡記録の請求により電子記録債権の譲受人として記録された者は，その者に悪意または重大な過失がない限り，当該電子記録債権を取得する（電子債権19条1項）。

(ホ) 消　滅

電子記録名義人に対してした電子記録債権についての支払は，その支払をした者に悪意または重大な過失がない限り，当該電子記録名義人がその支払を受ける権利を有しない場合であっても，その効力を有する（電子債権21条1項〔支払免責〕）。電子記録債務者が電子記録債権を取得した場合には，民法の混同の規定（民520条本文）にかかわらず，原則として，当該電子記録債権は消滅しない（電子債権22条1項）。電子記録債権は，3年間行使しないときは，時効によって消滅する（電子債権23条）。

電子記録債権は，支払・相殺その他の債務を消滅させる行為または混同（支払等）により消滅し，支払等記録に一定の事項を記録しなければならない（電子債権24条）。支払等記録は，当該支払等記録についての電子記録義務者等の請求により行われる（電子債権25条）。

(3) 電子手形としての利用

電子記録債権は，その基本構造が手形と類似しており，必要的記載事項（電子債権16条1項）以外にも，任意的記載事項として，利息・遅延損害金または

違約金（電子債権16条2項4号），抗弁の切断・善意取得の排除（同8号・10号・11号），債権者・債務者間の紛争の解決の方法（14号）など様々な柔軟性に富んだ事項を記録することができる。また，電子記録債権の分割により，一部譲渡が可能であり，さらに，物理的に証券の作成・保管の必要はなく，印紙税の負担も生じない。こうした特徴から，電子記録債権が，手形の代替モデルとして広く利用されることが期待されている。

5 電子決済（電子マネー，資金決済に関する法律を含む）

(1) 総 説

　電子決済とは，ある商品またはサービスの代価としてお金を支払う場合，硬貨や紙幣などの現金で直接支払うのではなく，電子データをやり取りすることによって支払を行うことである。ネットワークを利用して，電子的な手段で代金の決済が行われるが，この場合，クレジットカードや電子マネーなどが，利用される。広義には，オンラインバンキングを利用した銀行振り込みやクレジットカード番号やそれに付随する各種情報をやり取りするカード決済，電子マネーを利用した決済が含まれるが，狭義には，インターネットなどでの商品・サービスの購入のために開発された仕組みのことをいう。決済方式には，さまざまな分類方法があるが，サービスや商品購入と決済の時間的経過による分類からは，プリペイド方式，ジャストペイ方式，ポストペイ方式[17]に分けられる。

　従来の手形・小切手を利用した商業活動における決済はその即時性・利便性から急速に電子決済に移行している。2009年に成立した資金決済法（資金決済に関する法律，平21法59）は，商品券やプリペイドカードなどの金券（電磁化された電子マネーを含む）と，銀行業以外による資金移動業について規定している。情報技術の進展に伴い，インターネットを利用した電子決済の普及に伴って，

17）　電子決済におけるプリペイド方式は，先に電子マネーの購入（チャージ）を済ませてから商品・サービスを購入する方式であり，ジャストペイ方式とは，金融機関と連携し，その残高を上限とした金額を商品・サービスの購入時に即時決済する方法であり，ポストペイ方式は，後から商品・サービスの購入代金を支払うサービスで決済はその場で行うが，後から請求されるという点では，クレジットカードと同様の機能を持っている。

事業者が受け取った資金の保全等について法整備をする必要が生じた。併せてインターネットバンキングのみでは不十分なクレジットカードや電子マネーを用いた金融機関の決済事業は，飛躍的に拡大して無視できない状況となった。また，従来，銀行法の下で，為替取引が独占業務となっていたことの批判に加え，電子決済が為替取引に該当する可能性も指摘されていた。

そのため銀行・決済業者の明確な区分の必要性が生じたことから，これに利用者保護規定を加えて，資金決済法案が提出され，第171回国会の2009年（平成21年）6月17日に本法案は成立し，2010年（平成22年）4月1日に施行された。これにより，電子決済事業は銀行が担ってきた決済市場に参入できるようになった。

(2) 電子マネー

電子マネーとは，現金の代わりに，前もってチャージまたはオートチャージしたカード，もしくはクレジットカードでの自動引き落とし（後払い）を設定したカードやスマホなどで支払をすることができる電子的な決済方法である。

コンビニエンスストア・スーパー・百貨店などでの買い物をする際に，どのような支払方法が考えられるだろうか。あらかじめ買いたい商品の金額を準備しておくタイプや，現金を持ち合わせていない場合でも支払可能なクレジットカード利用タイプ，あるいは商品券を利用するなど，買い物する際にもさまざまな決済手段が存在する。そして，これらの買い物方法に変わる決済手段として，今確実に需要が伸びているのが「電子マネー」である。前もって使いたい金額を入金（チャージ）して使うことから，クレジットカードと異なり後日の高額な請求金額に驚くこともない。また，一定の小銭を準備する必要もない。もちろんチャージをすることを忘れてしまうと，必要な時に使えないといったリスクも生じうるが，電子マネーも日々進化し，現在ではオートチャージ機能によって，こうしたリスクも回避できる。

ここでは，電子マネーの種類・電子マネーを使う場合のメリット・デメリット，電子マネーの今後について触れる。

電子マネーには交通系・商業系の二つのタイプがある。交通系の電子マネーとしては，よく知られているSuica（スイカ）やPASMO（パスモ）をはじめとして，日本全国で多くの交通機関が発行している。現在30種類以上の交通系電子マネーが存在するが，主要10社のものは2013年3月より全国相互利用できる

ようになっている。1枚のカードで全国どこでも電車，バスに乗ることができ，駅の売店や街ナカでも使える店が増加している。

商業系の電子マネーとしては，Edy（エディ）やiD（アイディ），WAON（ワオン），nanaco（ナナコ）などがあり，コンビニやスーパーや自販機などさまざまなところで使うことができるため，最近は急速な普及が目立っている。

前述の「チャージ」とは，補充するという意味を持つが，電子マネーの場合のチャージとは，お金を補充することをいう。チャージの必要があるカードを先払いという意味のプリペイド型，チャージの必要がなく後払いのものをポストペイ型という。

日常生活ではさまざまな場面で代金を支払う機会がある。その際に財布の中の現金が不足していれば，会計時にトラブルが発生しうる。そうした場合に，電子マネーであれば，専用端末にかざすだけで会計が完了することになる。その便利さは時間の短縮のみならず，現金を持ち歩く必要がなくなるメリットも大きい。

現在普及している電子マネーは，楽天EdyやnanacoなどのWhich各会社が発行しているカード型に加え，スマートフォンに対応しているアプリケーション型，iPhoneを展開しているapple社が開発したスマートウォッチと呼ばれる腕時計型など，当初電子マネーが登場した時からすると飛躍的な進化を遂げている。

今後消費税率が上昇することに伴って1円単位の支払が増加することが予想され，電子マネーの利便性はさらに際立つことになる。また，電子マネーのメリットとしては，ポイントが貯まることも挙げられる。方法はさまざまであるが，ポストペイ型であればクレジット支払になるし，プリペイド型であってもクレジットカードでチャージすることで，クレジットカードのポイントが貯まる。

iD（アイディ）などは利用できる店舗が多いので，クレジットカードのポイントが容易に貯まる。楽天Edy（エディ）やnanaco（ナナコ），WAON（ワオン）などは，チャージできるクレジットカードの種類は少ないものの，使っただけでもポイントが貯まることになる。そして，貯まったポイントがそのまま電子マネーとして使えたり，マイルとして貯めたりできるものもあるため，最近ではより利用頻度が高まっている。

(3) 資金決済法
(イ) 資金決済法の成立

　資金決済に関する法律（平21法59）では，商品券やプリペイドカードなどの金券（電磁化された電子マネーを含む）と，銀行業以外による資金移動業について規定している。

　情報化の進展に伴って電子決済が普及すると，事業者が受け取った資金の保全等について法整備をする必要が生じることとなった。銀行がインターネットバンキングでは不十分なクレジットカードや電子マネーを用いた決済事業の領域は，近時急速に拡大して法的保護を図るべき必要が生じた。また，従来から銀行法によって為替取引が独占業務となっていたことへの批判があり，電子決済が為替取引に該当する可能性が指摘されると，銀行と決済業者が明確に住み分ける必要性も生じた。外国人労働者の海外送金を処理する必要も生じたことから，利便性の向上を目的とする改正法案が提出され，2009年（平成21年）6月17日に成立し，2010年（平成22年）4月1日より施行された。その後，情報通信技術の進展に伴い，新たに生まれた仮想通貨について，仮想通貨交換業者に対する登録制の導入などをついて定める改正法案が提出され，2016年（平成28年）5月25日に成立し，2017年（平成29年）4月1日より施行された。

　今後決済事業の軸となるクラウドコンピューティングによる電子マネーの利用は，前払式証票規制法の適用外となっていた。そこで資金決済法によって規制がなされることになり，前払式証票規制法は廃止されることになった。

　為替取引については，銀行以外で営む登録業者が資金移動業者と定められた。業務範囲は無制限で，為替取引以外も兼ねることができる。必要な措置を講じれば，コルレス業務のような第三者への資金移動の営業も可能となる。しかし，同法の下では資金の100パーセント供託が求められるのに加えて，最低資本金に相当する最低履行補償額が1,000万円と定められており，厳格な規制がなされている。間接金融については認められていない。資金移動業者による資金の蓄積は出資法に抵触しないように，利息の付かないもの（当座預金など）でなくてはならない。

　マネーロンダリング対策の規制としては，銀行と同様に資金移動業者にも及び，個別の取引から個人の取引傾向を分析するような監視が常に行われ，不審な取引についてはこれを金融庁に報告するよう定められている。

㈡　仮想通貨に対する規制

　ビットコインに代表される「仮想通貨」は急速に普及している。資金決済法2条5項では，「仮想通貨」を，物品を購入し，もしくは借り受け，または役務の提供を受ける場合に，これらの代価の弁済のために不特定の者に対して使用することができ，かつ，不特定の者を相手方として購入および売却を行うことができる財産的価値（電子機器その他の物に電子的方法により記録されているものに限り，本邦通貨および外国通貨ならびに通貨建資産を除く）であって，電子情報処理組織を用いて移転することができるもの（1号），不特定の者を相手方として1号に掲げるものと相互に交換を行うことができる財産的価値であって，電子情報処理組織を用いて移転することができるもの（2号）と定義している。

　資金決済法2条7項では，「仮想通貨交換業」を，仮想通貨の売買または他の仮想通貨との交換（1号），1号に掲げる行為の媒介，取次ぎまたは代理（2号），その行う1・2号に掲げる行為に関して，利用者の金銭または仮想通貨の管理をすること（3号），のいずれかを業として行うことと定義している。

　仮想通貨交換業について内閣総理大臣の登録制を導入し（資金決済63条の2），情報の安全管理，利用者の保護，紛争解決機関との契約義務などの業務について定める（第3章の2第2節）とともに，帳簿書類の作成・保存，報告書の作成・提出，金融庁による立入検査等などの監督について定めている（第3章の2第3節）。

　改正法附則第8条では，改正法の施行の際現に仮想通貨交換業を行っている者は，登録の拒否か廃止命令がなければ施行後6ヶ月間引き続きその仮想通貨交換業を行うことができ，その期間内に登録の申請をしたときは，登録か登録の拒否の処分があるまでその仮想通貨交換業を行うことができることが定められた（みなし仮想通貨交換業者）。

　こうしたことから，仮想通貨について定める資金決済法第3章の2については，仮想通貨法といわれることもある。資金決済法の規定によって仮想通貨の法的地位が明確になったといえる。

[問題]

1　F市のA運送株式会社とK市のB運送株式会社とは，運送業務の提携を行って相互に物品運送の委託を行っていたが，それと同時に交互計算契約を締結して，3ヶ

月ごとに相互の金銭債権債務を決済することにしていた。
(1) 上記の事例で，A会社は，B会社に対して有する指図債権，不法行為による債権，および第三者から譲り受けた債権を交互計算に組み入れることができるか。
(2) 上記の事例で，A会社の債権者Dは，A会社がその債務を履行しないので，交互計算に組み入れられたA会社のB会社に対する特定の債権を差し押さえた。この差押に対し，A会社は交互計算の存在を主張して異議を申し立てた。A会社がその異議を申し立てることは認められるか。
(3) 上記の事例で，A会社，B会社がともに3ヶ月ごとの決済を行わないで放置していた場合には，交互計算に組み入れられた個々の債権の弁済および時効はどうなるか。
(4) 交互計算の計算書が相互に承認されて，A会社がB会社に対して残額債権を有することになった場合，A会社はこの債権を第三者に譲渡できるか。その債権を譲渡することができるとする場合に，計算書に間違いがあることが判明したときは，当該債権を譲り受けた第三者の権利にどのような影響を及ぼすか。

2 多数説および裁判例によると下記のうち，有価証券に該当するものはどれか。
① 借用証書 ②株券 ③乗車券 ④社債券 ⑤預り証

3 AはB株式会社が経営するCゴルフ場利用のためB社との間で入会契約を締結し，所定の入会金と入会資格保証金（預託金）を支払ってCゴルフ場の会員権を取得するとともに，B社発行の預託証券（入会証）の交付を受けた。この証書には，その表面に会員資格を証する旨，証書と引換えに預託金を返還する旨，会員資格は譲渡できるが会社または理事会等の承認を要する旨の記載があり，裏面に裏書欄，譲受人氏名欄等の印刷があった。また，実際上も，この会員権が頻繁に譲渡され担保に供され，その際に証書が用いられていた。Aは，この証書を紛失したため，公示催告の申立てをした。この申立ては認められるか。

第4章

匿名組合

1 匿名組合契約

(1) 匿名組合契約の意義

匿名組合契約は，当事者の一方（匿名組合員）が相手方（営業者）の営業のために出資をし，その営業から生ずる利益を分配することを約する契約である（商535条）。匿名組合契約は，匿名組合員と営業者との間の諾成・不要式の契約であり，その性質は商法上の特別の契約であると解される（通説）。

① 匿名組合契約は，匿名組合員と営業者との間で締結される二当事者間の契約であって，民法上の組合のように多数の当事者が存在するものではない[1]。営業者は多数の匿名組合員と同一内容の匿名組合契約を締結することはできるが，この場合であっても，匿名組合員相互の間には法律関係は存在せず，匿名組合員の数に応じた個々の匿名組合契約が独立して成立するにすぎない[2]。

② 営業者は，商人でなければならない[3]。営業者にとっては，匿名組合契約は附属的商行為（商503条）としての性質を有する。これに対し，匿名組合員は商人であることを要しない。

③ 匿名組合員は，営業者の営業のために出資しなければならない[4]。匿名組合の営業は，法律上は営業者の単独の営業であり，匿名組合員の出資は営業者の財産に帰属する（商536条1項）。したがって，匿名組合員は，営業者に対して契約上の債権を有するだけで，営業ないし営業財産に対して持分を有しない。

---

1) 商535条・540条参照。
2) もっとも，数人が共同して一方の当事者となることは可能である。
3) 固有の商人（商4条1項）だけでなく，会社，擬制商人（商4条2項）および小商人（商7条）でもよい。
4) 匿名組合員による出資は，財産出資に限られる（商536条2項）。

④　営業者は，その営業から生じた利益の分配を要する。利益の有無にかかわらず一定額の支払が約束されているときは，匿名組合とはいえない。

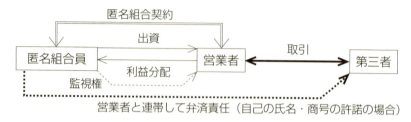

4-1図解：匿名組合契約

(2) 匿名組合契約と類似するものとの相違

(イ) 民法上の組合契約との相違

民法上の組合契約は，組合員全員が共同の事業を営むことを目的とし（民667条1項），組合財産は総組合員の共有（合有）に属し（民668条），組合員は第三者に対して直接権利・義務を有して（民675条）組合事業について直接責任を負い，また，組合員は組合財産に対して持分を有する（民676条1項・681条2項）等の点において，匿名組合とは異なっている[5]。

(ロ) 金銭消費貸借契約との相違

金銭消費貸借契約は，借主の営業成績に関係なく，借主が貸主に対して確定利息を支払い，貸主は借主の元本の利用について関与する権限を有しない点において，匿名組合とは異なっている[6]。もっとも，確定利息の支払とともにまたは確定利息のかわりに利益の分配を約する，共算的消費貸借の場合には，匿名組合との区別は困難であるが，経済的に共同事業と認めるべき関係があり営業の監視権（商539条）が認められるか否かによって区別されることになる。

(ハ) 合資会社との相違

合資会社は，匿名組合と類似の経済的機能を有する[7]。しかし，合資会社は，

---

[5]　匿名組合契約と民法上の契約の相違については，大判大6・5・23民録23輯917頁も参照。

[6]　匿名組合契約と金銭消費貸借契約との相違については，税務訴訟であるが，最判昭36・10・27民集15巻9号2357頁も参照。

[7]　合資会社は，沿革的には匿名組合とともに中世のコンメンダ（commenda）契約（資本家が企業家に商品・金銭・船舶等を委託し，企業家は海外に渡航して貿易を行い，その利益を分配することを内容とする）を起源とする。コンメンダ契約は，当時の資本家

法人であり（会社3条），その構成員である有限責任社員は出資の価額を限度として会社債務を弁済する責任を負い（会社576条3項・580条），会社財産に対して持分を有すること（会社608条1項・611条1項）等において，匿名組合とは異なっている。

(3) 経済的意義
(イ) **大和銀行出資金返還請求事件**（東京地判平7・3・28判時1557号104頁）

　X株式会社（株式会社リビング住販）は，A株式会社（ディー・エー・ピー・リース株式会社）との間で，平成元年2月28日付けで，次のような内容の匿名組合契約（本件契約）を締結した。①X会社は，A会社が営む後記②の事業のため金4億400万円を出資することを約し，A会社は，事業から生じた利益をX会社に分配すること，②A会社は，航空機一機を購入して，これをポルトガル航空にリースする事業および上記航空機購入のための借入れその他これに関連する事業を行うこと，③A会社は，X会社と平等の条件によって，X会社を含む匿名組合員から総計約20億円の出資を受け，匿名組合員は，その出資割合に応じて利益の分配を受け，損失を負担すること，④事業の損益は，基本リース料（ポルトガル航空から支払われるもの）を基本的な収益とし，借入金の利息と減価償却費等を損失とするものであり，契約で定められた一定のネット・キャッシュ・フローに基づいて計算されること，⑤事業期間は，平成元年3月1日から12年間とし，A会社は，年2期の事業期間ごとに事業損益を確定し，これを組合員に帰属させること，⑥匿名組合員は，当該事業期間中に損失が生じ，その損失が出資金額を超過する場合には，一定の場合に追加出資をすること，⑦A会社は，善管注意義務をもって事業を遂行するが，事業への出資に基づき匿名組合員が得る結果については何らの保証もしないことが定められた。

　A会社は，平成元年2月7日，資本金100万円で設立された，航空機およびその部品のリース業を業とする会社であり，設立に際して発行する株式20株のうち13株を発起人B株式会社（大和ファクター・リース株式会社）が引き受け，他の発起人6名が1株ずつ引き受けるとされていた。X会社は，Y株式会社

が利息禁止法を潜脱するためと企業危険を投下資本に限る必要があったため発達したものである。これが二つに分化して，一方では，資本家も共同事業の主体として外部にあらわれ，出資額を限度として債権者に対して責任を負うものから合資会社へと発展し，他方では，資本家が外部にあらわれないものから匿名組合が生まれたとされている。

（株式会社大和銀行）から，平成元年2月27日，金4億2,000万円を，期間2年，利息のみを毎月に支払い，2年後に元金を一括弁済するとの約定で借り入れ，内金4億400万円をA会社に出資金として支払った。

X会社は，平成5年3月30日，A会社に対し，本件契約を解除する旨の意思表示をした。しかし，A会社からは，X会社の解除は契約上・法律上の解除事由にあたらず，合意解除の申入れとしても受けられないとの返答がなされた。X会社は，同年10月20日，再度，上記出資金の返還を請求したが拒否された。

そのため，X会社は，①A会社は法人登記こそなされているが，独立した従業員も電話もなくB会社の役員が順番に名前を出している，独立した実体のない会社であり，B会社は，Y会社の子会社として，Y会社と支配服従の関係にあるものであり，それぞれの法人格が否認され，Y会社がX会社のA会社に対する出資金の返還義務を負うこと，②契約の相手方についてA会社ではなくY会社であると思っていたこと，および，契約期間満了前には出資金が返還されないことを契約当初は認識していなかったこと等のため，本件契約は錯誤により無効であることを主張して訴えを提起した。東京地裁は，次のように判示して，X会社の請求を棄却した。

「（一）本件契約の内容は……いわゆる「レバレッジド・リース契約」（以下「LL契約」という。）といわれる一種の匿名組合契約である。」，「（二）LL契約において，リース事業者（本件におけるA会社）は，航空機を購入し，これを航空会社にリースすることのみを目的とする会社であり，航空機の購入代金の20ないし30パーセントを匿名組合員から，その余を金融機関から調達して，航空機を購入し，これを航空会社にリースする事業を行うものである。」，「（三）リース事業者の事業の収益は，事業が円滑に進んでいる場合には一定額の航空会社からのリース料のみであるのに対して，経費は，右借入金の利息と航空機の減価償却費（定率法によると思われる。）が主なものである。したがって，事業開始の当初は，借入金の利息も航空機の減価償却費も多額になるので，損益計算書上は，大きな損失を生じることになる。しかしながら，事業の経過に伴って，右各経費が減少して，事業継続期間の後半には損益計算書上利益を計上できるようになり，予定された事業継続期間の終期には，支払われたリース料の総額と物件の残余価値とにより，投資金を回収して，利潤を生じることになることが予定されているものである。」，「（四）これを匿名組合員の側からみた場合には，契約期間（事業継続期間）の前半では，リース事業者の右の損失

の負担をしなければならないため，匿名組合員の側にも，大きな投資損失が生じることになる。しかし，その後半では，匿名組合員は，利益の分配を受けて，出資金を回収するとともに，出資金に対する利潤を得ることになる。なお，この損失は，法的には契約に基づく追加出資金の払込債務となり，経理処理上は未払金として計上されるが，支払われるリース料によって，借入金の返済がなされ（なお，リース事業者と金融機関との間のローン契約には，いわゆるノンリコース条項が定められていると説明されている。），その他の経費が賄われている限り，この追加出資金の現実の払込みを求められることはないと思われる。」，「(五)このように，LL契約では，契約期間の前半に大きな損失が生じることから，この損失によって，匿名組合員の本来の事業による利益を減少させ，法人税等の負担を軽減することができる。他方，契約期間の後半では，利益の分配を受けることから，法人税等の負担は増加することになるが，その間の時間差を利用して，本来早い時期に納付しなければならなかった法人税等の負担を，LL契約を利用することにより数年間繰り延べたのと同様の効果を得ることができる。そして，右の課税の繰り延べの効果を利用して，その資金を事業資金として活用することができるという点に，匿名組合員側のメリットが存在する。」，「以上の事実関係に基づいて検討するに，A社は，航空機一機を所有し，これを第三者に賃貸して収益を上げ，長期借入金を返済するとともに，損失を匿名組合員に分配するという経済的活動を行っている。したがって，そこには他と明瞭に区分されて独立した財産と，それによる営業とが存在するということができる。」，「したがって，本件において，A社につき法人格否認の法理を適用することはできない。」また，「X会社に，X会社が主張するような錯誤があったとは到底考えられない。また，仮に真実そのような誤解があったとすれば，それはX会社代表者の事業経営者としての能力，あるいは経理担当者の担当者としての能力の著しい欠如によるものといわざるを得ず，X会社に重大な過失があることが明らかである。」

㈡　経済的意義

　匿名組合は，経済的には，資本の提供者（匿名組合員）が経営者（営業者）の事業活動に出資（資本の結合）をする，共同企業形態の一種である。しかし，匿名組合の場合には，外部に対する関係では営業者のみがあらわれ，資本の提供者が背後に隠れて，営業者の単独企業の法的形式をとる点に特色がある。匿名組合制度の利用は，営業者としては資本関係を明らかにしたくないとき，ま

た，匿名組合員としては社会的地位・職業等から自己が営業に関係していることを知られたくないときに，実益がある。もっとも，営業者が多数の第三者と定型的に匿名組合契約をするような場合には，実質的には会社形態と異ならず，しかも第三者が一般大衆であるとき，私法的・行政的な規制・監督の必要性があることが従来指摘されている。

匿名組合の法規整が緩やかなものであることから，詐欺的な投資取引の手段ともなりうるものであるが[8]，匿名組合は，投資ビジネス[9]のほかに，税務上のメリットからレバレッジド・リース[10]，資産のストラクチャード・ファイナンス[11]，リース・クレジット債権の流動化[12]等を行う際にSPV（本書第10章**6**参照）として利用される。

2 匿名組合員の出資および権利義務

(1) 出　資

匿名組合員は，営業者の営業のために契約で定められた出資をする義務を負う（商535条）。その出資は，金銭その他の財産のみをその目的とすることができるにすぎず，労務や信用の出資は認められない[13]。財産出資であれば，金銭出資のみならず，現物出資でもよい[14]。出資の履行時期・方法等について契約で特段の定めがない限り，営業者はいつでもその履行を請求することができる（民412条3項）。匿名組合員の出資は，営業者の財産に属する（商536条1項）。

---

8) この点，金融商品取引法は，匿名組合契約に基づく権利を有価証券概念に含めて，投資者の保護を図る（金商2条2項5号）。

9) 商品ファンド（投資家から集めた資金を一つにまとめ，その資金を専門家の手により商品先物取引等で運用し，その利益を投資家に還元する商品投資）等が挙げられる。なお，「商品投資に係る事業の規制に関する法律」（平3法66号）は，商品投資の仕組みとして匿名組合方式を規定する（商品投資2条5項1号）。

10) 東京地判平7・3・28判時1557号104頁（前掲大和銀行出資金返還請求事件）参照。

11) これは，企業が保有する資産をSPV（特定目的会社等の特別目的媒体〔資産流動化2条3項・4条・13条～25条〕）に委譲して，証券化等の仕組みを利用して資金調達を行う手法のことである。

12) これは，リース・クレジット会社が特定目的会社を設立し，この会社が出資者の出資金でリース・クレジット債権等を券面額以下で買い取り，後にその債権を回収して出資者に分配する方法のことである。

13) 商536条2項。会社576条1項6号括弧書，民667条2項と対比。

14) これには，物自体の出資だけではなく，物の利用の出資も含まれる。

また，匿名組合は当事者の人的信用を基礎とするから，匿名組合員の地位は，営業者の同意がない限り，他人に譲渡することができない。

これに対し，営業者については，匿名組合員と異なり，出資というものはない。匿名組合員の出資した財産に営業者が従来有していた自己の財産を加えて，営業者がそのすべての財産をもって営業に従事することは，経済的には，組合や会社における財産・労務の出資に相当するが，法律的には，匿名組合の営業は営業者の営業であり，組合財産や組合事業というものはない。

(2) 営　業

(イ) 兼聴社損害賠償請求事件（最判平28・9・6集民253号119頁）

Xは，不動産賃貸業等を目的とする株式会社であり，Y1会社は，総合コンサルティング業等を目的とする会社である。Y2はY1会社の代表取締役であり，Y3はその弟で，パソコンの解体業務の受託等を目的とするA株式会社の代表取締役であった。

Xは，平成19年6月1日，Y1会社との間で，Xを匿名組合員，Y1会社を営業者として，Y1会社が有価証券の取得，保有および処分等の事業を営むためにXが3億円の出資をし，Y1会社がXに上記事業から生じた損益の全部を分配する旨の本件匿名組合契約を締結し，同月27日，本件匿名組合契約に基づき，Y1会社に出資金3億円を支払った。

Y2は，A会社のパソコンリサイクル事業をB株式会社との共同事業とすることを計画し，平成19年8月までに，公認会計士からその手法について提案を受けた。その手法は，A会社のパソコンリサイクル事業を新設分割により設立する株式会社に承継させ，Y2およびY3に割り当てられる同社の株式をさらに別に設立する株式会社が譲り受け，両社が合併するというものであった。

A会社は，平成19年10月26日，その事業のうちパソコンリサイクル事業を新設分割により設立するC株式会社に承継させた。Y2およびY3は，上記新設分割の際にC会社が発行する本件株式を全部取得し，Y3はC会社の代表取締役に，Y2は取締役に就任した。

平成20年1月7日，Y1会社，Y3およびBの出資により，D株式会社が設立された。Y3はD会社の代表取締役に，Y2は取締役に就任した。D会社の設立時の出資額は，Y1会社が8,000万円，Y3およびBがそれぞれ1,000万円であった。

Y1会社は，D会社の発行する新株予約権付社債を引き受け，平成20年1月23日，1億円を払い込んだ。D会社の設立時のY1会社の出資および上記新株予約権付社債の引受けには，Xが本件匿名組合契約に基づき出資をした3億円の一部が充てられた。

　D会社は，平成20年1月23日，Y2およびY3との間で，本件株式の全部を合計1億5,000万円で買い受ける旨の本件売買契約を締結し，その代金を支払った。本件売買契約の代金額は，C会社の依頼により作成された平成20年1月10日付けの株式価値評価書に基づいて定められた。上記株式価値評価書には，本件株式の価値の総額について，2種類の評価手法により導かれた，200万円との算定額および2億9,755万7,000円との算定額を折衷する等して，最終的に1億4,229万円ないし1億5,726万7,000円となる旨記載されていた。D会社は，平成20年3月1日，C会社を吸収合併した。

　Xは，Y1会社への出資金がY2およびY3とXとの利益が相反する取引に充てられて損害を被ったなどと主張して，Yら各自に対し，不法行為に基づき，1億6,500万円の損害賠償金および遅延損害金の支払を求めるとともに，選択的に，Y1会社に対しては債務不履行に基づき，Y2に対しては会社法429条1項に基づき，上記と同額の損害賠償金および遅延損害金の支払を求めるなどして訴えを提起した。

　第1審は，Xの請求を棄却したが，第2審は，匿名組合契約の終了に基づく出資金の払戻しの限度で請求を容認した。これに対し，最高裁は，次のように判示して，原判決の一部を破棄して，原審に差し戻した。

　「前記事実関係によれば，Yらは，Y1会社が資本金の8割の出資をするD会社の設立時において，D会社がY2及びY3から本件株式の全部を購入するという本件売買契約を締結することを予定し，Y1会社の代表取締役の弟であるY3においてD会社の代表取締役としてこれを実行したものというべきである。そして，Y1会社が，本件売買契約の締結を予定してD会社の設立時に出資をし，その発行する新株予約権付社債を引き受け，D会社に本件売買契約を締結させるという一連の行為は，これによりY1会社に生ずる損益が本件匿名組合契約に基づき全部Xに分配されることに鑑みると，本件売買契約の買主であるDの利益・不利益がY1会社を通じてXの利益・不利益となることから，本件売買契約の売主でありY1会社の関係者であるY2及びY3とXとの間に実質的な利益相反関係が生ずるものであるといえる。

また，本件売買契約の売主が，買主であるDの取締役や代表取締役であること，本件株式に市場価格はない上，Xが本件売買契約の代金額の決定に関与する機会はないこと，D会社の設立時のY1会社の出資及び上記新株予約権付社債の引受けの合計額は1億8,000万円であり，本件売買契約の代金額は1億5,000万円であって，いずれも本件匿名組合契約に基づく出資額の2分の1以上に及ぶものであることに照らすと，上記一連の行為はXの利益を害する危険性の高いものというべきである。

以上によれば，Y1会社が上記一連の行為を行うことは，Xの承諾を得ない限り，営業者の善管注意義務に違反するものと解するのが相当である。」

㈡　営業に関する権利義務関係

営業者は，匿名組合における事業を自己単独の事業として経営する権限を有するとともに，匿名組合員に対して善良な管理者の注意を尽くして営業を遂行する義務を負う[15]。その根拠について，多数説は，匿名組合の内部関係には民法の組合の規定が類推適用されること（民671条・644条）に求める[16]。また，競業避止義務についても，明文の規定はないが，営業者はその営業を善管注意義務をもって行うべき地位にあることから，反対の特約のない限り，一般的に競業避止義務を負うと解されている（多数説）[17]。これに対し，営業者が利益相反行為の避止義務を負うかどうかについては，学説上あまり議論されていない[18]。判例には，①営業者の行為が営業者の関係者と匿名組合員との間に実質的な利益相反関係が生ずるものであったこと，および，②営業者の行為が匿名組合員の利益を害する危険性の高いものであったことを指摘して，営業者が匿名組合員の承諾なくその行為を行うことは善管注意義務に違反する旨判示するものがある[19]。

他方，匿名組合員は，営業者に対して契約の趣旨に従い営業を行うことを請

---

[15]　最判平28・9・6集民253号119頁（前掲兼聴社損害賠償請求事件）。
[16]　これに対し，営業者に対する出資の移転を信託法上の信託と解して，営業者は信託法を根拠に善管注意義務を負うとする見解もある。最判平28・9・6集民253号119頁（前掲兼聴社損害賠償請求事件）は，いずれの立場であるか明確にしていない。
[17]　ただし，この見解においても，営業者の競業避止義務違反の場合には，匿名組合員は，営業者に対して競業行為の禁止と損害賠償責任を求めることができるにすぎない。
[18]　学説には，競業避止義務と利益相反行為の避止義務をパラレルに考えるならば，営業者は，善管注意義務の内容として，一般的に利益相反行為の避止義務を負うという解釈に繋がりやすいと指摘する見解がある。
[19]　最判平28・9・6集民253号119頁（前掲兼聴社損害賠償請求事件）。

求することができる[20]。

(ハ) 業務監視権

　匿名組合員は、営業者の業務を執行し、または営業者を代表することができない（商536条3項）。しかし、匿名組合員は、その営業の成績に関して重大な利害関係を有するから、持分会社の業務執行権を有しない社員[21]と同様に一定の監視権が認められている。すなわち、匿名組合員は、営業年度の終了時において、営業者の営業時間内に、書面または電磁的記録で営業者の作成した貸借対照表の閲覧または謄写の請求をし、または営業者の業務および財産の状況を検査することができる（商539条1項）。また、匿名組合員は、重要な事由があるときは、いつでも、裁判所の許可を得て、営業者の業務および財産の状況を検査することができる（商539条2項）。この場合、営業者の営業所の所在地を管轄する地方裁判所が管轄する（商539条3項）。

(3) 損益分配

(イ) 利益分配

　匿名組合員は、営業者に対し、その営業から生じた利益の分配を請求する権利を有する（商535条参照）。利益の計算は公正な会計慣行によるが[22]、一般的には、当該営業年度の営業による増額または減額が利益または損失ということになる。利益分配の基準は、契約に特段の定めがない限り、出資の割合による（民674条1項類推）。もっとも、営業者には法的意義における出資というものはないが、営業者が匿名組合契約の対象となる営業に用いた財産額と提供した労務の評価額の合計額は、利益分配の割合を定めるための計算上の数額として、出資額に準じて取り扱われる。利益の分配は、特約がない限り、分配すべき額をもって現実になされることを要し、分配すべき額をもって匿名組合の出資の増加にあてることはできない。

(ロ) 損失分担

　損失の分担は、匿名組合契約に欠かすことができないものではないが、匿名組合は経済的・実質的に営業者と匿名組合員との共同事業であることから、特

---

[20] 営業者の義務違反の場合には、匿名組合員は、債務不履行による損害賠償責任の追及（民415条）のほか、契約の解除もすることができる（商540条2項）。
[21] 会社592条・593条3項・618条。
[22] 商19条1項、会社431条・614条。

約のない限り，匿名組合員は損失を分担する義務を負うものと推定しなければならない[23]。損失分担の割合は，特約がなければ，利益分配と同一の割合によるものと推定される（民674条2項類推）。しかし，損失分配においては，利益分配の場合と異なり，匿名組合員は現実に財産を拠出して損失を塡補することを要しない。すなわち，損失の分担は，計算上のものであり，匿名組合員の出資が計算上その負担する損失の額だけ減少するにすぎない[24]。

匿名組合員は，損失分担によって出資が減少した場合において，後の営業年度に利益が生じたときは，まずその利益をもって出資の減少額を塡補した後でなければ，利益の配当を請求することができない（商538条）。また，匿名組合契約の終了に伴う出資の価額の返還に際して，損失が控除される（商542条）。なお，損失が継続する場合には，損失の負担により出資の額がゼロとなり，さらにはマイナスにもなりうる。このような場合にもその塡補後でなければ利益の配当を請求することができないと解される（多数説）[25]。もっとも，マイナスとなったまま匿名組合契約が終了した場合であっても，匿名組合員は特約がない限り追出資義務を負うものではなく，別に財産を拠出してマイナス部分を塡補する義務を負うわけではない[26]。その損失の部分は，結局，営業者の負担となる。

3 匿名組合員と第三者との関係

匿名組合員の出資は，営業者の財産に属し（商536条1項），匿名組合の営業は営業者の名において行われるものであることから，第三者に対して権利・義務を有するのは営業者であって，匿名組合員は，営業者の行為について，第三者に対して権利および義務を有しない（商536条4項）。ただし，匿名組合員は，自己の氏もしくは氏名を営業者の商号中に用いること，または，自己の商号を営業者の商号として使用することを明示的・黙示的に許諾したときは，その使

---

[23] 商538条・542条は，通常は出資の限度で損失分担することを前提にすると解される。
[24] ただし，利益分配の基準となる匿名組合員の出資額は当初約定された出資額であり，損失分担により変動しない。
[25] これに対し，合資会社の有限責任社員の責任との権衡上，出資の額を限度とするものであり，マイナスとはならないと解する見解も有力である。
[26] この点，特約によっても，営業者は匿名組合員に無限の出資義務をあらかじめ課すことはできないと解される。

用以後に生じた債務については，営業者と連帯してこれを弁済する責任を負う（商537条）。この責任は，営業者の営業が匿名組合員の営業であるか両者の共同の営業であるかのような外観を与えることから，このような外観を信頼した第三者を保護するためのものであって，名板貸しの責任[27]と同様，禁反言の法理に基づくものである。なお，この責任については，外観を信頼した第三者を保護するためのものであるから，第三者が善意であることを要すると解される（多数説）[28]。

4 匿名組合契約の終了

(1) 終了原因

匿名組合契約は，契約の一般的終了原因によって終了するが，商法はとくに次のような終了原因を定めている。

(イ) 当事者の意思による場合

匿名組合契約で存続期間を定めなかったとき，または，ある当事者の終身間の存続を定めたときは，各当事者は，営業年度の終了時において，6ヶ月前の予告をもって，契約の解除（解約告知）をすることができる（商540条1項）。また，匿名組合の存続期間を定めたか否かにかかわらず，やむをえない事由[29]があるときは，各当事者は，いつでも契約の解除をすることができる（商540条2項）。

(ロ) 当事者の意思によらない場合

匿名組合契約は，①匿名組合の目的である事業の成功またはその成功の不能，②営業者の死亡または営業者が後見開始の審判を受けたこと，および，③営業者または匿名組合員が破産手続開始の決定を受けたことにより終了する（商541条）。

---

[27] 商14条，会社9条・588条・589条。
[28] これに対し，第三者の誤認の要件が規定されていないため，第三者の善意・悪意を問わないと解する見解もある。
[29] 出資義務・営業遂行義務・利益分配義務等の懈怠，営業者の長期の疾病等が挙げられる。

(2) 終了の効果

　匿名組合契約が終了したときは，当事者間の債権・債務を決済しなければならず，営業者の財産状態の計算は，民法の脱退組合員の持分の払戻しに関する規定（民681条）が類推適用され，その計算は契約終了の時を基準とされ[30]，その基準時後のことは考慮されない[31]。

　匿名組合契約が終了したときは，営業者は，匿名組合員にその出資（払込済みの出資）の価額を返還しなければならない（商542条本文）。匿名組合員は損失を分担しない旨の特約があるときは，営業者は出資の価額の全額を返還しなければならないが，このような特約がない限り，出資が損失によって減少したときは，その残額を返還すれば足りる（商542条但書）[32]。なお，出資が損失でマイナスとなった場合については，そのマイナス部分は出資の未払込残額を限度として払込みをしなければならない。

　返還すべきものは出資の価額であるから，出資した財産そのものを返還することではなく，その財産の評価額を金銭によって返還することを要する趣旨である。匿名組合員は，特約がない限り，出資した財産そのものの返還を請求することができない[33]。物の使用権のみを出資した場合には，匿名組合員は，所有権に基づく返還請求権を有するため，営業者は匿名組合員にその出資した物を返還しなければならず，この場合に，営業者が破産手続開始の決定を受けたときも，匿名組合員は，その物について取戻権（破62条）を有するが，このような返還請求権は出資の返還請求権とは異なるものである。

　匿名組合員の出資返還請求権は債権であり，営業者が破産手続開始の決定を受けたときは，破産債権（破2条5項）として，一般債権者の債権と平等の割合で弁済を受けうるにとどまる。また，匿名組合員が損失を分担すべきときに，未払込みの出資残額があれば，破産管財人は，匿名組合員に，その負担すべき損失の額を限度として，出資させることができる（破183条）。なお，匿名組合員が破産手続開始の決定を受けたときには，営業者に対する出資返還請求権は

---

[30]　大判明45・6・1民録18輯575頁。
[31]　なお，契約終了当時に未だ結了していない取引については，その結了後に計算をすることができる（民681条3項参照）。
[32]　もっとも，損失分担しない旨の特約がない場合であっても，出資の価額をそのまま全額返還する特約をすることは妨げない（大判昭6・6・2新報269号16頁）。
[33]　名古屋地判昭53・11・21判タ375号112頁。

その破産財団に属することになる。

　匿名組合契約の終了自体は，営業者の営業の存続に，なんら影響を及ぼすものではなく，営業者がさらに営業を継続するか廃業するかは，営業者の自由である。

[問題]

1　匿名組合と類似の制度としての民法上の組合，金銭消費貸借および合資会社との差異について簡単に述べなさい。

2　Aは，K市内で「ステーキハウス　T」という商号で飲食店営業を行っていた。同店の営業許可名義人は，Aであった。しかしながら，Aは，同店を開店するに当たり，資金が不足していたので，同市内のBとの間において，Bが同店のために出資をし，同店から生じる利益を分配するという内容の契約を締結していた。

(1)　Aは，牛肉卸売業者Cとの間で牛肉の売買契約を締結した。本件牛肉の売主Cは，買主Aに対して牛肉売渡代金の支払を請求した。しかし，Aには支払能力がなかったので，Cは，その売掛代金の支払をBに請求した。上記のような出資の契約を締結したBは，Cに対して上記代金支払の責任を負うか。

(2)　上記の(1)の場合に，Bが自己の氏をAの商号中に使用することを許諾していた場合（たとえば「ステーキハウスB」）に，Bは，Aとの間の出資に関する契約の下で，Cに対して上記代金支払の責任を負うか。

(3)　Aは，巨額の資金を必要とした場合に，Bを含む多数の出資者を当事者として同一内容の1個の匿名組合契約を締結することは可能であるか。

(4)　上記の事例で，匿名組合契約により，Aが，本件営業による利益の有無にかかわらず，Bに対して一定額の支払を約束することは認められるか。

(5)　上記の事例で，Bは，Aの営業のために金銭出資ではなくB所有の土地を出資した。この場合に，本件契約が終了したとき，AはBに当該土地を返還しなければならないか。当該土地の利用権を出資した場合はどうか。

(6)　上記の事例で，AとBとの間の匿名組合契約により，BがAに対して100万円を出資した。A（計算上の出資として，Aが営業に投じた財産・労力の評価額200万円）とBとの利益の分配割合は，2対1の割合であった。営業年度の終わりに300万円の収益があった。Bは，Aに対して，いくらの分配を請求できるか。

(7)　上記(6)の場合に，収益ではなくて，損失が450万円生じているとしたら，Bは，Aにどれくらいの額の損失を塡補しなければならないか。匿名契約が終了した場合に，損失の負担により出資の額がマイナスとなったとき，Bはそのマイナ

ス部分を塡補する必要があるか。また，匿名組合が終了し，出資がマイナスとなった場合，Bに50万円の未払込出資があるとき，Bはその払込をする必要がないか。

第5章

仲立営業

1 総　説

(1) 仲立人の意義

　仲立人とは，他人間の商行為の媒介をなすことを業とする者である（商543条）。

① 「媒介」とは，他人（委託者）と他人（その相手方）との間で，法律行為が成立するように，仲立人が尽力する事実行為をいう（いわゆる周旋）[1]。

② 「業」とするとは，媒介をなすことを引き受け，委託者と相手方との間で法律行為が成立したときに報酬の支払を受けることを営業とすることである（仲立営業）。仲立ちに関する行為が営業的商行為であるゆえに，仲立人は商人である（商502条11号・4条1項）。

③ 仲立人により媒介される「他人間の法律行為」は，商行為である。商行為は，当事者双方にとって商行為である必要はなく，そのいずれか一方にとって商行為であればよい。一方的商行為として，商法が適用されるからである（商3条）。また非商人間の法律行為であっても，投機的な目的がある場合，絶対的商行為（商501条）として商行為である。媒介される法律行為の当事者は商人であることを要しないが，委託者が商人である場合には，反復的な媒介行為を委託する旨の基本契約において仲立契約が成立することが，多いとされる。

④ 他人の取引活動を補助するいわゆる補助商としての仲立人は，媒介という

---

[1] したがって，取引の相手方となりうる者を指示・紹介して取引の機会を与えるにとどまり，その対価として報酬を受ける者（いわゆる指示仲立人）は，取引成立の際の結約書に関する義務（商546条・550条1項）を負うことがないので，仲立人ではない。また，実務で，卸売業者（商社）が「代行」と呼ばれる形で他人間の契約交渉をする場合が少なくないが，この場合，卸売業者は，中立的な立場でなく，もっぱら一方当事者の利益のため，契約交渉に関与するにすぎないため，仲立人とは解されない。

事実行為だけを行う点で、問屋（商551条）や締約代理商（商27条、会社16条）と異なる。また、不特定多数の一般人のために媒介を引き受ける点で、媒介代理商（商27条、会社16条）とも異なる。
⑤　仲立人の例としては、旅行者と運送・宿泊業者との間の旅客運送契約・宿泊契約の締結を媒介とする旅行業者（旅行2条1項・3条・6条の4第1項）、商行為である不動産取引を媒介する不動産仲介業者（宅地建物取引業者）などがある[2]。

5－1図解：仲立営業

```
              ┌─────────┐
      ①       │  仲立人  │
   仲立    ⑤報酬請求 └────┬────┘          ②
   契約       ┌───────┐                    媒介
              │ 結約書 │
           ④交付└───┬───┘④交付
   ┌─────┐                      ┌─────┐
   │委託者│◄──③取引（商行為）──►│相手方│
   └─────┘                      └─────┘
```

(2) 民事仲立人

　商行為以外の他人間の法律行為の媒介を業とする者は、仲立人ではない（商543条）。この者を講学上「民事仲立人」と呼ぶ。たとえば、結婚仲介業者や、非商人間の非投機的な不動産取引の媒介のみを行う宅地建物取引業者は、民事仲立人である。民事仲立人も、媒介を引き受けることを業とすることにより、商人となるが（商502条11号・4条1項）[3]、仲立営業に関する規定（商543条以下）は民事仲立人に当然には適用されない。非商人間の非投機的な不動産売買・賃貸の媒介のみならず、商行為である不動産取引を媒介する宅地建物取引業者は、同一人が仲立人と民事仲立人を兼ねることになるが、この場合にも、仲立人が民事行為の媒介を引き受ける行為は仲立営業に属さないから、仲立営業に関する規定は当然には適用されない[4]。

---

2)　その他、荷送人と運送業者との間の海上物品運送契約の締結を媒介とする海運仲立業者（海運2条8項・33条）、保険会社と保険利用者との間の保険契約の締結を媒介とする保険仲立人（保険業286条）、金融相互間で短期の資金を融通するコール取引（とくに無担保コール取引）を媒介する短資業者（貸金業2条1項1号、貸金業令1条の2第3号）、銀行間の外国為替取引を媒介する外国為替ブローカーなどがある。
3)　最判昭44・6・26民集23巻7号1264頁（前掲兵庫県営住宅用地買収事件）。
4)　これに対し、不動産取引の当事者は媒介の初期の段階で当該取引が商行為であるか

(3) 仲立営業の法規制

　仲立営業については，かつては中世ヨーロッパの諸都市において仲立人は官職的地位を有し独占的営業権を与えられていたが，今日では仲立ち（民事仲立ちも含む）について営業の自由が原則として認められている。しかし，仲立営業は，専門的知識さえあれば，資金や施設がなくても行うことができる営業であるから，悪徳の仲立人が跳梁するおそれもある。したがって，商法典の規定だけでなく，行政的取締・監督，公正な取引の確保などを目的として，宅地建物取引業法（昭27法176号），旅行業法（昭27法239号）などの特別の法規制が設けられている。

(イ) 宅地建物取引業法

　宅地建物取引業法は，宅地建物取引業を営む者の事業に対し必要な規制を行うことにより，その業務の適正な運営と宅地・建物の取引の公正とを確保することなどを目的とする（宅建業1条）。宅地建物取引業者は，宅地・建物の売買・交換または宅地・建物の売買・交換・貸借の代理もしくは媒介を業（宅地建物取引業）として行う者で，都道府県知事の免許（宅建業3条1項2項〔免許の有効期間は5年〕）を受けた者をいう（宅建業2条2号3号）。したがって，宅地・建物の売買・貸借などの媒介をする限りにおいて，その売買・貸借などが商行為であるか否かにより，仲立人あるいは民事仲立人となる[5]。

　なお，標準媒介契約約款では，①依頼者が他の宅地建物取引業者に重ねて売買・交換の媒介等を依頼することを許す一般媒介契約，②依頼者が他の宅地建物取引業者に重ねて売買・交換の媒介等を依頼することを禁ずる専任媒介契約（宅建業34条の2第3項〔有効期間は3ヶ月を超えることができない〕），③依頼者が売買・交換の媒介を依頼した宅地建物取引業者の探索した相手方以外の者と

　　どうかわからないのに，仲立ちと民事仲立ちを区別する理由は乏しいとして，仲立営業に関する規定（たとえば報酬請求権〔商550条〕）の類推適用をすべきであるとする見解もある。

5）　業務に関する規制として，宅地建物取引士の設置（宅建業15条），誇大広告の禁止（宅建業32条），取引態様（自ら契約の当事者となるか，代理・媒介か）の明示（宅建業34条），媒介契約に関する書面作成・交付・登録・依頼者に対する報告等の義務（宅建業34条の2），重要事項の説明等（宅建業35条），契約の締結・成立の場合における法定の事項を記載した書面の交付（宅建業37条），手付金等の保全（宅建業41条），報酬（宅建業46条），宅地建物取引業者の責任の履行を確保するため，営業保証金の供託（宅建業25条）のほか，宅地建物取引業保証協会による弁済業務保証金制度（宅建業64条の7以下）などがある。

の契約を締結することを禁ずる専属専任媒介契約の3種類がある[6]。

　上記①の一般媒介契約の場合は，依頼者のため宅地建物取引業者が取引相手方を探索する義務（探索義務）を負わないが，上記②の専任媒介契約および③の専属専任媒介契約の場合には，宅地建物取引業者は，契約の相手方を探索するとともに，契約の成立に向けて積極的に努力する義務を負うほか，国土交通省令で定める事項を指定流通機構に登録する義務がある（宅建業34条の2第5項，標準専任媒介契約約款4条1項1号3号，標準専属専任媒介契約約款4条1項1号3号）。

㋺　旅行業法

　旅行業法は，旅行業等を営む者の業務の適正な運営を確保するとともに，旅行業務に関する取引の公正の維持，旅行の安全の確保および旅行者の利便の増進を図ることなどを目的とする（旅行1条）。旅行業者は，その事業の1つとして，運送・宿泊のサービス（運送等サービス）を提供する者のため，旅行者に対する運送等サービス・運送等関連サービスの提供について，運送・宿泊契約の媒介をする行為を行う（旅行2条1項4号6号）[7]。

2　仲立契約

(1)　仲立契約の成立

　仲立契約は，仲立人が委託者から商行為の媒介を引き受けることにより成立する[8]。仲立人が当事者双方から媒介の委託を受け，これを引き受ける場合には，双方の当事者との間で仲立契約が成立する。これに対し，当事者の一方のみから媒介を委託され，仲立契約が成立する場合には，当該委託者の法律行為の相手方当事者と仲立人との間には契約関係は存在しないが，仲立人は契約関

---

[6]　宅建業34条の2第1項7号，宅建業規15条の7第4号，平17国土交通省告示356号。
[7]　業務に関する規制として，業者の登録制（旅行3条），営業保証金の供託（旅行7条），旅行業務取扱管理者の選任（旅行11条の2），観光庁長官による旅行業約款の認可（旅行12条の2），標準旅行業約款（旅行12条の3，平19国土交通省告示296号），取引条件の説明（旅行12条の4），旅行業務に関し契約を締結した場合の書面の交付（旅行12条の5），誇大広告の禁止（旅行12条の8）などがある。
[8]　なお，旅行業者は旅行業務に関し旅行者と契約を締結する際にその取引の条件について旅行者に説明義務を負い（旅行12条の4），また，宅地建物取引業者は宅地・建物の売買・交換の媒介契約を締結したときは，遅滞なく法定事項を記載した書面を依頼者に交付することを要する（宅建業34条の2）。

係にない相手方当事者との間でも商法上一定の権利義務関係に立つ場合がある。このことについては後述する。

　なお，民事仲立契約の成立について，最高裁判例は，宅地建物取引業者が不動産について売買契約を成立させるため，買主側を現場に案内し，売買代金額について売主側と買主側の言い分を調整して合意させ，売買契約に立ち会い，売買契約書には当該業者の用意した用紙を使わせ，当該業者が媒介者として記名捺印し，売買不動産の受渡し，代金の授受，登記申請書類のとり揃えは，当該業者の関与の下に行われ，その仲介の労も主として買主側に立って，その利益のためにされたものであることなどを認定して，黙示の民事仲立契約の成立を認めている[9]。また，下級審裁判例においても，不動産売却のため媒介の委託を受けた宅地建物取引業者からさらに仲介を依頼された業者が，物件説明書を作成して同業者に配付する等して買主の探知に努めたほか，売買代金額の決定諸条件の折衝にも関与し，売買契約に立会い，代金額等の空欄を補充して売買契約書を作成したことなどの場合に，黙示の仲介契約の成立を認める[10]。

(2) 仲立契約の性質

　仲立契約には，双方的仲立契約と一方的仲立契約の2種類がある。①双方的仲立契約は，仲立人が委託者のために契約の成立に尽力する義務を負うもので，その義務と，契約が成立したとき委託者が報酬を支払う義務とが双務関係に立つものである。したがって，この仲立契約の性質は，媒介行為が法律行為でない事務（事実行為）であることから，準委任契約である（民656条）。

　これに対し，②一方的仲立契約は，仲立人が委託者のために契約の成立に尽力する義務を負わず，ただ仲立人の尽力により契約が成立した場合に委託者が仲立人に報酬を支払う義務を負うものである。つまり，この契約の場合，仲立人の尽力する契約を成立させるか否かが委託者の自由な決定にかかっており，仲立人は契約を成立させる権限を有せず，仲立人だけで仕事を完成することができないので，一方的仲立契約は請負契約（民632条）に準ずる特殊な契約であると解されている。

---

[9] 最判昭43・4・2民集22巻4号803頁（商法512条により買主に対し媒介のための相当の報酬を請求できると判示）。
[10] 東京地判昭55・5・20判タ419号150頁。

実際わが国で行われている仲立契約は，委託者が相応の活動を期待して仲立人に委託するのが通常であるから，特段の事情がない限り，双方的仲立契約であると解される（通説）。

3 仲立人の義務

仲立人は，一般的義務としての善管注意義務（民644条）を負うほか，商法上，紛争防止のための各種の特別義務（商545条～547条），氏名黙秘義務（商548条）および介入義務（商549条）を負う[11]。

(1) 善管注意義務

双方的仲立契約の場合には，仲立契約の性質が準委任であることから，仲立人は，委託者に対して善良な管理者の注意をもって媒介をする義務を負う（民656条・644条）。したがって，仲立人は，契約の成立に尽力すべき義務を負うとともに，成立する契約が支障なく履行され委託者が契約の目的を達することができるように注意を尽くすべき義務を負う。

民事仲立人についても同様であり，宅地建物取引業者が，物件の依頼者への適合性，物件の権利関係，所有者本人の同一性，代理権の有無・範囲などの調査について注意を怠ることにより，依頼者から善管注意義務違反に基づく損害賠償責任を追及される例が多い[12]。

相手方当事者に対する仲立人の義務については，仲立人が当事者の一方のみから媒介を委託されて当該当事者との間でのみ仲立契約が成立し，相手方当事者とは契約関係には立たない場合においても，仲立人が両当事者の間に立って契約の成立に尽力するものであることから，仲立人は，契約関係にない相手方

---

11) なお，特別法上の義務として，宅地建物取引業者は信義・誠実な職務遂行義務（宅建業31条1項），宅地・建物取引の当事者に対する一定の書面の交付および説明義務（宅建業35条1項・65条2項2号4項2号）および守秘義務（宅建業45条・65条2項2号4項2号・83条1項3号）を課される。また，一定の誘引行為等の禁止（宅建業47条・65条2項2号4項2号・80条1項）が規定されている。旅行業についても，禁止行為が規定されている（旅行13条・18条の3・19条・31条14号16号）。

12) 東京地判平11・2・25判時1676号71頁，東京地判昭34・12・16判時212号29頁，東京高判昭32・7・3高民集10巻5号268頁等。

当事者に対しても公平にその利益をはかる義務を負うものと解されている[13]。

これに対し，民事仲立人の場合には，仲立人とは異なり，紛争防止義務・介入義務などの義務を負担しないから，直接の委託を受けていない相手方当事者に対して当然に報酬を請求できるわけではなく（後述**4**(2)㈹参照）。したがって，特段の義務を負わないとも考えられる。この点について，判例は，宅地建物取引業者の媒介を信頼して取引をなすに至った相手方当事者に対しても，目的不動産の瑕疵，権利者の真偽等について格段の注意をはらい，取引をして過誤なからしむよう配慮すべき業務上の一般的注意義務を負う旨を判示する[14]。

(2) 当事者間の紛争を防止するための義務
㈠ 見本保管義務

仲立人がその媒介する行為につき見本を受け取ったときは，その行為が完了するまでこれを保管しなければならない（商545条）。この特別義務は，見本売買（目的物が見本と同一の品質を有することを担保する売買）の媒介を行う仲立人に課されるものであり，後日当事者間に紛争が生じた場合の証拠として保管させる趣旨である。この義務は，仲立人が委託者ではなく相手方当事者から見本を受け取った場合にも生ずる。なお，仲立人は，見本を自己の責任において第三者に保管させてもよい。

保管義務の終期である「行為が完了するまで」とは，紛争防止のための保管義務の趣旨から，売買契約が成立して目的物の給付がなされたときではなく，目的物の品質に関する紛争の不発生または解決が確実になったとき（目的物の給付が完全な履行であることを買主が積極的に承認，買主の異議期間〔商526条〕の経過，当事者間の和解などのとき）をいうものと解される。

㈡ 結約書交付義務

媒介が効を奏し当事者間において契約が成立したときは，仲立人は遅滞なく各当事者の氏名または名称（当事者が黙秘を命じた場合を除く〔商548条〕），行為の年月日（契約成立の年月日）および契約の要領（契約の重要事項）を記載した書面を作成し，署名した後に，これを各当事者に交付しなければならない（商

---

[13] 委託関係にない相手方当事者に対する報酬請求権（商550条2項）は，そのような相手方当事者に対する仲立人の義務を前提としているからだと説明される。
[14] 最判昭36・5・26民集15巻5号1440頁（一般不法行為の原則に則り，その損害賠償責任を肯定する原審を支持する）。

546条1項）[15]。

　この書面は，結約書と呼ばれ，契約当事者間で作成される契約書とは異なる[16]。結約書は，契約成立の事実および契約内容を明らかにして，当事者間の紛争を防止するために，法律に基づき仲立人が作成する書面である。なお，仲立人が当事者間の契約書の作成に関与し自らそれに署名して，契約書に結約書を兼ねさせることは可能である。

　媒介により成立した契約が期限付きまたは条件付きのように直ちに履行（履行とは，契約の目的である物・サービスの給付であって，代金の支払をいうのではないと解されている）をなすべきものではない場合には（代金の支払のみが後日なされる契約は，この場合に該当しない），仲立人は，結約書を作成・交付することだけでは足りず，各当事者をして結約書に署名させた後，これをその相手方に交付しなければならない（商546条2項）。

　当事者の一方が前記の結約書の受領を拒みまたはこれに署名しないときは，仲立人は遅滞なく相手方に対してその通知を発しなければならない（商546条3項）。この場合，当事者が何らかの異議を有しているものと認められるので，相手方に通知して適当な措置を速やかにとらせることが必要であるからである。

(ハ)　帳簿作成・謄本交付義務

　仲立人は，帳簿を作成して，これに結約書に記載すべき事項を記載しなければならない（商547条1項）[17]。この帳簿は，仲立人日記帳と呼ばれ，仲立人が媒介した取引について，後日の証拠として保全させる趣旨で作成が義務づけられている。各当事者の請求があれば，仲立人は，いつでもその当事者のために媒介した行為についてその帳簿の謄本を交付しなければならない（商547条2項）。

---

[15] なお，特別法上の義務として，宅地建物取引業者には，遅滞なく，その媒介により成立した契約の当事者に，結約書に相当する，法定の事項を記載した書面（取引士の記名押印を要する）の交付義務を負わせる（宅建業37条）。また，旅行業者も，旅行業務に関し契約を締結したときは，遅滞なく，旅行者に対し，当該提供すべき旅行に関するサービスの内容その他の法令の定める事項を記載した書面（旅行契約書面）を交付しなければならない（旅行12条の5）。

[16] 結約書は，たとえば，無担保コール取引において短資業者の交付するコール資金（媒介）出合報告書，外国為替取引において外国為替ブローカーの交付するコンファメーションなどである。

[17] なお，宅地建物取引業法により，宅地建物取引業者は，仲立人日記帳に相当する帳簿の備付けが要求されている（宅建業49条）。

仲立人日記帳の記載事項自体には，結約書とは異なり，当事者がその氏名または名称の黙秘を命じた場合（商548条〔氏名黙秘義務〕。商547条2項の謄本も同様）にも，当事者の氏名または名称を記載しておかなければならない。仲立人日記帳は，仲立人自身の取引を記録するものではなく，他人間の取引を記載するものであるから，商人の会計帳簿（商19条2項）ではない[18]。したがって，仲立人が（商業帳簿の作成を義務づけられない）小商人（商7条）であっても，仲立人日記帳作成の義務を免除されない。

(3) 氏名黙秘義務および介入義務
(イ) 氏名黙秘義務
　当事者がその氏名または名称を相手方に示さないよう仲立人に命じたときは，仲立人はこれに従うことを要し，結約書（商546条1項）および仲立人日記帳の謄本（商547条2項）にその氏名または商号を記載してはならない（商548条）。この黙秘義務は，媒介の委託者のみならず，その相手方当事者が命じた場合も同様である。これは，当事者が自己の氏名・名称の黙秘によって有利な契約交渉を進めることができたり，商取引において当事者の個性が重視されない場合が多いことを考慮するものである。しかし，商法が，交渉の初期の段階の駆引きのためだけでなく，契約成立後に至ってまでも氏名・名称を隠すことを認めているのは，その実用性に疑問を呈する見解が多い。

(ロ) 介入義務
　仲立人が当事者の一方の氏名または名称をその相手方に示さなかったときは，その相手方に対して自ら履行をなす責任を負う（商549条）。これを仲立人の介入義務という。この介入義務は，当事者による氏名・名称の黙秘の命令（商548条）に従った場合だけでなく，その命令がないにもかかわらず仲立人が一方の氏名・名称をその相手方に示さなかった場合にも生ずる。これは，当事者の氏名・名称を黙秘された相手方を保護するために設けられた規定である。

　仲立人の介入義務は，匿名当事者と相手方との間に契約が成立すれば直ちに生じるものであり，契約成立後に仲立人が当事者の氏名・名称を開示しても，相手方は仲立人に対する履行請求権を失うものではないと解されている。介入

---

[18] しかし，その保存期間については，商業帳簿の規定（商19条3項）を類推適用して10年と解すべきである（通説）。

義務によって仲立人自身が契約の当事者となるわけではなく，仲立人は，匿名の当事者の義務に代わって履行義務を負担するだけであり，相手方に対し反対給付を請求する権利を有するわけではない[19]。なお，履行の責任を果たした仲立人は，仲立人の履行により免責を受けた匿名の当事者に対して（黙秘を命じた場合だけでなく，黙秘を命じなかった場合でも），求償することができると解されている。

4 仲立人の権利および権限

(1) 給付受領権限

仲立人は，媒介という事実行為を引き受けるにすぎず，自らその行為の当事者となるものでも代理人となるものでもないから，別段の意思表示または慣習がある場合を除き，その媒介した行為について当事者のために支払その他の給付を受ける権限を有しない（商544条）。したがって，当事者が仲立人に対して支払その他の給付をしても，契約の相手方に対する履行をしたことにはならない[20]。

(2) 報酬請求権

(イ) **宅地建物取引業者報酬請求事件**（最判昭45・10・22民集24巻11号1599頁）

Y1は，昭和41年9月20日頃，宅地建物取引業者であるXに対し，Y2が所有する本件土地①ないし④の所有権，本件①・②の土地の賃借権，本件③・④の地上建物の賃借権の譲受方につき仲介を依頼した。Xは，その依頼に基づき，直ちにY2・土地賃借権者・地上建物の賃借権者Aらと交渉を重ねた。ところが，Y1は，Y2ら土地所有者の代理人・賃借人らと折衝し，昭和42年2月24日，Y1とY2との間において，本件①ないし③の土地を代金1,421万9,000円で売買する旨の契約が成立し，本件③の土地については同年2月25日Y1とAとの間において本件③の地上建物の賃借権を金200万円で譲渡する旨の契約が成立した。そこで，Xは，上記契約の成立に対する報酬の支払を求めて訴えを

---

[19] この点で，委託者に代わって自ら契約の当事者となる問屋の介入権（商555条）とは異なる。
[20] なお，当事者が仲立人にその氏名・名称の黙示を命じたときは，給付受領権限を仲立人に与える旨の意思表示があったものと解される。

提起した。

　第1審・第2審ともに，Xの請求を一部認容したので，Y1は，民法130条に基づく条件成就の故意の妨害がY1にあったという理論・その事実認定によってXの報酬請求権を認めた原審判決には審理不尽および法令適用の誤りをおかした違法があるという理由で，上告した。最高裁は，次のように判示して，上告を棄却した。

　「Y1とY2らとの間において成立した本件①ないし③の土地売買契約は，成立時期において，Xの仲介斡旋活動と時期を接しているのみならず，その売買価額においても，Xの仲介活動によりあと僅かの差を残すのみで間もなく合意に達すべき状態であったところ，XがY1と下相談した価額を上廻る価額で成立しているのであるから，Y1およびY2ら契約当事者双方は，Xの仲介によって間もなく契約の成立に至るべきことを熟知しながら，Xの仲介による契約の成立を避けるためXを排除して直接当事者間で契約を成立させたものであって，Y1およびY2にはXの仲介による土地売買契約の成立を妨げる故意があったものというべきであり，さらにまた，Y1とAとの間に成立した本件③の土地上の建物の明渡契約も，成立時期においてXのした仲介斡旋活動と接近しており，かつ，Xの仲介活動によってAの承諾した明渡契約の内容と全く同一の内容からなりたっているのであるから，これまたY1はXの仲介による右建物明渡契約の成立を故意に妨げたものというべきである旨の原審の認定判断ならびにY1はXに対し本件①ないし④の土地を更地として取得することの仲介依頼をするにあたり，その取得契約の成立を停止条件として取引価額の3パーセントにあたる報酬を支払うことを約したものであり，Y1は右のとおり契約成立という停止条件の成就を妨げたものであるから，Xは停止条件が成就したものと看做して報酬を請求することができる旨の原審の認定判断は，原判決挙示の証拠関係に照らして首肯できる。」。

(ロ)　**仲立人の報酬請求権**

　仲立人は商人であるので，特約がなくても相当の報酬を請求することができる（商512条）。この報酬を仲立料という。

　仲立人は，その媒介によって当事者間に契約が成立したときに限り，仲立料を請求することができる（成功報酬制）。契約が成立すれば足り，特段の合意がない限り，契約が履行されたか否かを問わないが[21]，成立した契約に無効・取消事由のような瑕疵があってはならず，停止条件付きの契約の場合には，条件

が成就しなければ報酬を請求することができないと解される。

報酬の請求の時期については，仲立人は結約書（商546条）の作成・交付の手続を終わった後でなければ，その報酬を請求することができない（商550条1項）。仲立人が，相手方当事者の紹介などの行為をした段階で報酬を受け取る約束を委託者との間ですることは妨げられないが，このような報酬は商法の規定する仲立報酬ではないと解される。また，仲立料には，特約がない限り，仲立人が媒介をなすにあたり支出した費用（旅費・通信費など）も当然含まれるものと解され，仲立人は仲立料とは別に費用の償還を請求することができない。

仲立人の媒介によって契約が成立したといえるためには，成立した契約内容は仲立契約で定めた内容と細部まで一致している必要はなく，大綱において同一であればよく，かつ，仲立人の媒介と契約の成立との間に相当な因果関係がなければならない。なお，媒介の委託を受けて仲立人が媒介行為を開始した後，当事者が仲立料の支払を免れるために，仲立契約を解除して当事者間で直接契約を成立させた場合には，委託者が停止条件の成就を妨げたものとして民法130条に基づき，仲立人は仲立料を請求することができるものと解される[22]。

仲立人の報酬は，当事者双方が等しい割合で負担しなければならない（商550条2項）。これは，当事者間の内部的な負担関係を定めたものではなく，仲立人と当事者との間に特約がない限り，仲立人が委託者の相手方当事者に対しても直接に仲立料の半額を請求できる趣旨である[23]。仲立人の媒介の効果を各当事者が平等に受けており，また，仲立人が，委託のない相手方当事者に対しても公平にその利益を図る義務を負い，また各種の紛争防止義務を負っていることから考えて，商法の規定によって生ずる特殊の効果である[24]。

---

21) 大判明41・7・3民録14輯820頁。
22) 最判昭45・10・22民集24巻11号1599頁（前掲宅地建物取引業者報酬請求事件）。
23) 実際に，無担保コール取引の短資業者，外国為替ブローカーは当事者双方から等しい割合で報酬を受け取っているとされる。
24) なお，実際上，たとえば，海運仲立業者・旅行業者・保険仲立人のような仲立人は，その媒介によって成立した契約により代金（運送賃・宿泊料・保険料）の支払を受ける側の当事者（運送業者・宿泊業者・保険会社）からのみ報酬を受ける慣行を有するものがある（経済実質上は，その代金は仲立料込みで算定されるから，相手方当事者〔荷送人・旅行客・保険契約者〕は相応の負担をしているともいえる）。

(1) 民事仲立人の報酬請求権

　民事仲立人であっても，商人なのであるから，その媒介によって当事者間に契約が成立すれば，特約がなくても委託者に対して相当の報酬を請求することができる（商512条）[25]。ただし，宅地建物取引業者の報酬額については，国土交通大臣の定めるところにより制限される[26]。この最高限度額を超える報酬契約は，超過部分につき無効である[27]。

　ところで，宅地建物取引業者が契約の成立まで関与しなかった場合でも，実質的に当該取引業者の媒介により契約が成立したと評価して報酬が認められるか否かが問題となる。取引業者による交渉がまとまらずに媒介行為が解除され，その後に当事者間の直接取引によって売買契約が成立した場合に，その程度の斡旋行為ではまだ本人間の直接取引による本件売買契約成立について因果関係が存しないとされ[28]，また，複数の宅地建物取引業者に仲介の依頼をしたところ，たまたま複数の業者が同一物件を紹介したが，委託者がそのうちの一業者を選択して契約を締結した場合，競争の本質上当然のことであって，仲介契約を解除された他の業者はたんに物件の紹介をしたというにとどまり，信義則にも反しないとされ，他の業者の報酬請求が否定されている[29]。

　しかし，宅地建物取引業者から相手方を紹介された後，仲介報酬の支払を免れるために業者を排除し，当事者が直接取引で契約を成立させた場合には，業者に相当の報酬請求権が認められると解されている。その理論構成については，判例・学説により異なるが，最高裁判例は，当事者による業者の排除が停止条件成就の妨害にあたるとして民法130条を適用する[30]。

---

[25] 本書第１章4(1)(ロ)参照。最判昭38・2・12判時325号6頁（宅地建物取引業者の報酬を肯定），最判昭43・4・2民集22巻4号803頁（宅地建物取引業者と買主側との間に黙示の民事仲立契約の成立を認めた上で，買主から依頼を受けた仲介人が数人ある場合には，各自は特約等特段の事情のない限り，売買の媒介に尽力した度合に応じて，報酬額を按分して請求できるものと解する）。

[26] 宅建業46条。昭45建設省告示1552号・「宅地建物取引業者が宅地又は建物の売買等に関して受けることができる報酬の額」（昭45建設省告示1552号・最終改正平29国土交通省告示1055号）の「第二売買又は交換の媒介に関する報酬の額」における表によれば，たとえば売買代金が400万円を超える場合にはその額に100分の3.24を掛けた金額の合計額の範囲内とされる。

[27] 最判昭45・2・26民集24巻2号104頁。

[28] 最判昭39・7・16民集18巻6号1160頁。

[29] 東京地判昭41・4・26判タ193号159頁。

[30] 最判昭45・10・22民集24巻11号1599頁（前掲宅地建物取引業者報酬請求事件）。この

なお，標準媒介契約約款では，媒介契約の有効期間満了後2年以内に業者の紹介によって知った相手方と業者を排除して契約を締結したときは，業者は，契約の成立に寄与した割合に応じた相当額の報酬を請求できる旨が明示されている[31]。

民事仲立ちには商法550条2項は適用されず，宅地建物取引業者は，媒介の委託を受けていない相手方当事者に対しては，報酬を請求することができない[32]。仲立人は紛争防止のための諸義務や氏名黙秘義務・介入義務を負うことを前提として商法550条2項の報酬請求が認められると考えられるのであって，民事仲立人はそのような義務を負わないからである。もっとも，最高裁判例は，当事者の一方からのみ媒介の委託を受けた宅地建物取引業者が客観的にみて相手方当事者のためにする意思をもって媒介行為をしたと認められる場合には，商法512条に基づき業者は相手方当事者に対し相当の報酬の支払を請求できると解する[33]。

商法512条にいう「他人のために」とは，他人の委託に基づく場合のほか，商人が他人のために事務管理をした場合も含むとされている。宅地建物取引業者が客観的にみて相手方当事者のためにする意思をもって媒介行為をするのは事務管理にあたると解されるからである[34]。

このように客観的にみて相手方当事者のためにする意思をもって媒介行為をしたと認められる場合の要件と，相手方当事者との間の黙示の民事仲立契約の

他，裁判例において，信義則による立場（大阪高判昭41・2・11判時448号55頁），損害賠償請求権と構成する立場（東京地判昭36・4・24判時265号29頁〔民651条2項〕，東京地判昭36・5・31判時264号23頁〔民641条〕），従前の売買の交渉とその後の売買の成立との間に相当因果関係が認められるときは，その媒介行為が売買の成立に寄与した割合に応じた相当額の報酬を請求できるとする立場（福岡高判平10・7・21判時1695号94頁）などがある。

31) 標準専任媒介契約約款10条・専属専任媒介契約約款10条および標準一般媒介契約約款12条。専任媒介契約・一般媒介契約については，媒介契約の有効期間内についても同様の規定をする。

32) 最判昭44・6・26民集23巻7号1264頁（前掲兵庫県営住宅用地買収事件）。

33) 最判昭50・12・26民集29巻11号1890頁。

34) 下級審裁判例でも，売買価格・取引方法等につき相手方当事者の希望をも容れるべく調整に努め，ほぼ相手方当事者の意向に沿った売買契約を成立させた場合（東京高判昭56・8・31判時1018号117頁），等価交換方式によるマンション建築に関して取引相手方の等価交換事業差金増額の要望どおりの条件で等価交換契約を成立させた場合（東京地判平8・7・3金判1022号32頁）に，客観的に見て相手方当事者のためにする意思をもって仲介行為をしたものと認定する。

成立が認められる場合の要件[35]が実際にはきわめて類似している。実質的に商法550条2項を適用（類推適用）して報酬請求権を認めることと同じであり，このようなことは，非委託者にとって不意打ちとなる場合がありうることから，安易に認めるべきではないと解される。

　当事者の一方から媒介の委託を受けた宅地建物取引業者（いわゆる元付け業者）が同業者に情報を流して媒介を依頼した結果，複数の業者の関与により契約が成立した場合に，元付け業者以外の業者は，原則として委託者に対し直接に報酬を請求することができないと解される[36]。実際上，元付け業者が委託者から報酬を受け他の業者に取り分を交付するのが通例であるといわれる。

〔問題〕

1　絹織物の製造販売を業とするAは，仲立営業を行っているBに対して，特製の最高級絹織物の限定商品の販売をするため取引相手方を探索しその相手方との取引を媒介することを依頼していた。次の問に答えなさい。

(1)　上記の事例で，Aの友人Cがたまたまその商品の購入を直接Aに希望したので，AはCと直接取引を行った。この場合に，Aから商品販売の媒介を依頼されていた仲立人Bは，上記A・C間の取引の成立について，Aに対して報酬支払請求をすることができるか。

(2)　Aは，仲立人Bの紹介により前記商品購入を検討しているDを知った。その後，Aは，Bを通さずDと直接交渉をして，Dとその商品の売買契約を行った。この場合に，A・D間の契約成立により，Bは，Aに対して報酬支払請求をすることができるか。

(3)　BによるA・E間の仲介行為が不調に陥り，その結果，仲立契約が合意解除された。その後，AとEとの間で前記商品の売買契約が成立した場合，仲立人Bは，Aに対して報酬支払請求をすることができるか。

(4)　Aは，Bの仲介によりFと交渉していたが，AがBへの報酬支払を節約するために，Bとの仲立契約を合意解除して，直接AとFとの間で商品売買契約を締結した場合に，BはAに対して報酬支払請求をすることができるか。

---

[35]　最判昭43・4・2民集22巻4号803頁，東京地判昭55・5・20判タ419号150頁（前述**2**(1)参照）。

[36]　東京地判昭48・1・31判タ295号277頁（再委託を受けた同業者が顧客に対し仲立契約関係に立つ旨の事実たる慣習は存在せず，報酬請求できないと判示）。

(5) AとBとの間の仲立契約の有効期間が満了後に，Bの紹介によって知ったGと売買契約を行った場合には，Bは，Aに対して報酬支払請求をすることができるか。

2 宅地建物取引業者であるAは，F市の郊外に公共施設建設を計画しているF県から，県西部のM地域にある原野の土地買収の斡旋を委託された。その土地の一部を所有するBは，Aとの売却交渉において先祖代々の土地を売却したくないと考え，拒否していた。ところが，K大学のキャンパス移転により，その周辺の土地が脚光を浴びるようになり，地価も高騰してきて，Bの家族から売却の時期だと強く説得され，売却を決意し，その売却に応じた。Aは，Bに対して報酬を請求することができるか。

第6章

問屋営業

1 総 説

(1) 問屋の意義

　問屋（といや）とは，自己の名をもって，他人のために，物品の販売または買入れをなすことを業とする者をいう（商551条）。自己の名をもってとは，自らが直接に行為の当事者となり，その行為から生じる権利義務の帰属主体となることである。他人のためにとは，他人の計算において，すなわち経済的損益が他人に帰属することである。物品には，動産のほか有価証券も含まれるが[1]，不動産はその特殊性から含まれないと解されている（通説）。

　自己の名をもって他人のために法律行為をなすことを引き受ける行為を取次ぎというが（商502条11号），問屋は，このような取次ぎを業とする取次業者の一類型であり，物品の販売または買入れを引き受けることによって手数料を取得することを業とする商人である（商4条1項）。問屋に取次ぎを委託する委託者は，商人に限らず，非商人でもよい。

　このように，問屋は，取次ぎをなす者なのであるから，自己の名で自己の計算において取引を行う自己商とは異なる。しかし，問屋が自己商を兼ねることは可能であるし[2]，実際上もその例が多い[3]。なお，俗に，小売商に対して卸売商のことを問屋（とんや）というが，卸売商（卸問屋）は通常は自己商であって，商法上の問屋ではない[4]。

---

1) 最判昭32・5・30民集11巻5号854頁（株券の事例）。
2) 大判明35・12・11民録8輯11巻41頁。
3) この場合，問屋に対する売買の委託が，取次ぎの委託なのか，あるいは売買の申込みなのかが明らかでないことがある。金融商品取引法は，金融商品取引業者等による取引態様（自己売買・媒介・取次ぎ・代理）の事前明示義務が規定されている（金商37条の2）。
4) 通説，大判明44・5・25民録17輯336頁。

6－1図解：問屋営業

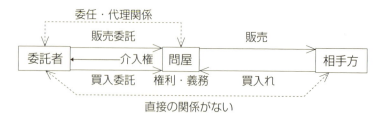

(2) 問屋の経済的機能

　問屋の経済的機能ないし利点については，問屋制度が，中世・近世のヨーロッパにおいて，とくに外国との取引につき発達してきたという沿革から明らかなように，(イ)遠隔地で取引するのに便利であり，わざわざ支店設置・人材派遣等を必要とせず，そのコストを節減することができる。また，(ロ)取次ぎを委託する委託者にとって，取引に関する問屋の知識・信用・経験を利用できるのみならず，匿名により取引をすることができる。(ハ)問屋を利用するときは，代理人の場合と異なり（民109条〜112条），委託者は受託者の権限逸脱を懸念する必要がない。(ニ)問屋と取引する相手方にとっても，契約の相手方が問屋であれば，問屋の信用のみを調査すれば足り，委託者の資力・信用等や代理権の有無を調査する必要がないため，迅速な取引が可能である。他方，(ホ)問屋にとっても，自己の計算で物品を買い入れて転売する形態（仕切り）をとるにはリスクが大きすぎるような取引に関与するのに適する。

　問屋の代表的なものとして，金融商品取引法上の金融商品取引業者（金商2条9項・29条）や商品先物取引法上の商品先物取引業者（商取2条22項23項・190条1項）がある。ここでは，相場の変動の激しい物品の取引を迅速に成立させるとともに，価格変動から生ずる損益のすべてを顧客に帰する必要があることから，問屋の形式が利用されている。金融商品取引法および商品先物取引法は，委託者保護のために特別の規制を設けている[5]。

---

5) さらに，返品の割合の高い商品（たとえば毛皮・書籍）について卸売業者または小売業者が委託販売を引き受ける場合や，工場の機械設備一式等のプロジェクト売買において，メーカー・ユーザー間に介在する卸売業者（商社）が，仕切りの形式をとるのは卸売業者にとってリスクが大きすぎるときに，メーカーまたはユーザーから販売委託または買付委託を受ける場合（業界で「委託」と呼ばれる）などにおいて，問屋の形式が

(3) 準問屋・運送取扱人

　自己の名をもって他人のために販売または買入れではない行為の取次ぎを業とする者を準問屋と呼び，これに問屋の規定が準用される（商558条）。たとえば，ホテル宿泊の取次ぎをする旅行業者や，広告主からの委託を引き受ける広告業者[6]，映画会社と映画館との間で映画フィルムを自己の名前で賃貸借して提供する業者などが準問屋である[7]。準問屋も，商人である（商４条１項・502条11号）。

　また，商法は，自己の名をもって物品運送の取次ぎを業とする者を運送取扱人と呼び，運送取扱営業について詳細な規定を設けている（商559条～564条）（第７章**10**参照）[8]。

2　問屋契約

(1) 問屋契約の法的性質

　問屋と委託者との間に締結される契約（問屋契約）は，問屋の名で委託者の計算において，物品の販売または買入れという法律行為をなすことを委託する契約であるから，委任契約（民643条）の一種である。したがって，商法が，

利用される。
6) 東京地判平３・11・26判時1420号92頁。
7) なお，通説のように，問屋に関する商法551条の物品には不動産が含まれないと解すると，不動産売買の取次ぎは，商法558条の文言上，準問屋の定義にも該当しないことになり，問屋営業に関する規定はこれに準用されないことになる。この点について，問屋の規定をこれに適用すべきであるとする見解もあるが，不動産売買の特殊性から問屋の規定は一般的な準用に適しないことによるものであるけれども，このことはすべての取次業者にとって適切な規定（たとえば商552条・554条）の類推適用を否定するものではないとする見解が有力である。
8) なお，経済上類似の取引形態として，第１に，代理制度（民99条以下，商504条）がある。「代理人Ｂ」が，「本人Ａ」から授権を受けて，Ａのために法律行為（たとえば，売買契約）を「取引相手Ｃ」と行う場合である。法律行為は，本人Ａに帰属する。代理人Ｂが，本人Ａのために法律行為を行う点で，またその経済的効果が本人Ａに帰属する点で，問屋に似ている。しかし，問屋の場合，問屋Ｂは，委託者Ａの名前ではなく，Ｂとして取引相手Ｃと法律行為（売買契約）を行う点で異なる。
　第２に，信託制度がある（信託２条以下）。受託者Ｂが，Ｂの名前でおこなった行為の経済的効果を受益者Ａに帰属させるという点で，問屋に類似する。しかし，信託は，法的に財産が受託者Ｂに帰属し，Ｂの計算においてなされる点で，また，単発的行為でなく，継続的管理を目的とする点で，問屋と異なる。

問屋と委託者との間においては，委任および代理に関する規定を準用すると定めているのは（商552条2項），民法の委任の規定を適用し，代理の規定を準用する趣旨である[9]。

(2) 受託契約準則

取引所の開設する市場における売買取引に関する問屋契約（受託契約）は，取引の公正と委託者の保護を図るため取引所が定めた「受託契約準則」に従うべきことが要求されている（金商133条1項，商取216条）。受託契約準則について，判例は，いわゆる普通取引約款であるから，商品取引所の商品市場における売買取引の委託については，当事者間に特約のない限り，商品仲買人のみならず，委託者をもその意思に関わらず拘束すると判示する[10]。もっとも，商品市場における売買取引の公正の確保と委託者の保護を図る趣旨である旧商品取引所法（現行の商品先物取引法）の規定に基づいて商品取引所が定める受託契約準則は，これに準拠しないでなされた受託契約であってもその効力に消長をきたさないと解する判例もある[11]。

(3) 取引勧誘の規制

問屋が先物取引（金商2条21項1号2号，商取2条3項1号〜7号）・オプション取引（金商2条21項3号，商取2条3項4号）・信用取引（金商156条の24第1項・161条の2）など委託者にとってリスクの高い取引を受託する場合に，顧客への取引勧誘が，取引の公正を害することがある。そこで，各種の業法により規制がなされている[12]。

---

9) 最判昭31・10・12民集10巻10号1260頁。
10) 最判昭44・2・13民集23巻2号336頁。平成29年民法（債権法）改正において，「定型約款」に対する規制が新設された（民548条の2以下）。①定型約款を契約の内容とする旨の合意をしたとき，または，②定型約款を準備した者があらかじめその定型約款を契約の内容とする旨を相手方に表示していたとき，定型取引の個々の条項についても合意をしたものとみなす（民548条の2第1項）。一方，相手方の権利を制限し，または相手方の義務を加重する条項であって，その定型取引の態様およびその実情ならびに取引上の社会通念に照らして，信義誠実の原則（民1条2項）に反して相手方の利益を一方的に害すると認められるものについては，合意をしなかったものとみなされる（民548条の2第2項）。
11) 最判昭41・10・6判タ199号123頁。
12) 問屋の一般的な誠実義務（金商36条，商取213条）のほか，顧客の知識・経験・財産状況・契約締結の目的に照らして不適当と認められる勧誘を行わないよう（適合性原則

3 問屋の権利義務

(1) 問屋の義務
(イ) 善管注意義務

　問屋は、その取次ぎの実行の際、委託者に対して、受任者として善管注意義務を負う（民644条）。したがって、問屋は、物品の売買を委託者にもっとも利益になるように行って、委託者に買入物品または売却代金の引渡しを行う義務を負う（民646条）。また、必要に応じて、物品の保管、売買の相手方に対する契約解除権・損害賠償請求権の保全（たとえば目的物の検査・通知〔商526条1項〕）等の措置をとらなければならない。また、委託契約が継続している限り、受託者である問屋は委託者の指図に従って商品を売買する義務を負うのであり、受託者において当該指図を承諾して初めて同人のその義務が発生するものではない[13]。なお、商行為の受任者は、委任の本旨に反しない範囲で、委任を受けない行為をすることができる（商505条）[14]。

　金融商品取引業者等は、有価証券の売買等に関する顧客の注文について、最良の取引の条件で執行するための方針・方法（最良執行方針等）を定めて公表し、

という）業務を行う義務（金商40条1号、商取215条、金販9条2項1号）、契約締結前の顧客に対する説明義務（金商37条の3、商取218条）、取引勧誘上の禁止行為（金商38条、商取214条）が定められている。問屋（外務員）の勧誘方法が消費者契約法に基づく取消事由に該当することがありうるし（消費契約4条1項2号）、問屋が金融商品の販売（金販2条1項）について説明義務（金販3条）を怠ったとき、または断定的判断の提供等（金販4条）を行ったときは、問屋はそれによる顧客の損害を賠償する責任を負う（金販5条・6条）。また、手数料稼ぎのための過当取引の勧誘（大阪高判平10・2・27判時1667号77頁〔商品先物取引〕、大阪高判平12・9・29判タ1055号181頁〔証券取引〕、東京地判平17・6・29判タ1196号101頁〔商品先物取引〕等）や、適合性原則から著しく逸脱した取引の勧誘（最判平17・7・14民集59巻6号1323頁〔証券取引〕）をしたときは、問屋の当該勧誘行為は不法行為にあたり、当該委託により委託者に生じた損害（差損金・委託手数料）について賠償責任を負わされうる。

[13] 最判昭50・7・15判時790号105頁（商品取引所の先物取引に関する仲買人の義務に関する事例）。
[14] これは、委任の本旨に従い委任事務を処理すべきものとする民法の原則（民644条）の例外を定めて受任者の権限を拡張した規定であると解する見解もあるが、事情の変更により委託者が不利になる場合に受任者が臨機応変の措置をとりうることは民法の善管注意義務のうえから当然であり、したがって、商法505条は、民法644条の趣旨を明確にしたものにすぎないと一般に解されている。

最良執行方針等に従い注文を執行しなければならず，また，上場されている有価証券の売買等で，政令で定めるものに関する顧客の注文を受けようとするときは，あらかじめ，顧客に対し，内閣府令で定めるところにより，当該取引に係る最良執行方針等を記載した書面を交付しなければならない（金商40条の2）。これらの義務を最良執行義務という。

商法は，問屋の営業の特殊性に鑑みて，問屋に対して，次のような義務を課す。

(ロ) **通知義務**

問屋は，委託者のために売買をしたときは，遅滞なく，委任者に対してその旨の通知（口頭でも書面でもよい）を発しなければならない（商557条・27条）。これは，委託者の請求を待たずに通知をすることを要する点で，民法の原則（民645条）に対する特則である。この通知は，売買の内容・時期・相手方等を包含することを要する。

金融商品取引業者等は，金融商品取引契約が成立したと内閣府令で定めるとき（金商業府令98条），遅滞なく，内閣府令で定められた書面[15]を作成し，これを顧客に交付しなければならない（金商37条の4第1項）。このような書面の交付を要求するのは，有価証券は価格の変動が激しいため取引の内容を詳細に記載した書面で明確にさせ，一般投資者を保護するためである。

また，商品先物取引業者は，その商品取引契約に係る取引が成立したときは，遅滞なく，書面をもって，成立した取引の種類ごとの数量・対価の額または約定価格等ならびに成立の日その他の主務省令（商取規109条）で定める事項を委託者に通知しなければならない（商取220条1項）。

(ハ) **指値遵守義務および他の売買価格の指定方法の場合の義務**

① **指値遵守義務**　問屋は，委託者が販売または買入れについて価格を指定した場合（指値売買）には，この指値に従う義務（民644条）がある。これは，とくに指値遵守義務と呼ばれる。したがって，問屋が，指値遵守義務に違反して，指値より廉価に販売（最低価格を指示する売指値の場合）をし，または指値より高価に買入れ（最高価格を指示する買指値の場合）をしたときは，その委託者は当該売買が自己の委託の実行と認めることを拒みうる。

しかし，問屋が委託者の指定した金額より廉価に販売または高価に買入

---

[15] 契約締結時交付書面〔金商業府令99条〕と取引残高証明書〔金商業府令108条〕。

れをした場合において，自らその差額（たとえば100万円の買指値の場合に110万円で買い入れたときは10万円）を負担したときは，その販売または買入れは委託者に対して効力を生じ（商554条）[16]，委託者はその取引の計算が自己に帰属することを拒むことができない。このような場合に，委託者は所期の経済的目的を達成することができるし，問屋にとっても差額を負担して報酬を得たほうが有利なときがありうるからである[17]。

② 逆指値　　特殊な指値売買として，委託者が，相場が委託当時の相場より騰貴して自己の指値以上となったときには直ちにその買付けをし（たとえば現在の有価証券の価格が100万円で105万円になれば106万円で買い注文する場合），または委託当時の相場より下落して自己の指値以下となったときには直ちにその売付け（たとえば現在の有価証券の価格が100万円で95万円になれば94万円で売り注文する場合）をすべき旨の委託をすることがある。これは，通常の指値では一定価格まで上がれば売付けで一定価格まで下がれば買付け（たとえば現在の価格が100万円で95万円になれば買い注文〔買指値の場合〕，105万円になれば売り注文〔売指値の場合〕）であるのとは反対なので，逆指値と呼ばれる。逆指値は，ある価格水準まで上昇すれば，その高騰を予想して買い注文をし，または今の価格では売るつもりがないけど，ある価格水準まで下がれば，利益確定や損失確定のための売り注文をすることなどの目的で行われる[18]。

③ 取引一任勘定　　委託者が売買価格を指示することなく問屋に一任する場合（成行〔なりゆき〕売買〔いくらでもいいからという売り買いの注文方法〕）や，

---

16) 大判昭15・8・30新聞4620号10頁。
17) なお，上記の差額負担（差額の全額につきかつ無条件的になされることを要する）の意思表示は，遅くとも販売または買入れの通知（商557条・27条）と同時に委託者に到着しなければならない。差額支払の時期・方法等は，問屋と相手方との売買契約において定められた条件でなされることを要する。ただし，この問屋の差額負担は，その指値遵守義務違反により委託者に対してたんなる差額以上の損害を与えるとき，この損害賠償責任を免れさせるものではない。その義務違反による損害賠償請求権の有無は，効果の帰属とは別の問題であるからである。なお，問屋が指値よりも委託者にとって有利に売買を行ったときは（指値より高価に販売しまたは廉価に買入れた場合），当該利益は委託者に帰属する。
18) 金融商品取引法は，逆指値は相場の騰落を激化させる要因になるものであるが，一方，これによって相場の騰落による損害を防ぐ効果もあることから，政令で定めるところに違反して逆指値注文をしてはならないと規定する（金商162条1項2号。現在のところ，政令に定めるほどの大きな問題とはなっていないことから，これを定めた政令は存しない）。

銘柄・数量等も問屋に任せる場合があり、このようなものは一任勘定取引と呼ばれる（なお、成行売買と指値売買との中間的なものとして、一定の値幅をもたせその範囲内で問屋の裁量により売買すべきもの〔計〔はか〕らい売買〕がある）。一任勘定取引においては、問屋の専門的知識と手腕を期待して、委託者が問屋に売買の別・価格・銘柄・数を任せるのであるから、問屋は当該取引の契約により委託者の利益になるように努める善管注意義務を負う[19]。

㈡　履行担保責任

① **意　義**　問屋は委託者のためになした販売または買入れについて、相手方がその債務を履行しない場合において、別段の意思表示または慣習がない限り、自らその履行をなす責任を負う（商553条）。問屋は、委任の本旨に従い善良な管理者の注意をもって委託者のために契約を締結した以上、本来、相手方の不履行について、委託者に対して相手方に代わって履行をすべき義務までも負わないはずである。しかし、委託者と相手方との間には直接の法律関係が存しないため、委託者は直接に相手方に対して債務不履行の責任を追及することができない。そこで、商法は、委託者を保護し、問屋制度の信用を確保するために、問屋にこのような履行担保責任を課したわけである。

② **履行担保責任の内容・範囲**　問屋の履行担保責任の内容および範囲は、相手方が問屋に対して負担しているものと同一であるから（売買契約上の基本的債務に限らず、契約不適合を理由とする責任等の付随的義務も含まれる）、相手方が問屋に対して対抗できる抗弁（たとえば物品の瑕疵、同時履行の抗弁等）を、問屋も履行担保責任を主張する委託者に対して主張することができる。履行担保責任は、相手方が債務を履行しないときに問屋が相手方と同一の義務を負うものであるから、保証債務（民446条以下）に類似するが、主たる債務（相手方の委託者に対する債務）が存在しないので、保証債務ではなく、法定の特別の責任である。

---

[19]　旧証券取引法では、一任勘定取引は、損失補塡の温床になったこと、証券取引の自己責任の原則に反することなどの理由で、原則として禁止されていた（旧証取42条1項5号）。現在の金融商品取引法では、この禁止規定が削除された。しかし、金融商品取引業者等は、業務の運営の状況が、一任勘定取引を行う場合において、当該行為が投資者の保護に欠け、取引の公正を害し、または金融商品取引業等の信用を失墜させることとなることを防止するため十分な社内管理体制をあらかじめ整備していない状況に該当することのないように、その業務を行わなければならないと規定されている（金商40条2号、金商業府令123条13号）。

③ 履行担保責任の排除　問屋の履行担保責任は，委託者と問屋との間の明示または黙示の意思表示によって排除することができる（商553条但書）。問屋の手数料が普通よりとくに低く決められている場合には，履行担保責任を排除する別段の意思表示があるものと推定されると解されている[20]。

④ 信認金等　金融商品取引法において，取引所の会員または取引参加者は，定款（会員金融商品取引所の場合）・業務規程（株式会社金融商品取引所の場合）の定めるところにより，取引所金融商品市場における投資者および取引当事者間の履行責任を担保するために，金融商品取引所に対し信認金（金融商品取引の安全性を確保するための物的担保）を預託することが要求される（金商114条1項）[21]。

(2) 問屋の権利
(イ) 報酬・費用償還請求権

問屋は商人であるから，特約がないときでも相当の報酬を請求できる（商512条。民648条1項〔無報酬〕対比）。報酬は委託を実行したときにはじめて請

---

[20]　外国の立法例では，わが国の商法とは異なり，特約または商慣習がある場合にのみ問屋の履行担保責任を認めているにすぎないこと，また，問屋がこのような重い責任を負うとすれば，そのための保証料に相当する額が問屋の報酬額に上積みされることにならざるをえないことから，わが国の法制度に反対する立法論が有力に主張されている。

[21]　会員等に対して取引所金融商品市場における有価証券の売買等を委託した者は，その委託により生じた債権に関し，当該会員等の信認金について，他の債権者に先立ち弁済を受ける権利を有する（金商114条4項）。また，その会員等から取引所金融商品市場における有価証券の売買等に基づく債務の不履行により損害を受けた他の会員等・金融商品取引所または金融商品取引清算機関（金商156条の2～156条の22）は，その損害を与えた会員等の信認金について，他の債権者に先立ち弁済を受ける権利を有するが（金商115条1項。市場デリバティブ取引の場合における取引証拠金の預託の場合も同様である〔金商119条〕），この場合に上記の委託者の優先権のほうが優先する（金商115条2項）。上記の優先弁済権は，預託会員等の返還請求権の上の先取特権であり，通常の先取特権と同様に，国税徴収法に基づく国税債権に劣後すると解されている（広島地判昭31・6・22下民集7巻6号1606頁，福岡地判昭36・5・12訴訟月報7巻6号1236頁）。

　なお，商品先物取引法においても，同様に，信認金（商取101条）・取引証拠金（商取103条）および特別担保金（商取109条）の預託，債務不履行による損害賠償（商取108条。商品取引清算機関について，商取105条・167条～189条）に関する規定がある。

　また，金融商品取引法は，顧客が金融商品取引業者から自己の資産（預託金銭・有価証券等）に係る債権の円滑な弁済を受けられない場合に一定の補償を行う投資者保護基金の制度（金商79条の20～79条の80），商品先物取引法は委託者保護基金の制度（商取269条～327条）を設けている。

求することができるのが原則であるが（民648条2項），問屋の責めに帰することができない事由によって委託の実行の中途で終了したときは，すでにした割合に応じて報酬を請求することができる（民648条3項）。しかし，実際の取引慣行では，問屋は契約が成立に至らない限り報酬請求権のみならず費用償還請求権も有しないことが多いといわれる。また，委託の実行に必要な費用（たとえば運送賃・関税・倉庫保管料等）の前払・償還を請求することができる（民649条・650条）。

　商法は，さらに，次のような特別の権利を認める。

(ロ)　留置権

　問屋は，別段の意思表示がない限り，委託者のために物品の販売または買入れをなしたことによって生じた債権の弁済期が到来しているときは，その弁済を受けるまでは，委託者のために占有する物または有価証券を留置することができる（商557条・31条）。この留置権は，被担保債権が委託者のために物品の販売または買入れをなしたことにより生じたものであることは必要であるが，留置の目的物について被担保債権との個別的関連性が要求されていない点で民法上の留置権（民295条1項）と異なる。また，債務者（委託者）が商人であることを要しない点，留置の目的物が商行為により問屋の占有に帰したことを要しない点，債務者（委託者）のために占有するものであれば足り，債務者（委託者）所有のものである必要がない点で商人間の留置権（商521条）と異なる。これは，代理商（商27条，会社16条）の場合と同様，問屋をとくに保護したものである。委託者が商人である場合，問屋は商人間の留置権も有しうる。

　この留置権は，他の商法上の留置権と同様，委託者の破産手続・再生手続開始の場合に別除権が認められ（破2条9項・65条・66条1項，民事再生53条1項），会社更生手続の場合に更生担保権となる（会社更生2条10項）。

(ハ)　供託権・競売権

　問屋が買入れの委託を受けた場合において，委託者（商人であることを要しない）が問屋の買い入れた物品を受け取ることを拒み，またはこれを受け取ることができないときは，問屋は，商人間の売買における売主の場合と同じく，その物品を供託しまたは相当の期間を定めて催告した後に物品を競売することができる（商556条・524条）。

(ニ)　介入権

① 意　義　　問屋が取引所の相場のある物品の販売または買入れの委託を受

けたときは，自ら買主または売主となることができる（商555条1項前段）。これを問屋の介入権という。委託者にとっては，その物品の販売または買入れが公正に行われて委託者の利益を害することがない限り，その相手方が誰であるかは問題としないのが通常であり，むしろ問屋自らが相手方となったほうが問屋と委託者の双方にとって有利なこともありうる[22]。しかし，これを無条件に許すと，委託者と問屋の利害が対立し，問屋が自己に有利な価格で応じることにより委託者の利益が害されるおそれがある。そこで，商法は，このような弊害が生じないような場合，すなわち，販売または買入れの目的物に客観的な相場がある場合に限って介入することを認めている[23]。

② **介入の要件** 問屋が介入をするためには，当該物品について取引所の相場があることを要する（商555条1項前段）。価格の点で，委託者の利益が害されるおそれがないからである。取引所の相場があることとは，委託者の指定する売買地またはその指定がないときは問屋の営業地の価格を支配する取引所の相場があることをいうものと解される。もっとも，当事者の明示または黙示の特約によって介入が禁止されていないことを要する。また，問屋がすでに委託の実行として第三者と売買契約を締結した後は，介入の余地はない。

③ **介入の方法** 介入権の法的性質は形成権である。その行使は問屋の委託者に対する意思表示によって行われ，その通知が委託者に到達することによってその効果が生ずる。この場合，売買の代価は問屋が介入をする旨の通知を発した時における取引所の相場によって定まる（商555条1項後段）。介入の時期については，問屋は善良な管理者の注意義務をもって委託者の利益に合致する時期を選ぶことが必要である。

④ **介入の効果** 介入権行使の効果は，一方では，問屋と委託者との間に売買関係が成立し[24]，問屋は委託者に対して売主または買主と同一の地位に立

---

22) たとえば問屋にとって自己商を兼ねている場合にはとくに便宜であり，委託者にとっても委託が迅速に実行され，手数料や費用を節約することができる。
23) ただし，商品先物取引においては，特別法により，取引の受託等を公正にするとともに委託者の保護を図るために，介入権の行使の禁止（呑〔のみ〕行為の禁止）がなされている（商取212条。この禁止に違反した場合でも，介入の私法上の効力は原則として有効と解されている〔東京高判昭44・8・29高民集22巻5号637頁〕）。なお，金融商品取引法における呑行為の禁止〔平成16年改正前証券取引法39条・129条〕は廃止された。
24) ただし，介入権は問屋の一方的意思表示によって介入の効果を生じさせるものであ

つことになる（通説）。他方では，問屋は介入により委託を実行したことになるので，問屋として報酬請求権（商555条2項），費用償還請求権等を有する。

しかし，介入の効果について売買の構成を貫くと，問屋が委託者に対し履行を完了する前に倒産した場合，問屋が委託の実行として第三者と売買した場合と比べて[25]，委託者は不利な立場に置かれる。すなわち，この場合，問屋への売却であるときには，動産売買の先取特権（民311条5号・321条）の対象となり，また，問屋からの買入の場合，物品についての明示の占有移転がない限り，委託者は取戻権を行使できないからである[26]。

(ホ) 運送中の物品の取戻権

物品の買入委託を受けた問屋が，買入物品を委託者に対し発送した場合に，委託者が問屋に対して当該買入れによる債務の全額を弁済せず，かつ到達地においてその物品を受け取らない間に，委託者が破産手続開始の決定を受けたときは，管財人が債務の全額を支払ってその物品の引渡しを請求する場合のほかは，問屋はその物品を取り戻すことができる（破63条1項3項，民事再生52条2項，会社更生64条2項）。これにより，問屋の保護が強化されている。

4　問屋による委託実行の効果

(1)　問屋と相手方との関係

問屋は自己の名をもって相手方と販売または買入れの契約（売買契約）を締結するから，問屋自身が売買契約の当事者として相手方に対して権利を取得し義務を負う（商552条）。したがって，売買契約の成立・効力に影響を及ぼすべき事項（たとえば取消しまたは無効の原因となる詐欺・強迫・錯誤等）は，委託者

るが，介入によって，問屋と委託者との間に売買契約を成立させるものではない。

25)　介入権が行使された場合でなく，通常の問屋取引の場合は，問屋が委託の実行として第三者と売買した場合，第三者に物品を売却していれば委託者は代償的取戻権（破64条，民事再生52条2項，会社更生64条2項）を持つ。また第三者からの買入れであれば，問屋の占有のもとにおいた物品について取戻権（破62条，民事再生52条1項，会社更生64条1項）を行使できる。

26)　したがって，問屋が委託者の委託に従い「自分自身が売主かつ買主となる売買契約を締結する」ものと構成することで，第三者との間で委託が実行された場合と同じ地位に，委託者を置こうとする有力な見解が主張されている。

ではなく問屋について決せられるのが原則である。また，委託者と相手方との間に存する抗弁（たとえば相殺等）は，問屋・相手方のいずれからもこれを主張することができない[27]。

(2) 委託者と相手方との関係

委託者は相手方に対し直接の契約関係に立っていないので，委託者は，問屋から権利の譲渡を受けない限り，直接相手方に対して売買契約に基づく権利を行使することはできない。他方，相手方も，委託者が問屋の義務を引き受けない限り，委託者に対して権利を行使することはできない。このため，相手方に債務不履行があった場合に，損害を被るのは委託者であるにもかかわらず，委託者は相手方に損害賠償を請求することができず，問屋が損害賠償請求することになる。

上記のような法律的形式を貫くと，問屋が委託者に対して履行担保責任（商553条本文）を負う場合には，これにより委託者は保護され，問屋がその履行担保義務の履行により被った自己の損害を相手方に請求することになる。これに対し，問題となるのは，問屋が履行担保責任を負わず（商553条但書），また，相手方の債務不履行について問屋の自己の責めに帰すべき事由がなく，問屋が問屋契約の不履行により委託者に対して損害賠償の責任を負うことがない場合である。

この場合には，相手方の債務不履行による問屋自身の損害は手数料相当額にとどまり，他に損害はなく，債務不履行による全損害の賠償を求めることができず，結局，委託者の被った損害の賠償を相手方に請求できないという不当な結果が生じる。そこで，その経済的実質を重視して，問屋が法律上の売買契約の当事者として，委託者のために，自己の名において委託者が被った損害の賠

---

[27] もっとも，法律的形式による上記の原則を厳格に貫くと，取引の経済的実質との乖離から，不都合を生ずることがある。そこで，問屋が委託者の指図に従って売買契約を締結した場合（委託者が契約締結について主導権を有するような場合）には，売買契約の効力・成立に影響を及ぼす事情について委託者の悪意は，問屋の悪意と同視して，民101条3項の類推適用を理由として，問屋は自己の不知を相手方に主張できないと解するのが多数説である。

一方，委託者が相手方を詐欺して問屋との売買契約を締結させた場合（委託者が売買契約交渉に実質的に関与するような場合に生じうる）には，たんなる第三者による詐欺（民96条2項）ではなく，契約当事者の詐欺として取り扱うべきであると解する見解が有力である。

償を相手方に対して請求できると解されている（通説）。

(3) 問屋と委託者との関係
(イ) 法律的形式と経済的実質
　問屋が委託の実行として自己の名において売買契約をなすので、これにより取得する権利（売買から生ずる物品引渡請求権・販売代金債権、買入物品・販売代金の所有権）は問屋に帰属する（商552条1項）。他方、問屋と委託者との関係においては代理に関する規定を準用すると定める商法の規定（商552条2項）の趣旨は、問屋と委託者との関係においては、物品の売買がもっぱら委託者の計算でなされるという経済的実質に鑑み、問屋からの譲渡その他の特別の権利移転手続を要せずに、当該権利が当然に委託者に帰属するものであって、問屋に帰すべきものではないと解されている[28]。

(ロ) 問屋の倒産と再委託の場合
　このように法律的形式と経済的実質が乖離している問屋関係においては、問屋と委託者の間の法律関係を形式的に貫くことが、その経済的実質から適当でない場合がある。具体的には、問屋が倒産した場合の委託者の保護、および再委託の際の民法の復代理に関する規定の準用の適否に関して問題となる。そこで、以下では、これらの場合について述べる。

① 問屋の倒産
　(a) 島根証券会社株券引渡請求事件（最判昭43・7・11民集22巻7号1462頁）
　　Xは、昭和34年10月21日、自己の名において委託者のため証券売買を業としている訴外A証券会社に、訴外B株式会社株式1,000株の買入委託をなし、その代金として31万円を預託した。A証券会社は、上記委託に基づき同年12月15日訴外C証券会社からB会社株式1,000株を単価金187円で買い入れた。
　　ところが、増資の発表をしたB会社の新株引受けの権利を確保するため、A証券会社はXの了解を得たうえ、A証券会社名義に本件株券の裏書をし、かつ名義書換手続をとり、同株券を保管していた。その後、本件株券をXに裏書譲渡することを遅延するうちA証券会社は破産宣告を受け、本件株券は破産財団に組み入れられた。そこで、Xは、本件株券の所有者であるとして、破産取戻権に基づいてA証券会社の破産管財人に対し、本件株券のXへの裏

---
[28]　大判大12・12・1刑集2巻895頁。

書と引渡しを求め，もしその履行ができないときは，株券の時価相当額である18万7,000円の賠償を求めて訴えを提起した。

　第1審はXへの株券引渡を認めたが，第2審はXの請求を棄却した。そこで，Xが上告した。最高裁は，次のように判示して，原判決を破棄し，原審に差し戻した。

　「問屋が委託の実行として売買をした場合に，右売買によりその相手方に対して権利を取得するものは，問屋であって委託者ではない。しかし，その権利は委託者の計算において取得されたもので，これにつき実質的利益を有する者は委託者であり，かつ，問屋は，その性質上，自己の名においてではあるが，他人のために物品の販売または買入をなすを業とするものであることにかんがみれば，問屋の債権者は問屋が委託の実行としてした売買により取得した権利についてまでも自己の債権の一般的担保として期待すべきではないといわなければならない。されば，問屋が前記権利を取得した後これを委託者に移転しない間に破産した場合においては，委託者は右権利につき取戻権を行使しうるものと解するのが相当である。」

(b)　買入委託の際の物品　　問屋と委託者との間では，問屋が買入委託の実行により取得した権利が当然に委託者に帰属するとしても，問屋が倒産したときあるいは問屋の債権者による強制執行を受けたときは，問屋の債権者と買入委託者との間で当該権利の取扱いについて問題となる。この場合に，かつての学説では，法律的形式からは当該権利は問屋に帰属するので，問屋から引渡しや占有改定などの権利移転手続をとらない限り，委託者は取戻権（破62条，民事再生52条，会社更生64条）の行使または問屋債権者による強制執行に対する第三者異議の訴え（民執38条）の提起によって自己の権利を対抗することはできないと解されていた。

　しかし，現在の学説では，委託者の保護を図るため，委託者の取戻権および第三者異議の訴えを認めるものが多数説である。ただし，その理由付けは様々である[29]。

---

29)　学説として，㋑商法552条2項の「問屋」には問屋自身のみならず問屋の債権者も含まれ，問屋からの権利移転手続前でも委託者は自己の権利を主張できるとする説，㋺問屋破産の場合，実質的な利益状態に基づき，委託者は実質上自己に属する権利として取戻権を行使できるとする説，㋩取次ぎと信託の類似性（信託23条）から，問屋が委託者の計算で取得した債権・所有権は，当該売買に起因しない一般債権の責任財産を構成し

(c) 販売委託の際の物品・代金債権　　問屋による物品の販売前は，委託者は問屋に処分権を与えたにすぎないから，委託者は取戻権の行使または問屋債権者による強制執行に対する第三者異議の訴えの提起をすることができる。また，物品販売後，問屋が販売代金債権の取立前に倒産すれば，委託者は代償的取戻権（破64条，民事再生52条2項，会社更生64条2項）を有する。

(d) 前払・取立ての金銭　　問屋が買入委託に際して委託者から前払を受けた購入資金や，相手方から取り立てた代金に関し，金銭の所有権は，通常，占有と運命を共にするので，その取戻等は認められない（通説）。

② 問屋の再委託　　物品売買の委託を受けた問屋（元請問屋）がその売買を第三者（下請問屋）に再委託する際に，民法の復代理に関する規定（民104条・105条・106条2項）が準用されるかが問題となる。

　商法552条2項が問屋・委託者の間に代理に関する規定を準用する旨を定めているけれども，問屋と委託者との法律関係の本質は単なる委任であって代理権を伴わない問屋の性質に照らし，復代理人の権利・義務に関する民法106条2項は再委託の場合に準用されず，最初の委託者と再委託を受けた第三者との間に直接に権利・義務関係が生じるわけではないと一般に解されている[30]。

　これに対し，復代理人の選任・監督責任に関する民法104条・105条の準用については説が分かれる。間接代理に矛盾しない規定であることなどからその準用を肯定する説（従来の多数説）があるが，これに対し，これらの準用を肯定すると，元請問屋は再受託者である下請問屋の選任・監督についてのみ責任を負えば足りることになり委託者の保護に欠け，また，下請問屋はむしろ元請問屋の履行補助者であって，最初の委託者との間には直接の法律関係は生じないと解すべきである，とする説が近時有力である。

　　ないとする説などがある。判例は，上記(c)の説と同様，利益衡量の観点から，実質的利益を有する委託者の取戻権を認めている（最判昭43・7・11民集22巻7号1462頁〔前掲島根証券会社株券引渡請求事件〕，最判昭43・12・12民集22巻13号2943頁）。なお，委託者が問屋の債権者に対して第三者異議の訴え・取戻権等を主張しうるためには，問屋が委託者のために保有する権利の範囲が，帳簿上・計算上にせよ，問屋において特定されていなければならないと解されている（通説。委託者資産の分別管理・分離保管について，金商42条の4・43条の2，商取210条参照）。

[30]　最判昭31・10・12民集10巻10号1260頁。

(イ) 信用取引の場合

　有価証券の信用取引（有価証券の買付けの場合にはその買付資金を，売却の場合にはその売付有価証券を，金融商品取引業者が顧客に貸し付けて行う売買その他の取引。金商156条の24第１項・161条の２）によって顧客が買い付けた証券については，金融商品取引業者・顧客間においても顧客の所有権は成立せず，顧客は金融商品取引業者に対し債権的な返還請求権を有するにすぎない。

　これに対して，委託保証金代用証券として顧客が金融商品取引業者に預託した証券については，委託保証金代用証券が金融商品取引業者による分別管理の対象とされていることから（金商43条の２第１項１号），委託保証金代用証券の所有権は顧客にあり，金融商品取引業者は当該証券上に担保権を有するにすぎず，金融商品取引業者が倒産しても，顧客は取戻権を行使することができると解されている。

問題

1　問屋と類似の制度としての準問屋・運送取扱人，ならびに代理および信託との差異について簡単に述べなさい。
2　Aが，問屋Bに商品の買入れを委託し，Bがその商品の買入委託を実行した。しかし，取引の相手方であるCがその買入商品の引渡しをしなかったが，これについてBの責めに帰すべき事由はなかった。その結果，Aが損害を被った場合に，AはCに対して損害賠償を請求することができるか。
3　Aは，問屋Bに商品の買入れの委託をする際に，当該商品の買入価格を１個につき5,000円と指値をした。しかし，問屋Bがこれを5,500円と聞き違えて，１個5,500円で買い入れた。この場合の法律関係は，商法上どのように解決されるべきか。
4　Aは，F製造株式会社の株式5,000株の買入れをB証券株式会社に委託した。B証券会社は，Aの買入委託を実行したが，１ヶ月経っても買い入れたF会社株券をAに引き渡そうとしなかった。
　(1)　Aは，B証券会社に対して，F会社株券の所有権に基づく株券返還請求は認められるか。
　(2)　Aの債権者Cが，Aが株券の所有権者だとして，Aのために買い入れられたF会社株券を差し押さえることができるか。

第7章

運送営業・運送取扱営業

1 総説

(1) 運送営業の意義と運送の種類

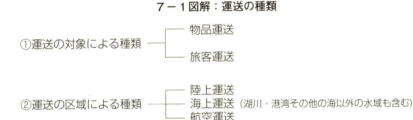
7－1図解：運送の種類

①運送の対象による種類 ─┬─ 物品運送
　　　　　　　　　　　　└─ 旅客運送

②運送の区域による種類 ─┬─ 陸上運送
　　　　　　　　　　　　├─ 海上運送（湖川・港湾その他の海以外の水域も含む）
　　　　　　　　　　　　└─ 航空運送

(イ) 運送営業の意義

　運送とは，物品または人（旅客）を一定の場所から他の場所へ移動させることをいう。このような運送に関する行為（事実行為）を業として引き受けることが，運送営業である（商502条4号）。

　物品または旅客の運送を引き受ける契約は，運送契約といわれる。財貨の転換を目的とする商取引において，遠く離れた生産地等から事業者・消費者にその目的物である商品を引き渡すまでには，その商品の場所的移動が必要になる。運送営業は，商品の取引における空間的・地理的障害を克服することによって，他の商人の営業活動を補助するものである[1]。

　運送営業は，沿革的には，陸上運送に先立って，まず，海上運送において発達し（海上貿易者の自船運送から，経済の進展にともない漸次専門の運送業として分業・独立の営業として一般化するに至った），海上運送に関する制度・規定はか

---

[1] 運送営業は，時間的な障害を克服する倉庫営業（商599条）とともに，商品の場所的移動や時間的保管に関わる活動である「物流」に関する代表的な補助商であって，高度に発達した経済生活における大量取引の円滑化に重要な役割を果たしている。

なり詳細なものとなっていたが，後に陸上運送に採用されるに至ったものが少なくない。従来，商法において航空運送に関する規律が設けられていなかったが，平成30年改正商法により，運送手段に共通の総則規定の中で，航空運送の定義が設けられている（商569条4号）。

(ロ) 運送の種類

運送の対象が物品であるか，人であるかにより，物品運送と旅客運送に分けられる。また，運送が行われる区域が陸上であるか，湖川港湾などの内水であるか，内水以外の海上であるか，あるいは空中であるかにより，陸上運送，内水運送，海上運送，空中運送（航空運送）に分類される。商法上，内水運送は，海上運送に含められる（商569条3号）[2]。

(2) 運送人

(イ) 運送人の意義

「運送人」とは，陸上運送，海上運送または航空運送の引受けをすることを業とする者をいう（商569条1号）。運送人は，運送に関する行為（商502条4号）を営業とする者として商人となる（商4条1項）[3]。

「運送の引受けをすること」と規定されていることから，運送契約を締結する者と実際に運送する者とが別である場合には，運送契約を締結する者が運送人となる。すなわち，運送人は，必ずしも自ら運送手段（トラック等）を運行して運送（実運送という）をすることを要せず，他人（下請運送人）を履行補助者として利用して実際の運送（利用運送という）を行わせてもよい（貨物利運2条1項6項参照）[4]。

---

[2] なお，運送用具・輸送手段により，自動車運送，鉄道運送，船舶運送，航空機運送などに分類されることがあるが，商法上，陸上運送については，運送用具などによる規整の区別はなされていない。

[3] したがって，たとえば百貨店がお客の買上品を配達する場合やホテルが自動車でお客の送迎をする場合のように，それ自体によって利益を得ることを目的とせず，他の営業に付随して行う者は，運送の引受けを営業とするものとはいえず，運送人にはならない。

[4] 利用運送人は，荷送人に対し自ら運送契約上の義務を負い，自らが収受する運送賃と実運送業者に対し支払う運送賃との差額を取得することを業とするものであるから，運送取扱人（商559条）とは異なる。なお，港湾運送では，下請の制限がなされ，引き受けた運送の全部を下請けさせることは認められていない（港湾運送16条）。

㈡　陸上運送・海上運送・航空運送
①　陸上運送　　陸上運送とは，陸上における物品または旅客の運送をいう（商569条2号）。「陸上」とは，地上のみならず，地中（たとえば地下鉄運送の場合）も含まれる。また，ロープウエーの場合のような地上近くの空間は，「陸上」に含めても問題はないと解される。
②　海上運送　　海上運送とは，商行為をする目的で航海の用に供する船舶（商684条）による物品または旅客の運送をいう（商569条3号）。「船舶」には，商行為をする目的で専ら湖川・港湾その他の海以外の水域[5]において航行の用に供する船舶（非航海船〔たとえば，遊覧船や，艀(はしけ)など〕）も含まれる（商569条3号括弧書・747条）。ただし，これらの船舶には，端舟(はしふね)その他「ろかい」のみをもって運転し，または主として「ろかい」のみをもって運転する舟が除かれる（商684条括弧書・747条括弧書）。
③　航空運送　　航空運送とは，航空機による物品または旅客の運送をいう（商569条4号）。「航空機」とは，人が乗って航空の用に供することができる飛行機，回転翼航空機，滑空機，飛行船その他政令で定める機器をいう（航空2条1項）。商法に航空運送の定義が設けられたことによって，航空運送事業を規制する航空法との整合性が図られることになる。

㈢　物品または旅客の運送
①　物品の運送　　「物品」とは，動産や有価証券のように，運送人が保管して，場所的に移動させることができる一切の物[6]をいい，取引の目的になりうるものに限らない[7]。物品運送の場合には，運送の性質上（商575条〔運送品の受取・引渡し・保管等に関する運送人の責任〕参照），運送の目的物である物品（運送品）が運送人の保管に属することが必要である[8]。

---

[5]　湖川・港湾の範囲は平水航路の区域（平水区域）によって定まり，平水区域とは，湖・川および港内の水域ならびに具体的に列挙された水域（たとえば「千葉県富津岬から神奈川県観音埼灯台まで引いた線及び陸岸により囲まれた水域」〔船舶安全規2条6項1号〕などの個別具体的な海岸線〔同項1号〜49号〕）をいう（船舶安全規2条6項）。
[6]　なお，生きた人間は物品運送の対象とはなりえないが，屍体の運送は物品運送である。
[7]　もっとも，信書の送達は，郵便事業株式会社の独占事業とされ，原則として，信書の運送を行うことができない（郵便4条）。ただし，総務大臣の許可を受けて，郵便事業株式会社以外の民間事業者が信書便事業を営むことができる（民間信書送達6条・29条）。
[8]　曳船契約は，曳船が被曳船を保管（曳船の船長の指揮）する場合には運送契約に入

② 旅客の運送　「旅客」とは，運送される一切の自然人をいい，必ずしも運送の委託者自身に限られず，親が未成年の子（たとえば親にともなわれた乳児・幼児）の運送を委託する場合にはその乳児・幼児も旅客である[9]。

(3) 運送に対する商法以外の法規整
(イ) 陸上運送

鉄道・軌道による運送については，特別法において詳細な規定が設けられており[10]，商法を適用する余地は少ない。したがって，それ以外の鉄道・軌道利用運送，自動車運送などの場合に，主として商法が適用されることになる。ただし，運送営業においては，普通取引約款の利用が普及しているため[11]，実際上，商法の規定が直接適用される場合は限られている。

もっとも，運送事業は公共性が強いため，行政的取締法規として多数の法令が制定され，事業の認可，約款の認可，運送拒絶の禁止（締約強制），運賃・料金の規制，新規参入・事業計画の規制などの行政的規制が行われることが多い[12]。

(ロ) 海上運送

商法典第3編海商の第3章海上物品運送に関する特則は，船積港と陸揚港がともに日本国内である内航船によるものについて適用される。これに対し，船積港と陸揚港の少なくとも一方が日本国外である外航船によるものについては，国際海上物品運送法（昭32法172号）が適用される。運送が多国間にまたがって行われる場合には，運送に関する法規整の国際的統一が不可欠であるので，多数の統一条約が締結されている[13]。なお，陸上運送の場合と同様に，行政的取

　　るが，被曳船の船長が被曳船を保管する場合には，この曳船契約は物品の場所的移動を引き受ける一種の請負契約であるか，あるいは雇用契約である。

9）　なお，旅客の持込手荷物（運送人が引渡しを受けない手荷物）は，託送手荷物（運送人が引渡しを受けた手荷物）とは異なり，旅客自身が保管するから，その運送は物品運送に入らない。

10）　鉄道営業法（明33法65号），同法に基づく鉄道運輸規程（昭17鉄道省令3号），軌道運輸規程（大12鉄道省令4号）など。

11）　たとえば，標準貨物自動車運送約款，標準宅配便運送約款，標準貨物自動車利用運送約款，一般乗合旅客自動車運送事業標準運送約款など。

12）　たとえば，鉄道事業法（昭61法92号），軌道法（大10法76号），道路運送法（昭26法183号），貨物利用運送事業法（平元法82号），貨物自動車運送事業法（平元法83号），など。

13）　上記の国際海上物品運送法は，1924年の「船荷証券に関するある規則の統一のための

締役法規が制定されている[14]。

(ハ) **航空運送**

　航空運送については，従来，行政的取締法規としての航空法（昭27法231号）のほかは，特別の私法法規が制定されていなかったが，改正商法が運送法総則規定を設けたことにより，航空運送にも適用の対象となっている（商569条4号参照）。もっとも，国際航空運送，すなわち，出発地および到達地が二つの締結国の領域にある航空運送，または出発地および到達地が単一の締結国の領域にあり，かつ，予定寄港地が他の国の領域にある航空運送については，国際条約が成立している[15]。また，航空運送約款が利用されている[16]。

(二) **複合運送**

　複合運送とは，二以上の異なる運送手段・方法（トラック・鉄道・船舶・航空機など）を組み合わせて出発地から目的地までの運送の全区間につき，1個の契約で運送人としての責任を負うものをいい，このような責任を引き受ける者は複合運送人と呼ばれる。

　複合運送は，従来の運送方法・手段ごとの運送と比べて，はるかに安全性・迅速性・経済性にすぐれていることから，現在では最も重要な運送形態になっているといわれる。そこで，商法の物品運送の規定が適用されることを前提とした上で，運送品の滅失等の原因が生じた区間の運送を担当した運送人について，その運送区間に適用される法令または条約に従って責任を負うことを規定している（商578条）[17]。

　　国際条約」（ハーグ・ルールズ）とその1968年改正議定書（ウィスビー・ルールズ）および1979年改正議定書を批准・国内法化したものである。なお，海上運送法（昭24法187号）に基づく標準運送約款や国際的な標準約款が利用されており，これらの運送約款が任意法規に優先して適用されることになる。

14) 海上運送法（昭24法187号）および内航海運業法（昭27法151号）参照。
15) 「国際航空運送についてのある規則の統一に関する国際条約」（ワルソー条約,1929年），ワルソー条約に代わる新条約として「国際航空運送についてのある規則の統一に関する国際条約」（モントリオール条約，1999年）が成立している。
16) 国内貨物航空運送約款，国内旅客航空運送約款，国際運送約款（旅客・手荷物），国際利用航空運送約款等）。
17) 実際には，複合運送約款が利用されている（たとえば国際複合一貫運送約款，外航〔複合輸送〕利用運用約款等）。複合運送は，一国内にとどまらず国際的な規模で展開されることも多いため，各国の国内法を調整することが必要となる。複合運送契約を規整する条約として，「物品の国際複合運送に関する国際条約」（1980年）が成立している。

2 物品運送契約

(1) 物品運送契約の意義

物品運送契約は，運送人が荷送人からある物品を受け取りこれを運送して荷受人に引き渡すことを約し，荷送人がその結果に対してその運送賃を支払うことを約することによって，その効力を生ずる（商570条）。

物品運送契約は，有償・諾成・不要式の契約である[18]。物品運送契約は，当事者の合意によって成立し，運送品の引渡しは契約が有効に成立するための要件ではない。また，後述の送り状（商571条）の交付は，運送契約の成立要件ではない。物品運送契約は，大量取引として定型化され，通常，普通取引約款（運送約款）による取引の方式がとられる[19]。

(2) 物品運送契約の当事者

物品運送契約の当事者は，運送を委託する「荷送人」と，運送を引き受ける「運送人」である。物品運送の取次ぎが行われる場合には，運送取扱人（商559条）が運送契約上の荷送人となり，運送の取次ぎを委託した運送品発送人（運送品の所有者等〔荷送人ではない〕）の計算で，運送人との間で物品運送契約を締結する。

これ以外に運送契約の関係者として，運送の目的地で運送品の引渡しを受ける者としての「荷受人」は，運送契約の当事者ではないが（荷送人と荷受人が同一人であってもよい），運送の進行に従って，運送人に対し一定の権利を有し義務を負うことになる（商581条）。

---

[18] 物品運送契約は，運送という仕事の完成を目的とするものであるから，請負契約（民632条）に属する。しかし，商法の規定は相当に自足的であり，民法の請負の規定を適用する余地はほとんどない。

[19] とくに消費者を保護するために，鉄道・軌道・自動車による運送事業および港湾運送事業では，運賃・料金・運送約款等の運送条件の公示義務が課せられ（道運12条，鉄営3条，軌運程3条，貨物自運11条，港湾運送12条）また，運送の引受けを拒絶できないものとされている（締約強制）（道運13条，鉄営6条，軌運程5条）。

7−2図解：物品運送契約

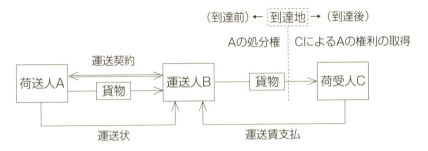

3 運送人の権利

(1) 運送品引渡請求権

　運送人は，運送契約上の債務を履行するために，荷送人に対し，運送品の引渡しを請求することができる。荷送人は，運送に適する状態[20]にした運送品を引き渡さなければならない。

　荷送人が遅滞なく運送品の引渡しをしない場合には，運送人は運送契約上の荷送人の債務の不履行による損害賠償を請求でき，また，荷送人はいつでも損害を賠償して契約を解除することができる（民641条）。

(2) 送り状の交付請求権

　運送人は，運送契約の成立後，荷送人に対して「送り状」の交付を請求することができる（商571条1項）。

　送り状には，①運送品の種類，②運送品の容積もしくは重量または包もしくは個品の数および運送品の記号，③荷造りの種類，④荷送人および荷受人の氏名または名称，⑤発送地および到達地を，記載しなければならない（商571条1項1号〜5号）[21]。

---

[20] 運送品の性質，種類，重量，容積，運送距離等に応じた荷造りをする。鉄道運輸規程26条，標準貨物自動車運送約款11条参照。

[21] 上記以外の事項として，たとえば運賃・料金の支払に関する事項，荷送人・荷受人の住所・電話番号，高価品の種類・価格など（標準貨物自動車運送約款8条で記載事項とされる）も，記載することができる。なお，法定記載事項の一部を欠いても，運送状

もっとも，荷送人は，送り状の交付に代えて，法務省令で定めるところにより，運送人の承諾を得て，送り状に記載すべき事項を電磁的方法により提供することができ，この場合において，当該荷送人は，送り状を交付したものとみなされる（商571条2項）。なお，この電磁的方法により提供が認められることを考慮して，送り状には荷送人の署名は商法上要求されていない。

また，送り状は，契約書でもなければ，有価証券でもなく，たんなる証拠証券にすぎないものである。これにより，運送人自身が運送品等に関する情報を得ることができるとともに，荷受人も，目的地に送られてきた送り状と運送品とを照合して，確実に着いたことや自己の負担する運送賃等の支払義務の範囲（商581条3項）を知ることができる[22]。なお，荷送人の故意または過失によって送り状に不実または不正確な記載がなされ，そのために運送人が損害を被った場合には，荷送人はその損害の賠償をしなければならないものと解される[23]。

(3) 運送賃請求権・費用請求権

運送人は，到達地における運送品の引渡しと同時に，運送賃を請求することができる（商573条1項）[24]。実際には前払いの特約がなされることが多い[25]。運賃・料金については，国土交通大臣の認可を必要とされる場合があり[26]，運賃・料金などの営業所等における公告・掲示義務が課されている[27]。運送品の引渡しについては，運送品を現実に引き渡すことを要せず，運送品の引渡しをなしうべき状態が整い，引渡しの提供がなされたことで足りる。

運送の途中で，運送品が不可抗力[28]によって滅失し，または損傷したときは，

としての効力（証拠証券としての効力）は認められる。

[22] また，数人の運送人が一通の送り状（通し送り状）によって相次いで運送を引き受ける場合（相次運送）には，送り状の記載は後の運送人の責任の内容を決定する標準となる。

[23] 標準貨物自動車運送約款43条2項および鉄道運輸規程51条は，荷送人の運送状の記載に関する責任を規定する。

[24] 運送契約は請負契約であり，運送という仕事を完了したときに運送賃を請求できることから，後払いが原則である（民633条）。

[25] 標準貨物自動車運送約款33条。鉄道運送の場合には，運送賃を前払いすべきものとされている（鉄運程54条）。

[26] 道運9条，鉄事16条，軌道11条1項。港湾運送9条では届出義務。

[27] 道運12条，鉄営3条，貨物自運11条，港湾運送12条。

[28] 上記の不可抗力とは，外部から発生した事故で通常必要と認められる予防方法を尽

運送人は運送賃を請求できず，この場合において，運送人が既にその運送賃を受け取っていたときは，これを返還しなければならない（商573条2項）。ただし，運送品がその性質もしくは瑕疵または荷送人の過失によって消滅し，または損傷したときは，運送人は，運送賃の全額を請求できる（商573条3項）。

また，運送人は，運送賃以外に，通関手続費用・倉敷料・保険料・荷造費用などの運送に関し必要な費用を立て替え支出したときは，当然にその償還を請求することができる（商574条）。運送賃や費用の支払義務者は荷送人であるが，荷受人が運送品を受け取ったときは，運送人は，荷受人にも運送賃等を請求できる（商581条3項〔不真正連帯債務〕）。

なお，荷送人が運送の中止，荷受人の変更その他の処分を請求した場合において，運送人は，既にした運送の割合に応じた運送賃（割合運送賃），付随の費用，立替金等の弁済を請求することができる（商580条）。

(4) 留置権・先取特権
(イ) 留置権

運送人は，運送品に関して受け取るべき運送賃，付随の費用および立替金（運送賃等）についてのみ，その運送品を留置することができる（商574条）。

この留置権は，留置物と被担保債権との間に牽連関係が必要であるが[29]，留置物が債務者の所有物であることを要しない[30]。また，被担保債権が留置物と牽連関係のあるすべての債権ではなくて一定の債権に限定[31]されている[32]。このように運送人の留置権について上記の牽連関係の要求および被担保債権の範囲の限定をした趣旨は，荷送人・運送人間の運送契約以外の法律関係に基づいて留置権の対抗を受けることによって荷受人が不測の損害を被ることを防止す

くしてもその発生を防止することができないものとする見解（商法596条1項の規定する不可抗力のような固有の不可抗力〔大判明43・11・25民録16輯807頁〕），事変，すなわち，当事者の責めに帰すべからざる事由とする見解もあるが，商法573条3項所定の事由以外の事由と解する見解が多数説である。

[29] この点で，商人間の留置権（商521条），問屋・代理商の留置権（商557条・31条，会社20条）とは異なる。
[30] この点で，商人間の留置権（商521条）と異なり，民法上の留置権（民295条）と同様である。
[31] 荷送人の運送品引渡義務・運送状交付義務の不履行等による運送人の損害賠償請求権は留置権の対象とはならない。
[32] この点で，商人間の留置権のみならず民法上の留置権とも異なっている。

るために配慮したものであるとされる[33]。

　運送人は，運送品について，上記の留置権のほかに，商人間の留置権（商521条）や民法上の留置権（民295条）も，その適用要件に該当すれば行使できると解されている[34]。

(ロ)　先取特権

　運送人は，運送賃および付随する費用について，自己の手中にある運送品の上に，運輸の先取特権を有する（民311条3号・318条）[35]。

(5)　運送品の供託権・競売権

　運送人が，迅速に運送品の引渡しを完了し，運送品の保管義務を免れ，かつ，運送賃請求権を確保することができるようにするために，次のような供託権・競売権が認められている。

(イ)　供託権

　運送人は，荷受人を確知することができない場合，または荷受人が運送品の受取を拒み，またはこれを受け取ることができない場合に，運送品を供託して（供託法による），その責め（運送品引渡義務）を免れることができる（商582条1項・583条）。運送人が供託したときは，遅滞なく，荷受人を確知することができない場合は荷送人に対して（商582条5項），荷受人が運送品の受取を拒み，またはこれを受け取ることができない場合は荷送人および荷受人に対して（商583条），その通知を発することを要する[36]。

---

[33]　さらに，その効果の面では，運送人の留置権も，商法上の留置権として，破産の場合に特別の先取特権とみなされて別除権が認められ（破2条9項・66条1項），また，会社更生の場合において更生担保権（会社更生2条10項）とされる点で，民法上の留置権とは異なっている。

[34]　東京高判昭58・9・27判タ515号154頁（運送人については，運送人の留置権のほか，商人間の留置権もまた別段の意思表示のない限り併存すると解されると判示）。標準貨物自動車運送約款20条2項は，商人である荷送人が，その営業のために締結した運送契約について，運賃，料金等を所定期日までに支払わなかったときは，運送人は，その支払を受けなければ，当該荷送人との運送契約によって運送人が占有する荷送人所有の貨物の引渡しをしないことがあるものと定めている。これに対し，荷受人の不測の損害を防止するという前記の趣旨から，少なくとも荷送人と荷受人とが別人である場合には，商人間の留置権や民法上の留置権の行使を認めるべきではないと解する見解がある。

[35]　この運輸の先取特権にも破産の場合には別除権が認められ（破65条2項），会社更生の場合には更生担保権（会社更生2条10項）とされる。

[36]　なお，鉄道営業法では，運送人（鉄道）は，その責めに帰すべからざる事由により貨物の引渡しができないときや，貨物の引取期間内にその引取りがない場合に，貨主の

㈡　競売権

　運送人は，供託の後，①荷受人を確知することができない場合は，荷送人に対し相当の期間を定め運送品の処分について指図をすべき旨を催告したにもかかわらず（受取の催告は不要である），荷送人がその指図をしないとき（商582条2項），または②荷受人が運送品の受取を拒み，またはこれを受け取ることができない場合は，運送人が，荷受人に対し相当の期間を定めて運送品の受取を催告し，かつ，その期間の経過後に荷送人に対し相当の期間を定めて運送品の処分につき指図をすべき旨を催告をしたにもかかわらず，荷送人がその指図をしないときは（商583条），その運送品を競売に付することができる。また，③運送品が損傷その他の事由による価格の低下のおそれがある物であるときは，荷受人・荷送人への催告をしないで競売に付することができる（商582条3項・583条）。運送人は，競売に付したときは，荷受人を確知することができない場合は荷送人に（商582条5項），荷受人が運送品の受取を拒み，またはこれを受け取ることができない場合は荷送人および荷受人に（商583条），遅滞なく，その旨の通知を発することを要する。競売の代価は供託することを要するが，その代価の全部または一部を運送賃等に充当することを妨げない（商582条4項・583条）[37]。

(6)　運送人の債権の短期消滅時効

　運送人の荷送人または荷受人に対する債権（運送賃・費用償還請求権等）は，これを行使することができる時から1年の短期消滅時効にかかる（商586条）。

　　　費用で貨物を倉庫営業者に寄託することができると規定される（鉄営13条ノ3第1項5項）。また，貨物自動車運送約款では，運送人は，荷受人を確知することができないとき，貨物の引渡しについて争いがあるとき，または荷受人が貨物の受取の懈怠・拒否またはその他の理由により受け取ることができない場合には，荷受人の費用でその貨物を倉庫営業者に寄託することができる旨が定められている（標準貨物自動車運送約款23条）。

[37]　なお，鉄道営業法では，荷受人・荷送人を確知することができない運送品については，国土交通大臣の定めるところにより公告をした後6ヶ月内にその権利者を知ることができない場合には，運送人（鉄道）がその所有権を取得すると規定される（鉄営13条ノ2）。貨物自動車運送約款では，運送人は，引渡不能の貨物の場合において，その貨物が腐敗または変質しやすいものであって，競売手続をとるいとまがないときは，その手続によらず，公正な第三者を立ち会わせて貨物を売却（任意売却）することができる旨が定められている（標準貨物自動車運送約款26条）。

4 運送人の義務

(1) 運送人の一般的義務

運送人は，運送契約に基づいて，善良な管理者の注意をもって，運送品を受け取り，その運送品を目的地（到達地）まで運送して荷受人に引き渡す義務（運送義務）を負う。また，運送の性質上，運送品の受取り後その引渡しの時まで，善良な管理者の注意をもって（民400条参照），運送品を保管すべき義務（保管義務）を負う。このような義務に違反すれば，運送人は損害賠償責任を負う。

運送人の義務は，本来，運送契約の相手方である荷送人に対して負うものであるが，運送品が到達地に到着し，または，運送品の全部が滅失したときは，荷受人に対する義務にもなる（商581条1項）。

さらに，商法は，運送人の義務について，次のような特則を設けている。

(2) 運送品の処分の指図に従う義務

荷送人は，運送人に対し，運送の中止，荷受人の変更その他の処分を請求することができる（商580条1項前段）。この権利を運送品処分権（あるいは指図権）という[38]。運送人は，この指図に従わなければならない（運送人の処分義務という）。これは，市場の状況や買主の信用状態の変化など対処して運送品の売買契約の解除などをするような場合に，当該運送品の運送の中止その他の適当な処分をさせるために認められたものである。

運送人の処分義務は，あくまでも運送契約を前提とする付随的義務であるから，運送人の義務を不当に拡大・加重することは認められない。したがって，「その他処分」とは，運送人の負担を加重にしない範囲内での荷受人・運送経路の変更など運送に関する処分をいい[39]，運送品の売却・質入れなどの処分は

---

[38] なお，荷送人の運送品処分権は，運送品が到達地に到着し，または運送品の全部が滅失したときは，荷受人は，物品運送契約によって生じた荷送人の権利と同一の権利を取得することになるから，荷受人がその処分権を有することになる（商581条1項）。また，運送契約上の権利・義務が化体した有価証券（たとえば海上運送の場合の船荷証券などの運送証券）が発行されている場合は，その有価証券の所持人が運送品処分権を有することになる。

[39] わき道への運送，到達地の延長などの変更は新たな契約の締結が必要になる。また，運送品の返還の場合も，運送品の現在地での引渡しを意味し，運送品の発送地への返送

含まれない。この義務に基づいて処分を行った場合，運送人は，既に行った運送の割合に応じた運送賃（割合運送賃），付随の費用・立替金およびその処分によって生じた費用の弁済を請求することができる（商580条後段）。

なお，運送契約上の法律関係は荷送人と荷受人との間の法律関係とは別個のものであるから，たとえ運送品の返還が荷送人にとって荷受人に対する債務不履行を構成するものであっても，運送人はその指図に従わなければならない。

5　荷送人・荷受人の権利・義務

(1) 危険物に関する通知義務

荷送人は，運送品が引火性，爆発性その他の危険性を有するものであるときは，その引渡しの前に，運送人に対し，その旨および当該運送品の品名，性質その他の当該運送品の安全な運送に必要な情報を通知しなければならない（商572条。国際海運11条参照）。

荷送人は，危険物に関する通知義務に違反した場合，運送人に対して損害賠償責任を負うこととなるが，その責任は過失責任と考えられている。なお，運送人が危険物であることを知っていた場合にも，荷送人の通知義務は免除されず，損害賠償の際に過失相殺が認められるものと考えられる。

(2) 荷送人・荷受人の権利義務

荷受人とは，到達地において運送人から運送品の引渡しを受けるべき者をいう[40]。荷受人は，運送契約の当事者ではないが，運送の進行に応じて，運送人との関係で，次のような運送契約上の権利を有し義務を負うことになる[41]。

を意味するものではない。返送を求める場合には，新たな契約の締結が必要になる。
40) なお，運送契約上の権利・義務が化体した有価証券（たとえば海上運送の場合の船荷証券などの運送証券）が発行されている場合は，運送契約上の権利・義務はその有価証券に表章されることになり，それを所持する者は，運送契約上の一切の権利・義務を有することになる。したがって，荷送人および荷受人の地位はすべて証券所持人に吸収されるから，荷受人の地位が別個に問題になることはない。
41) 荷受人の地位の法律構成について法理論上の問題ではあるが，運送の進行にともない運送人に対して権利を取得し，遂には義務をも負担するに至る荷受人の地位の法律構成について，従来，①荷受人の権利の取得が運送契約における当事者の意思表示の効力に基づくことを強調して，第三者のための契約（民537条）であるとする見解が比較的多かったが，近時は，②空間的な障害の克服を目的とする運送契約においては，発送地

(イ) 到達地に到達する前

運送品が到達地に到達する前は，荷送人のみが運送契約上の一切の権利・義務を有し，荷受人は，まだ運送人に対して何らの権利・義務を有しない。したがって，この段階では，荷送人は自由に運送の中止等の請求をすることができ（商580条），運送品の滅失等に基づく損害賠償請求権も荷送人のみに帰属することになる。

(ロ) 到達地に到達後に引渡し・損害賠償の請求をしていない場合

①運送品が到達地に到達し，または②運送品の全部が滅失したときは，荷受人は，物品運送契約によって生じた荷送人の権利と同一の権利を取得する（商581条1項）[42]。したがって，荷受人は自己の名において運送品の引渡しを請求し，その他必要な指図をなし（商580条1項前段参照），運送品の滅失等について損害賠償を請求することもできる（商575条）。

ただし，荷受人が運送品の引渡しまたはその損害賠償の請求を行っていない段階においては，依然として，荷送人は，その権利を行使することができるのであるから（商581条2項の反対解釈），荷送人の権利が荷受人に移転するというわけではなく，荷送人の権利と同一内容の権利を荷受人もまた取得するという意味で，両者の権利が併存するものと解される（通説）[43]。なお，荷受人は荷送人と同一内容の権利を取得するにすぎないのであるから，運送人は，荷送人に対する運送契約上の一切の抗弁を荷受人に対抗することができる。

(ハ) 到達地に到達後に引渡し・損害賠償の請求をした場合

運送品が到達地に到達し，または運送品の全部が滅失した場合に，荷受人が運送品の引渡しまたは損害賠償の請求をしたときは，荷送人は，その権利を行使することができない（商581条2項）。

もっとも，この時点でも，荷受人が運送品の受取を拒み，またはこれを受け取ることができない場合には運送人は荷送人に指図を求めなければならないこと（商583条・582条2項），また荷受人がその権利を放棄した場合には，荷送人

から離れた到達地で運送品を受け取る荷送人の身代わり的な者が要求されるという運送関係の特殊性から，直接法律の規定によって認められたものとする見解が有力である。

[42] 上記②の「運送品の全部が滅失したとき」については，運送品が到達地に到達していなくても，荷受人は，荷送人から運送人に対する損害賠償請求権を譲り受けることを要せず，運送人に対して当然に損害賠償をできるようにする趣旨である。

[43] この段階では，荷送人の運送品処分権のほうが優先し，荷送人が運送品の返還を指図すれば，荷受人は運送品の引渡しを請求できなくなるものと解されている。

が当然に運送契約上の権利を行使することになることから考えれば，荷受人の権利が優先するにすぎないと解される。

(二) **運送品を受け取った場合**

荷受人が運送品を受け取ったときは，荷受人は，運送人に対し運送賃等を支払う義務を負う（商581条3項）[44]。運送品を受け取ったときとは，荷受人が運送品として確定的に受け取ったことを要するが，直接占有を取得する必要はなく，占有改定（民183条）により運送人に引き続きその運送品を保管させても，受取があったものと解されている。

なお，荷受人が上記の支払義務を負担しても，これにより荷送人の支払義務は消滅せず，運送賃等の支払について，荷送人と荷受人は不真正連帯債務者の関係に立つものと解される。両債務は，いずれも1年の時効によって消滅する（商586条）。

6 運送人の責任

(1) **総　説**

運送人は，運送契約上の義務に違反したとき，民法の一般原則に基づき債務不履行による損害賠償責任（民415条）を負うべきものである。この点について，商法は，運送営業の特殊性に配慮して，次に述べるように，特別規定を設けているが，特別規定以外に規定のない事項については，民法の一般原則[45]が適用されることになる。なお，商法の特別規定も任意規定であるから，特約によって排除することを妨げるものではない（後述の免責約款(5)参照）。

運送人に対する損害賠償請求権者は，運送契約上の権利・義務が化体した有価証券（運送証券）が発行されていない限り，荷送人であるが，運送品が到達地に到達した後には荷受人が荷送人と同一の権利を取得する。

(2) **責任原因**

運送人は，運送品の受取から引渡しまでの間にその運送品が滅失し，もしく

---

[44] その支払は，運送品の引渡しと交換的になされるべきものと解されている。
[45] たとえば，荷送人の過失がある場合の過失相殺（民418条），損害賠償による代位（民422条）など。

は損傷し，もしくはその滅失もしくは損傷の原因が生じ，または運送品が延着したときは，これによって生じた損害を賠償する責任を負う（商575条本文）。ただし，運送人がその運送品の受取・運送・保管および引渡しについて注意を怠らなかったことを証明したときは，その責任を負わない（商575条但書）。

(イ) 責任の性質

　商法575条の規定は，沿革的には，運送品の滅失・毀損について不可抗力によるものであったことを証明するのでなければ損害賠償の責めを免れることができないとされていたローマ法上のレセプツム（receptum）責任に由来し，これを緩和する意味で，わが国の商法は運送人の責任について過失責任主義を採用した。もっとも，無過失の証明責任を運送人に負わせている点（立証責任の転換）において，運送人の責任を厳格化するために，債務不履行に関する民法の一般原則の例外を定めた特別規定であると理解されていた[46]。

(ロ) 運送品の滅失・損傷もしくは滅失・損傷の原因または延着

　本条は，①運送中の運送品の滅失もしくは損傷，②運送中にその滅失もしくは損傷の原因が生じたこと，または③運送品の延着を，荷送人が証明すれば，運送人がその運送品の受取・運送・保管および引渡しについて注意を怠らなかったことを証明できない限り，運送人は損害賠償責任を負うことを規定する。とくに上記②は，荷送人が運送中にその滅失もしくは損傷の「原因」が生じたことを証明した場合でも，運送品の取扱いについて注意を怠らなかったことを証明できない限り，運送人が責任を負うことを明らかにしている。

　運送品の「滅失」とは，物理的な滅失にとどまらず，盗難・遺失・没収・無権利者への引渡しや第三者による善意取得などにより，運送品の引渡しが不可能となった一切の場合をいう[47]。運送人が法律上運送品を取り戻すことが可能であっても，事実上取戻しが困難であって，その引渡しに著しく長期間を要する場合もまた，滅失に含まれるものと解されている。「損傷」とは，価格の減少を生じさせる物質的損敗を意味する。また，「延着」とは，約定の日時また

---

[46] 大判大2・11・15民録19輯956頁。かつての通説。しかしながら，現在では，民法の一般原則として，債務不履行について債務者の側に無過失の立証責任があることが一般に認められているから，商法575条は民法の一般原則を運送人について具体的に明確化したもの（たんなる注意的規定）と解するのが一般的であるといってよい。

[47] 最判昭35・3・17民集14巻3号451頁参照。なお，鉄道営業法は，鉄道が引渡期間満了後1ヶ月を経過するも運送品の引渡しをしない場合には，貨主は滅失による損害賠償を請求できる旨の規定をする（鉄営13条1項）。

は通常到着すべき日時までに到着しないことをいう。

(ハ) 履行補助者の故意・過失

運送人と雇用関係にある者（被用者）で運送業務に従事する者（使用人）などの履行補助者の故意・過失によって運送品に事故が生じた場合には、運送人は、履行補助者の選任・監督について無過失であっても、損害賠償責任を負わなければならず（債務不履行責任について履行補助者の過失は運送人の過失と同視される）、この責任を免れるためには履行補助者の過失によって生じたものでないことを立証することを要する[48]。

(3) 損害賠償額

(イ) 日本通運事件（最判昭53・4・20民集32巻3号670頁）

Xは、運送業を営むY株式会社に、Y会社の岡山支店に保管されていた本件物件を、福岡市所在の訴外A株式会社宛に運送するよう委託した。しかし、Y会社が誤って本件物件を同市所在の訴外B株式会社宛に配送し、同会社からその返還を受けることができなかったため、Y会社の本件物件を荷受人に引き渡すべき運送契約上の債務は、履行不能に帰した。Y会社は、Xに対し本件物件の価格として同人が寄託申込書に記載した価格すなわち金168万円をその価格と認め、その金額を損害保証金としてXに交付した。ところが、Xは、本件物件の転売利益等240万96円の損害の賠償を求めて訴えを提起した。これに対して、Y会社は、Xに対して不当利得返還請求として過払金51万3,428円の支払を求めて反訴を提起した。

第1審はXの請求の一部を認容し、Y会社の反訴を棄却した。Y会社・B会社間の別訴において、本件物件がB会社の所有に属すると判断した判決が確定したので、Y会社は、Xには損害はないとして、第2審において反訴請求を168万円に拡張した。第2審が、本訴について第1審を取り消し、Xの請求を棄却し、反訴についても、Y会社の請求を棄却したので、X・Y会社ともに上告した。最高裁は、次のように判示して、原判決を破棄し、原審へ差し戻した。

「右事実関係に照らせば、右債務不履行は、特段の事情のないかぎりY会社

---

[48] 大判昭5・9・13新聞3182号14頁。なお、平成30年商法改正前では、運送人は、自己の故意・過失のみならず、運送取扱人またはその使用人その他運送のために使用した者の故意・過失についても責任を負う旨の規定をしていた（改正前商577条）。

の係員の重大な過失に基づくものと推認すべきである。ところが，原審はなんらそのような特段の事情を認定することなく右重大な過失のあったことを否定しているのであって，右は審理不尽，理由不備の違法を犯したものというべきである。」，「おもうに，右580条1項（改正法576条1項）が運送品の価格による損害賠償責任を定めている趣旨は，運送品の全部滅失により荷送人又は荷受人に損害が生じた場合，これによる運送人の損害賠償責任を一定限度にとどめて大量の物品の運送にあたる運送人を保護し，あわせて賠償すべき損害の範囲を画一化してこれに関する紛争を防止するところにあるものと解される。したがって，実際に生じた損害が右条項所定の運送品の価格を下回る場合にも，原則として運送人は右価格相当の損害賠償責任を負うのであって，運送人に悪意又は重過失がありその損害賠償責任について同法581条（改正法576条3項）が適用される場合にも，その責任が右価格より軽減されることがないのは，もちろんである。しかしながら，前記のような立法趣旨からして，右580条1項は，運送品が全部滅失したにもかかわらず荷送人又は荷受人に全く損害が生じない場合についてまで運送人に損害賠償責任を負わせるものではなく，このような場合には，運送人はなんら損害賠償責任を負わないものと解するのが相当である。

ところで，本件において，仮にY会社の前記主張のとおり本件物件がXの所有ではなく，たまたま右物件の配送を受けたBの所有であるとすれば，Xに損害が発生したか否かを判断するためには，更に具体的事実関係を審究することを要するものというべきである。この点について審理することなく漫然Y会社に商法580条1項の定めるところによる損害賠償義務があるものと認めた原判決は，法の解釈適用を誤ったものというべく，右違法は判決に影響を及ぼすことが明らかである。」

(ロ) 賠償額の定型化

運送品の滅失および損傷による損害賠償責任については，大量の運送をできる限り低廉な運送賃で迅速に運送すべき運送業の性質に鑑み，商法は賠償額を定型化している[49]。すなわち，特別な事情による損害（たとえば転売による期待

---

[49] 沿革的にはレセプツム責任（結果責任主義）の代償であったが，過失責任主義を採用した商法においては，定型化の理由は上記のような運送業の性質に存するものと解されている。

利益など〔民416条2項参照〕）について特約のない限りたとえ予見可能であってもこれを考慮せず，運送品の引渡しがされるべき地および時における運送品の市場価格を基準として一律に算定して（商576条），運送人を保護し，あわせて画一的処理を可能にするための賠償額の定型化により紛争の防止を図っている[50]。

(ハ) 引渡しがされるべき地および時における運送品の市場価格

運送品の全部滅失のみならず，運送品の一部滅失・損傷の場合における損害賠償の額は，その引渡しがされるべき地および時における運送品の市場価格（取引所の相場がある物品については，その相場）によって定められる（商576条1項）。ただし，市場価格がないときは，その地および時における同種類で同一の品質の物品の正常な価格によって定められる（商576条1項但書）。「引き渡されるべき」時とは，普通の経過において運送品が到着地に到着し，荷受人に交付することができたであろう時期である。

運送品の一部滅失または損傷があり，かつ延着した場合も，損害賠償の額は，引渡しがされるべき地および時における運送品の市場価格により定められることになる。これに対し，一部滅失も損傷もなくただ延着したにすぎない場合において，その延着自体により生じた損害は，商法576条は適用されず，債務不履行による損害賠償の一般原則による[51]。

(ニ) 運送賃等の控除

運送品の滅失または損傷のために支払うことを要しなくなった運送賃その他の費用については，その金額が上記(ハ)の賠償額から控除される（商576条2項）。これは，到達地における価格は通常これらの費用が含んだものとして形成されていると考えられるので，それらの支払を要しなくなったときにも到達地での価額で算定した賠償額全額の支払によって，賠償請求権者がかえって支払を要しなかった費用分だけ利得する結果となることを防ぐためである。

(ホ) 定型化された抽象的損害

運送人が賠償すべき損害は，定型化された抽象的損害であって，実際に生じた損害（実損害）が法定額を超えていても特約がなければ実損害を賠償する

---

50) 運送取扱人および倉庫営業者については，損害賠償額の定型化に関する特別規定はない。
51) 運送人は，一切の損害賠償をしなければならない（通説）。

ことを要せず，また，実損害が法定された上記の額に達しない場合であっても，損害賠償額が減額されることはなく法定額の賠償を要する（通説）。

　もっとも，運送品の滅失または毀損であっても損害が全く発生していない場合には，運送人は損害賠償責任を負わない[52]。商法576条は損害賠償額を画一的に法定するものにすぎず，運送人の責任要件に関する規定ではなく，この責任要件は商法575条によって定まるからである。

(ヘ)　**運送人の故意・重過失がある場合**

　運送品が運送人の故意または重大なる過失によって滅失または損傷が生じたときは，前記の法定額賠償の原則は適用されず，運送人は相当因果関係のある一切の損害[53]を賠償しなければならない（商576条3項）。

　この規定の趣旨は，法定額の賠償は運送業の特殊性ゆえに運送人を保護するためのものであって，運送人の故意・重過失の場合にはこの者を保護する必要がないからである。運送人の履行補助者に故意・重過失がある場合も同様に解され，運送人・履行補助者の故意・重過失についての立証責任は，請求権者の側にある[54]。

　重過失とは，ほとんど故意に近似する注意欠如の状態であると解するのが従来の通説・判例[55]である。また，運送人の重過失を推認した裁判例もある[56]。

(ト)　**鉄道等による物品運送の場合**

　鉄道・軌道による物品運送について特別法の規定[57]があり，自動車による

---

52)　最判昭53・4・20民集32巻3号670頁（前掲日本通運事件）。
53)　民法の一般原則（民416条）に基づき特別の事情により生じた損害も含まれる。
54)　大判大8・3・21民録25輯486頁。
55)　大判大2・12・20民録19輯1036頁。なお，この判例のとる重過失の意味の他に，行為者が負う注意義務の程度を著しく欠く場合を重過失ということもある（東京高判昭54・9・25判時944号106頁〔著しく注意を欠如したことを重大な過失と判示した［上告審の最判昭55・3・25判時967号61頁は原審の認定判断を正当として是認］〕参照）。
56)　最判昭53・4・20民集32巻3号670頁（前掲日本通運事件），東京地判平元・4・20判時1337号129頁（運送人の支配下での事故である場合において，品物の滅失の原因について運送人側が立証に協力してくれなければ，運送依頼人は全く救済される余地がなくなってしまうことは妥当性を欠くと判示）等。
57)　鉄道等による物品運送の場合，たとえば，鉄道・軌道（以下では鉄道等という）による物品運送の荷送人は，一定の表示料（鉄運程30条）を支払って損害賠償を要する額（要償額）を運送状または要償額申告書に表示することができる（鉄営11条1項，鉄運程29条1項，軌運程16条）。要償額の表示がある運送品の滅失または毀損について，鉄道等は表示額を限度として一切の損害を賠償しなければならない（鉄営11条ノ2第1項柱書前段，軌運程16条）。鉄道等は，実損害が表示額に達しないことを証明しない限り，

物品運送について自動車運送約款[58]がある。

(4) 高価品に関する特則
(イ) 意　義
　　貨幣・有価証券その他の高価品については，荷送人が運送を委託するにあたり，その種類および価額を通知した場合を除き，運送人は，その滅失・損傷または延着について損害賠償の責任を負わないものとされている（商577条1項）。
　　高価品について事前の明告を要求している理由は，一般に高価品は盗難等による損害発生の危険が高く，損害も巨額にのぼること，高価品であると知れば，運送人も特別の注意を払って，それに相応する割増運送賃を請求しうるはずのものであり，明告がなくて普通品と同一の取扱いをした結果，滅失・毀損を生じた場合にもなお運送人に高額の損害賠償責任を負わせるのは苛酷であると考えられるからである[59]。

(ロ) 高価品
　　高価品とは，重量および容積に比して著しく高価な物品をいう[60]。たとえば，貨幣・各種の有価証券のほか，貴金属，宝石，高級美術品，骨董品などがあげられるが，具体的にはその時代における社会的評価によるほかはなく，その評価は時代的変遷の影響を免れることができない。近時の裁判例では，文書入力したフロッピーディスクが高価品とされているが[61]，パスポートは，各人にとっては貴重品であるが，それ自体として交換価値があるものではなく，高価

　　表示額の支払を免れることができない（鉄営11条ノ2第1項柱書後段，軌運程16条）。要償額の表示がある運送品の延着の場合には，①請求者が損害額を証明した場合には，表示額を限度としてその一切の損害を，②損害額を証明しない場合には，運賃額およびその集配のために受ける額を合算した額を限度として，延着の期間1日までごとに上記合算額の100分の10を支払わなければならない（鉄営12条3項，鉄運程74条1項3項，軌運程16条）。

58)　自動車による物品運送については，標準貨物自動車運送約款は，滅失・毀損について商法の規定（商576条）と同様の定めをする（本約款47条1項〜3項・48条）。なお，貨物の到達地の価額または損害額について争いがあるときは，公平な第三者の鑑定または評価によりその額を決定するものとし（本約款47条4項），また，延着した場合の損害賠償の額は，運送人に悪意または重大な過失がある場合を除いて，運賃・料金等の総額を限度とする旨の定めがある（本約款47条5項・48条）。

59)　大判大15・2・23民集5巻104頁。

60)　最判昭45・4・21判時593号87頁（容積重量ともに相当巨大であって，その高価であることも一見明瞭な品種（研磨機）は高価品にはあたらないと判示）。

61)　神戸地判平2・7・24判時1381号81頁。

品には該当しないとされる[62]。

なお、鉄道・軌道による運送の場合には、鉄道運輸規程が高価品の種類を具体的に列挙[63]するほか、容器荷造を加えて1キログラムの価格4万円の割合を超える物（動物を除く）を高価品としている（鉄運程28条1項3号、軌運程16条）。自動車運送の場合にも、上記と同様の高価品の種類を具体的に列挙（標準貨物自動車運送約款9条1項1号2号）するほか、容器および荷造りを加え1キログラム当たりの価格が2万円を超える貨物（動物を除く）を高価品とする（本約款9条1項3号）。

(ハ) 通知の時期・事項

高価品の通知は、契約申込みの際に、または遅くとも契約成立の時までになすことを要すると解されている[64]。通知すべき事項は、高価品の種類および価額である。種類は、高価品にあたるかどうかを識別できる程度であることを要する。種類の通知により価額を知りうるときは、必ずしも価額の通知を要しない。時期を失した通知の場合には、運送人が高価品として運送する旨の明示または黙示の承諾をなさない限り、通知としての効力を有しない。

なお、鉄道・軌道による運送の場合には、荷送人は、貨物を託送する際に、高価品についてその価額を明告するときはその金額の記載を含む（鉄運程50条2項6号）、一定の事項を記載した運送状を提出することを要する（鉄運程50条1項、軌運程16条）。また、鉄道等は、貨物の種類および性質を明告すべきことを荷送人に求めることができ、その種類および性質について疑あるときは荷送人の立会をもって貨物を点検することができるとされている（鉄営10条1項）。自動車運送の場合にも、同様である（標準貨物自動車運送約款6条1項・8条1項1号7号）。

(二) 高価品の通知の有無による損害賠償責任

① 通知がない場合　荷送人が通知をしなかった場合に、運送人は、運送品を滅失・毀損しても、高価品としての損害賠償責任を負わないのみならず、

---

62) 東京地判平元・4・20判時1337号129頁。
63) 鉄運程28条1項1号2号。貨幣、紙幣、銀行券、印紙、郵便切手、公債証書、財務省証券、株券・債券・商品券その他の有価証券、金・銀その他の貴金属、タングステンその他の稀金属、真珠その他の宝玉石、象牙、鼈甲、珊瑚およびその各製品、美術品・骨董品など。
64) なお、運送人に契約締結後運送品を引き渡す時までとする見解も有力である。

普通品としての損害賠償責任も負わない（通説）。

これは，普通品としての損害額を算定することができず，また，商法は，通知がない場合には運送人の責任をすべて免除することにより，通知を促進しようとするものと解されている。高価品の通知のないことの立証責任は，運送人が負担する。

② **通知がある場合** 通知がなされた場合にも，運送品の滅失・毀損による運送人の損害賠償額が，通知された価額により算定されるわけではない。運送品の価額が通知価額を下回ることを運送人が立証した場合には，その範囲に賠償額を減ずることができる。

これに反して，運送品の価額が通知価額を上回る場合には，価額の通知は運送人に損害賠償の最高限度額を予測させるためになされるものであると解されるので，実際の運送品の価額が通知価額を上回ることを損害賠償請求者の側が立証したとしても，運送人は，その超過額については責任を負わない。もっとも，商慣習上価額の通知が運送品の概算価額の申告という意味を有するにすぎない場合には，通知した価額を超えて損害の賠償を請求することができる[65]。

高価品の延着による運送人の損害賠償責任については，その損害の発生する危険性は延着に関しては高価品と普通品とでとくに異なることはないので，通知の有無にかかわらず，民法の一般原則により，運送人は延着による一切の損害責任を負うと解される。

㈥ **高価品の通知がないときに運送人が高価品であることを知っていた場合**

通知がなかったが，運送人（または当該運送契約締結の代理権を有する使用人）が高価品であることを知っていたとき，高価品の特則の規定（商577条1項）は適用されない（商577条2項1号）。

運送契約の締結当時，運送人が高価品であることを知っていた場合には，損害額についての予想があったということができ，割増運送賃を請求して特別な

---

[65] なお，鉄道営業法・鉄道運輸規程の規定（鉄営11条ノ2第2項，鉄運程73条2号）は，商法上の高価品に関する規定の特則であると解すべきであるから，荷送人が運送人に対し高価品の運送を委託するに当たり，その種類・価額を明告した場合であっても，要償額を表示し，かつ，表示料を支払っていなければ，運送人は，荷送人に対し，所定の金額（鉄運程73条2号）を超えて損害賠償責任を負わないとされる（最判昭63・3・25判時1296号52頁）。

措置を講じたり，運送そのものを拒否することができるため，運送人を免責する必要はなく，高価品としての損害賠償責任を負うべきのものと考えられるからである。

なお，高価品であることの認識については，法的安定性・明確性に欠けることがないように，当該運送品が高価品であるとの認識を漠然と有していたということだけでは足りず，当該運送品の種類およびそのおおよその価額を正確に認識していたことを要すると解されている[66]。

(ハ) 高価品の通知がないときにおける運送人の故意・重過失による滅失・損傷または延着の場合

高価品の通知がなかったときでも，運送人の故意または重大な過失によって，運送品の滅失・損傷または延着が生じたときは，高価品の特則の規定（商577条1項）は適用されない（商577条2項2号）[67]。通知があれば発生させられなかったであろう損害とはいえず，免責の理由がないことなどから，運送人は損害賠償責任を免れることができない（通説）。なお，不法行為責任との関係の問題については，後に述べる。

(5) 免責約款

(イ) 意　義

運送人の責任に関する規定（商575条）は強行規定ではなく，任意規定と解されるため，特約によって運送人の責任を軽減・免除することができる。実際に，運送契約において，運送人の責任の減免を図る特約条項が設けられることが多く，このような条項を免責約款という[68]。

---

66) 東京地判平2・3・28判時1353号119頁（法的安定性ないし明確性の観点から，運送品の種類およびそのおおよその価額を正確に認識していたことを要すると解すべきであると判示）。

67) 東京地判平2・3・28判時1353号119頁は，運送人が運送品を自動車に積み込んだときに積込口の扉を施錠したり，扉を完全にはめ合わせて，走行中に開扉することのないように確認すべき注意義務を怠ったため，本件車両の走行中の振動等によって上部扉が上方に開き，これによって本件車両から本件絵画が落下し紛失した事案で，運送人に重過失があったと判示する。

68) 免責約款による無制限な利用による弊害が生ずる場合には，公序良俗（民90条）・信義誠実（民1条2項）・権利濫用（民1条3項）などの一般原則や消費者契約法（消費契約8条〜10条）などに違反することにより，その免責約款効力が否定されたり，あるいは制限的解釈その他の約款法理（客観的解釈・統一的解釈・目的論的解釈などの諸原則）による対処がなされることになる。

(ロ) 免責約款の具体例

使用人の過失による損害については賠償責任を負わない旨の過失約款[69]，運送品の種類・品質・重量・容積・個数・価額など内容の不明の旨を運送証券に付記して文言責任を排除する不知約款[70]，運送人の負担すべき損害賠償額を一定金額に制限する賠償額制限約款などがある[71]。

また，運送人は保険に付された危険によって生じた貨物の滅失等については損害賠償の責めを負わない旨の運送約款（いわゆる保険利益享受約款）の場合には，判例は，特段の事情がない限り，保険金額を超える損害部分の賠償請求を放棄する旨の意思表示にすぎないと解する[72]。この約款の内容を文言通り全面的に有効とすると，荷送人は運送人から損害賠償を受けることができないのみならず，保険者に代位（保険25条）が認められる場合に，荷送人たる被保険者が保険者の同意を得ず運送人に対する損害賠償請求権を放棄したことを理由に，保険者が保険金の支払を拒むことになり，結局，荷送人は全く損害の填補ができなくなる事態が生じるからである。

(ハ) 免責約款が無効である場合における運送契約その他の約款等への影響

無効の免責約款（たとえば，運送人または使用人の故意による損害賠償責任を免責する約款）が存在しても，当事者の意思解釈上，また運送契約の利害関係人の保護および運送証券の流通安全の要請の観点から，運送契約自体または他の免責約款その他の条項の効力に当然には影響はないものと解されている。

(6) 責任の消滅

運送営業は，大量の運送品を反復して取り扱う性質上，証拠の保全が困難で

---

69) 大判昭13・5・24民集17巻1063頁（海上運送の場合）参照。
70) 標準貨物自動車運送約款42条，最判昭44・4・15民集23巻4号755頁（倉庫証券の場合）参照。
71) なお，標準貨物自動車運送約款では，上記の不知約款以外に，コンテナに詰められた貨物の滅失・損傷について運送人その他の使用人の故意・過失の立証責任を損害賠償請求者に課し（同約款40条），動物その他特殊な管理を要する貨物の運送についての免責（同約款41条），運送状等の記載の不完全等の場合の免責（同約款43条）に関する規定がある。また，①当該貨物の欠陥・自然の消耗・虫害等，②当該貨物の性質による発火・かび・腐敗等，③事変・強盗，④不可抗力による火災，⑤天災，⑥法令・公権力の発動による運送の差止め・没収等，⑦荷送人・荷受人の故意・過失による，貨物の滅失・毀損・延着その他の損害についての免責（同約款44条）に関する規定が定められている。
72) 最判昭43・7・11民集22巻7号1489頁，最判昭51・11・25民集30巻10号960頁。

あるから，運送人を保護するために，運送人の損害賠償責任について，次のような責任の消滅についての特則が定められている。

(イ) 特別消滅事由

① **三菱倉庫事件**（最判昭41・12・20民集20巻10号2106頁）　海上運送人であるA会社は，荷送人B会社との間で荷受人をC株式会社として米国のサンフランシスコから名古屋港までの海洋運送契約を締結し，これに基づいて羊毛屑梱包を運送中，神戸港において運送の便宜のため汽船D号から汽船E号にその梱包を積み替えることとし，Y1株式会社に上記両船間の運送を依頼し，Y1会社がY2をしてこれに従事せしめたところ，Y2の過失により，その積替作業中に梱包の一部が海中に落下した。同梱包はすべて引き上げられて相当多量の真水で洗滌され，Y1会社が直ちに上記事故をA会社の代理店であるF会社に報告して指図を仰いだうえで，全梱包が汽船E号の舷側まで運送され，Y3株式会社がA会社の依頼により同号へ積み入れた。名古屋港で荷受人C会社が本件羊毛屑梱包を受領する際の検査により，梱包の一部に海水による損傷があることが判明した。A会社の代理店F会社は昭和27年4月16日Y1会社に対し運送賃その他をなんらの留保なくして支払い，A会社は前記貨物が汽船E号に積み込まれた昭和26年4月5日から1年間Y1会社らに対し本件事故による損害賠償の請求をしなかった。C会社は，アメリカ合衆国においてA会社に対し本件羊毛屑のうち53梱包の損傷による損害賠償請求の訴訟を提起し，賠償金額を米貨5,157ドル74セント（邦貨185万6,786円40銭）とする決定を受け，A会社が昭和30年4月14日C会社に上記金員の支払をした。

A会社と合併しその権利義務を承継したX会社は，Y1会社につき運送契約不履行による損害賠償，Y2およびY3会社につき不法行為による損害賠償を主張して，Y1会社らに対しA会社が支払った賠償金と同額の金額およびその支払済みまでの遅延損害金の支払を求めて訴えを提起した。第1審はX会社の請求を棄却したが，第2審はY1会社およびY2の賠償責任を認めた。そこで，Y1会社らは，本件のような港湾運送について商法旧588条・589条（改正法584条・585条）の適用により責任がないことなどを理由として，上告した。最高裁は，次のように判示して，上告を棄却した。

「事実関係によれば，A会社とY1会社の間で締結された前記契約は，A会社がB会社との間の元請運送契約を履行するための下請運送契約であること

が明らかであるから，もしＹ１会社が商法569条にいう『物品ノ運送ヲ為ス ヲ業トスル者』にあたるならば（……Ｙ１会社定款によると運送業を事業目的の一部にしていることがうかがえる），Ｙ１会社の本件事故についての責任は，商法588条１項の適用により……代理店であるＦがなんらの留保もしないで運送賃その他……をＹ１会社に支払ったことにより消滅し，また，同法589，566条１項（改正法585条）の適用により，Ｅ号に本件貨物が積み込まれた昭和26年４月５日から１年を徒過したことにより消滅したことになる。」，「ところで，商法588条２項（改正法584条２項）および589条の準用する566条３項にいう『運送人ニ悪意アリタル場合』とは，運送人が運送品に毀損又は一部滅失のあることを知って引渡した場合をいうものと解するのを相当とするところ，本件において原審の確定した事実関係によれば，Ｙ１会社はＡ会社に対し本件事故による羊毛屑梱包の毀損を知ってこれを引き渡したことが明らかであるから，Ｙ１会社は，商法588条１項（改正法584条）および566条１項を準用する589条の適用を受けるとしても，本件事故による損害の賠償責任を免れない。また，商法588条，589条は運送人の債務不履行による損害賠償責任の免責に関する規定であるところ，Ｘ会社はＹ２に対し不法行為による損害賠償を訴求するのであるから，Ｙ２については，前記法条を適用する余地はない。従って，Ｙ１会社らに本件事故による損害賠償責任があるとした原判決は，結局正当であるといわなければならない。」

② 特別消滅事由

(a) 運送品の損傷または一部滅失についての運送人の責任は，荷受人が異議をとどめないで運送品を受け取ったときは，消滅する（商584条１項本文）[73]。これは，荷受人に対して間接的に運送品の検査義務を課したことになる。「異議」とは，運送品に滅失または一部滅失があること，およびその概要を運送人に通知することである（通知の方式〔口頭・書面等〕を問わない）。運送品の全部滅失の場合には，運送品の受取りが存在しないから，上記の規定は適用されない。

---

[73] 本条は，異議をとどめない運送品の受取りの場合にのみ適用され，その受取りに加えて，運送賃等の支払が行われることを要件としていない（商旧588条１項は「受取リ且運送賃其他ノ費用ヲ支払ヒタルトキ」を要件としていた）。これは，運送品等の支払は掛けの後払いが多いため，運送賃等の支払も要件とされるならば，いつまでも責任が消滅しないという問題があるからである。

(b) ただし，運送品に直ちに発見することができない損傷または一部滅失があった場合において，荷受人が引渡しの日から2週間内に運送人に対してその旨の通知を発したときは，運送人の責任は消滅しない（商584条1項但書）。

これは，商人間の売買における買主の検査通知義務（商526条）に類似している。しかし，荷受人は商人であることを要せず，受取りの際に異議をとどめなければ運送人の責任が消滅することから，運送人は商人間の売買における売主よりも一段とその保護が強化され，荷受人は商人間の売買の買主よりも危険な地位に立たされることになる。したがって，商法584条1項但書にいう「直ちに発見することができない」とは，運送品を受け取ったまま（荷ほどき前）の状態では発見できないことを意味すると解されている。

(c) 運送品の引渡しの当時，運送人がその運送品に損傷または一部滅失があることを知っていたときは，上記(a)・(b)の規定は適用されず，その責任は消滅しない（商584条2項）。運送人がその損傷または一部滅失を知っていた場合にまで，運送人の保護を目的とする上記規定を適用するいわれがないからである[74]。

(d) 運送人がさらに第三者に対して運送を委託した場合（下請運送の場合）[75]において，荷受人が引渡しの日から2週間内に，運送人に対して，運送品に直ちに発見することができない損傷または一部滅失があった旨の通知を発したときは，運送人に対する第三者の責任に係る上記2週間の期間は，運送人が荷受人からの当該通知を受けた日から2週間を経過するまで延長されたものとみなされる（商584条3項）[76]。

---

[74] 最判昭41・12・20民集20巻2106頁（前掲三菱倉庫事件）（商旧588条2項の「悪意アリタル場合」の意義について，同旨の判示をする）参照。

[75] たとえば，福岡から東京までの運送契約を締結した元請運送人Aが，福岡から大阪までの運送を下請運送人Bに，大阪から東京までの運送を下請運送人Cに委託した場合に，Bの過失によって運送品に直ちに発見することができない損傷または一部滅失が生じ，東京で荷受人Dが運送品を受け取った後2週間経過する日の直前にその旨の通知をしたとき，AがBに対して求償のため通知しようとしても，福岡での引渡しからすでに2週間以上経過しているような問題がありうる。

[76] この規定により，元請運送人Aが下請運送人Bに通知すればBの責任の消滅を阻止することができる期間は，Aが荷受人Dからの通知を受けた日から2週間を経過するまで延長されたものとみなされる。

㈺　短期消滅時効

運送品の滅失等（運送品の滅失・損傷または延着〔商578条１項括弧書〕）についての運送人の責任は，運送品の引渡しがされた日（運送品の全部滅失の場合にあっては，その引渡しがされるべき日）から１年以内に裁判上の請求がなされないときは，消滅する（商585条１項）。これは，運送品の滅失等による損害賠償責任はその他の義務に比べて通常頻繁に生ずる可能性があり，かつ，証拠の保全が困難であることなどから，このような責任関係を迅速に解決するために設けられたものである[77]。

この期間は，運送品の滅失等による損害が発生した後に限り，合意により，延長することができる（商585条２項）。

また，運送人がさらに第三者に対して運送を委託した場合（下請運送の場合）において，運送人が上記の１年の期間内に損害を賠償しまたは裁判上の請求をされたときは，運送人に対する第三者の責任に係る同期間は，運送人が損害を賠償しまたは裁判上の請求をされた日から３ヶ月を経過する日まで延長されたものとみなされる（商585条３項）。

㈻　運送人の債権の消滅時効

運送人の荷送人または荷受人に対する債権は，これを行使することができる時から１年間行使しないときは，時効によって消滅する（商586条）。

⑺　不法行為責任との関係

㈹　運送人の不法行為責任

運送人が自己またはその履行補助者の故意・過失によって運送品を滅失・損傷した場合には，運送契約上の債務不履行であると同時に，運送品の所有権の侵害として不法行為の要件をもみたす場合がある（民709条・715条１項）。このような場合に，債務不履行による損害賠償責任と不法行為による損害賠償責任との関係については，従来，学説上見解が分かれていた[78]。

---

77)　したがって，本条は，運送品の滅失・損傷・延着による損害賠償責任にのみ適用され，それ以外の事項に関する責任（たとえば，運送賃その他の費用の過払による払戻義務，または処分義務などの違反による責任）に関しては，適用がなく，これらは債権の消滅時効の一般規定（民166条１項）によって消滅すると解される。

78)　学説として，大別すると，①請求権競合説は，契約責任と不法行為責任とは要件・効果を異にするから，債務不履行による損害賠償請求権と不法行為による損害賠償請求権とは別個の権利であり，損害賠償請求権は，そのいずれをも選択して行使しうるとす

判例は，従来の通説の見解の立場で，債務不履行による損害賠償請求権と不法行為による損害賠償請求権とは別個の権利であり，そのいずれをも選択して行使しうるとする，請求権の競合を認めており[79]，不法行為に基づく請求に高価品免責の規定が適用されないとしている[80]。このような損害賠償請求権の競合を認める立場からは，高価品の通知がない場合（商旧578条）でも，運送人は不法行為による損害賠償責任を免れず，また，特別消滅事由（商旧588条）および短期消滅時効（商旧589条・566条）の規定も不法行為責任に適用がなく，不法行為責任は，損害および加害者を知った時から3年または不法行為の時から20年を経過したときに時効により消滅することになること（民724条）などが，いわれていた。

　そこで，商法は，運送品の滅失または損傷の場合における損害賠償の額（商576条），高価品の特則（商577条），運送人の責任の消滅（商584条・585条）の規定は，運送品の滅失等についての運送人の荷送人または荷受人に対する不法行為による損害賠償の責任について準用すると規定している（商587条本文）。

　しかし，荷受人があらかじめ荷送人の委託による運送を拒んでいたが，それにもかかわらず運送がされた場合には，荷送人から運送を引き受けた運送人の荷受人に対する責任について，上記の商法の条文の準用は認められない（商587条但書）。これは，運送契約を自ら締結した運送人の場合とは異なり，荷受人が不法行為に基づく損害賠償請求をする場合にも，上記の商法の規定を準用することには妥当ではないという考えからである[81]。

る見解である（従来の通説）。②法条競合説（請求権非競合説）は，不法行為は無関係な一般の第三者が損害を発生させた場合であるのに対して，債務不履行は契約上の義務を負う者がその義務違反により損害を発生させた特殊な場合であるから，この点において特別法である契約法は一般法である不法行為法の適用を排除するものであって，契約法上の債務不履行による損害賠償請求権のみが発生するとする見解である。③折衷説は，基本的には①の立場をとりながら，契約の履行に際して通常予想される程度の行為については，契約関係の存在がその行為の違法性を阻却するものであって，不法行為責任の成立は否定されるが，通常予想される範囲を逸脱する行為（故意または重過失による行為など）によって損害が発生した場合に限り，不法行為責任が成立するとする見解である。④修正請求権競合説は，基本的には①の立場で請求権の競合を認めるが，契約責任の減免（高価品・損害賠償額など）に関する特別規定は，その趣旨に鑑み，不法行為責任にも類推適用されるとする見解である。

79）　大判大15・2・23民集5巻104頁，最判昭44・10・17判時575号71頁など。
80）　大判大15・2・23民集5巻104頁，東京高判昭54・9・25判時944号106頁，神戸地判平2・7・24判時1381号81頁など。
81）　なお，最判平10・4・30判時1646号162頁（後掲日本通運事件）は，「荷受人も，少

第7章　運送営業・運送取扱営業　187

(ロ)　**運送人の被用者の不法行為責任**

　運送人の損害賠償責任が被用者の行為によって生じた場合，荷送人または荷受人は，運送人に対する損害賠償請求とは別個に，当該被用者に対して不法行為に基づく損害賠償を請求することができることになる。

　そこで，商法は，上記(イ)の場合において，運送品の滅失等についての運送人の損害賠償の責任が免除され，または軽減される場合には（商587条），その責任が免除され，または軽減される限度において，その運送品の滅失等についての運送人の被用者の荷送人または荷受人に対する不法行為による損害賠償の責任も，運送人の被用者の故意または重大な過失によって運送品の滅失等が生じたときでない限り，免除され，または軽減されると規定する（商588条）。

　これは，運送人の債務不履行に関する特則を運送人に対する不法行為責任に準用（商587条）することが認められたとしても，荷送人または荷受人が，運送人の被用者に対する不法行為責任の追及が無制限にできるということになれば，運送人が被用者からの求償に応じることによって，結果として，運送人の債務不履行に関する特則を準用することを認める意味がなくなってしまうからである。

7　相次運送

(1)　**相次運送の意義**

　相次運送とは，同一の運送品について数人の運送人が相次いで運送をなす場合をいう（通し運送もしくは広義の相次運送）（商579条参照）。取引の地域が拡大して長距離の運送が行われるようになると，1人の運送人が単独で発送地から到達地までの全区間を運送することは，困難でありまた非効率的でもあることが少なくない。そこで，区間ごとに別の運送人によって運送することが考えられる。このような広義の相次運送には，下請運送・部分運送・同一運送および連帯運送の形態がある。

　なお，現代社会では，鉄道・軌道・自動車のほか，船舶・航空機等による多

なくとも宅配便によって荷物が運送されることを容認していたなどの事情が存するときは，信義則上，責任限度額を超えて運送人に対して損害の賠償を求めることは許されないと解するのが相当である。」と判示している。本条は，本判例の「容認」という文言よりも，一層明確に「拒んでいた」という事実を要件としている。

様な運送手段が発達しており、また、運送手段ごとに各地域の事情に通じた多数の運送企業が存在している。このような二以上の異なる運送手段（たとえば海上運送と鉄道運送、貨物自動車運送と航空運送など）が使用される運送の全区間について1人の運送人が荷送人と物品運送契約を締結して履行の責任を負う運送を、複合運送という。このような複合運送契約の形態が普及したのは、1960年代に輸送用器具としてコンテナが利用されるようになり、船舶から荷揚げされたコンテナが台車に掲載されトレーラーにより陸送される形態が一般化して以後のことである。複合運送契約では、複合運送人は運送期間の一部について他の運送人を利用する場合（利用運送）と、運送期間の全部について下請運送人を使用する場合に大別され、自ら輸送手段を持たない者が利用運送を引き受ける形で自ら運送人となることが多くなっているといわれている。

(2) 相次運送の形態

7-3図解：相次運送の形態

下請運送：A元請運送人が1個の運送契約（下請運送人B・C・Dは履行補助者）

部分運送：A・B・C各自独自の運送契約

同一運送：A・B・Cが契約当事者（商511条により連帯債務）、内部で担当区間を定める

連帯運送：単一の運送契約、Aが荷送人と全区間の運送契約（B・Cが契約に順次加入）、一通の通し運送状

第7章　運送営業・運送取扱営業

(イ)　下請運送
　1人の運送人（元請運送人）が全区間の運送を引き受けるが，その全部または一部の区間の運送については他の運送人（下請運送人）に委託する場合をいう。荷送人と運送契約関係に立つのは元請運送人のみであって，下請運送人はその履行補助者となる。したがって，下請運送人の故意・過失によって荷送人等に損害が生じたときは，荷送人や荷受人は下請運送人に債務不履行責任を追及することができず，元請運送人が履行補助者の故意・過失に基づき損害賠償の責任を負うことになる。

(ロ)　部分運送
　複数の運送人が，それぞれ独立して運送区間ごとに，荷送人との間で運送契約を締結する場合をいう。運送区間ごとに1個の運送契約が成立し各運送契約の相互間に何らの関係がないので，各運送人は，自己の引き受けた運送についてのみ責任を負うにすぎず，他の運送人の運送区間については責任を負わない。

(ハ)　同一運送
　複数の運送人が共同して全区間についての運送を引き受け，内部関係においてそれぞれの運送区間の分担を定める場合をいう。複数の運送人が1個かつ同一の運送契約を荷送人と締結することによって多数債務者となる場合であって，運送人全員は全区間の運送について連帯責任を負う（商511条1項）。

(ニ)　連帯運送
　複数の運送人が相互に運送上の連絡関係を有し，一通の通し運送状（連帯運送状）によって，順次に各特定区間の運送を引き受ける場合である。荷送人は最初の運送人と全区間の運送契約を締結し，最初の運送人は一部の区間の運送のみを行って運送品を第2以下の運送人に引き渡し，その後続の運送人も運送を引き継ぐに際して上記の運送契約に加入する。

　荷送人と最初の運送人との間に全区間にわたり単一の運送契約が存在する点で複数の運送契約が併存する部分運送と異なり，また，各運送人が直接荷送人と契約関係に入ることから下請運送と異なる。複数の運送人が同時に共同して運送契約による単一の運送債務を負担するのではなく，最初の運送人が荷送人と締結した運送契約に第2以下の運送人が順次加入する点で，同一運送とも異なる。一通の通し運送状によって運送が引き継がれる場合には，通常，連帯運送にあたるとものとみるべきであると解されている[82]。

(3) 相次運送人の権利義務と責任
(イ) 相次運送人の代位

　相次運送においては，次の運送人に運送品を引き渡してしまった運送人は，もはや運送品を占有していないため，自己の運送賃その他の債権を被担保債権として，運送品に対して留置権・先取特権などの権利を自ら行使することができないことになる。

　そこで，商法は，数人の運送人が相次いで陸上運送をするときは，後の運送人は，前の運送人に代わってその権利を行使する義務を負う（法定代理権）と規定する（商579条1項）。この場合において，後の運送人が前の運送人に弁済をしたときは，後の運送人は，前の運送人の権利を取得する（商579条2項）。

　したがって，このような前の運送人を保護する趣旨から考えて，上記代位の認められる相次運送は，連帯運送だけではなくすべての相次運送を包括する広義の相次運送を意味するものと解されている。

(ロ) 相次運送人の責任

　ある運送人が引き受けた陸上運送についてその荷送人のために他の運送人が相次いで当該陸上運送の一部を引き受けたときは，各運送人は，運送品の滅失等につき連帯して損害賠償の責任を負う（商579条3項）。この規定における相次運送は，前記(2)(ニ)の連帯運送のことをいうものと解される（通説）[83]。

　商法579条3項の規定は，損害発生区間に関する困難な立証責任を免れしめ，荷送人および荷受人の保護を強化する趣旨のものである。したがって，荷送人等は，運送品の滅失等がどの区間で生じたかを証明することなく，いずれの運

---

82) 多数説。ただし，判例は，数人の運送人が各自荷送人のためにする意思をもって運送を引き受けたことを要件とする（大判明45・2・8民録18輯93頁，東京地判平3・3・29判時1405号108頁〔国際複合運送に関する事例〕）。なお，標準貨物自動車運送約款では，相次運送は連絡運輸と呼ばれ，最初の運送人が運送状を請求したときは，荷送人は全送についての運送状（通し運送状）を提出する義務がある（本約款52条～59条）。

83) 部分運送の場合には，運送品が同一であるというだけで，各運送契約の相互間には何らの関係もないから，各運送人の賠償責任について連帯性を認めるべきものではない。下請運送の場合には，元請運送人のみが契約当事者であり，下請運送人はその履行補助者であって荷送人との間には直接の関係に立たず，元請運送人が全責任を負うものであるから，商法579条の規定を適用する余地がない。また，同一運送の場合には，運送人全員が共同して同一の運送契約の当事者となっているのであるから，商法511条1項の規定により各運送人は連帯債務者となり，商法579条を適用をする必要がない。したがって，相次運送人の連帯責任に関する商法579条3項は，連帯運送（狭義の相次運送）の場合にのみ適用されることになる。

送人に対しても損害賠償の請求ができる。

　もっとも，この規定は外部関係を定めたものであるから，運送人相互間の内部関係においては，損害発生の場所が明らかであれば，その区間を担当した運送人が当然に全額を負担すべきであって，損害賠償責任を履行した他の運送人は当該区間担当の運送人に求償することができる。損害発生の場所が不明の場合には，特約または別段の慣習がない限り，各運送人は運送賃の割合に応じて責任を分担すべきものと解される[84]。

(ハ)　海空相次運送

　陸上の相次運送に関する規定（商579条1～3項）は，海上運送および航空運送にも準用され（商579条4項），物品運送法の総則的規定と位置づけられる。

(4)　複合運送
(イ)　総　説

　コンテナを中心とする複合運送契約（前記1(3)(ニ)参照）については，従来，これを直接に規律する私法規制は存在しなかったから，複合運送人の責任は原則として，複合運送契約上の合意に基づいて決定されていた。また，複合運送の場合には，陸上運送・海上運送または航空運送中に生じた損害についての責任がその原因・免責事由・責任制限等の点で異なっており，さらに，一国内にとどまらず国際的規模で展開されることも多いために，責任体系を異にする各国の国内法を調整することも必要となる。そこで，商法は，複合運送人の責任に関する規律を定めている。

(ロ)　複合運送人の責任

　陸上運送，海上運送または航空運送のうち二以上の運送を一の契約で引き受けた場合における運送品の滅失等（運送品の滅失，損傷または延着をいう）についての運送人の損害賠償の責任は，それぞれの運送においてその運送品の滅失等の原因が生じた場合に当該運送ごとに適用されることとなるわが国の法令またはわが国が締結した条約の規定に従うと規定されている（商578条1項）。この規定は，陸上運送であってその区間ごとに異なる二以上の法令が適用される

---

[84]　なお，商法579条3項は任意規定であるため，実際には，運送約款において，その損害を与えた運送人が明らかである場合には，当該運送人のみが損害賠償責任を負う旨を定めることが多いといわれる（標準貨物自動車運送約款56条参照）。

ものを一の契約で引き受けた場合について準用される（商578条2項）。

　現在の実務における約款では，複合運送人は，運送のために運送品を受け取ったときから引渡し時までの間に生じた運送品の滅失・損傷について責任を負い，滅失・損傷が発生した運送区間が判明したときは国際条約または強行的に適用される国内法の規定により定めるものとされ，滅失・損傷が発生した区間が立証できないときは，複合運送人は別に定める責任[85]を負うものとされること（ネットワーク・システム）が多い。これに対し，運送品の滅失・損傷がどの運送区間で生じたかにかかわらず，複合運送人の責任発生要件・責任限度額を画一的に定める方式（ユニフォーム・システム）が考えられる[86]。

(5) 宅配便および引越運送
(イ) 宅配便
① **日本通運事件**（最判平10・4・30判時1646号162頁）　貴金属の販売・加工等を目的とするX株式会社は，顧客らから請け負ったダイヤモンド等の枠加工をAに下請させ，そのダイヤモンド等をAに対して送付した。Aは，加工を終えたダイヤモンド等（本件宝石）をY株式会社の宅配便を利用してX会社のもとに送付するため，本件宝石を入れて荷造りした箱（本件荷物）をY会社の代理店に引き渡した。Y会社の標準宅配便約款に従った約款（本件約款）においては，運送人が荷物の運送を引き受ける時に荷物1個ごとに発行する送り状に，損害賠償の額の上限である責任限度額等を記載するものとし（本件約款3条），Y会社はその責任限度額を30万円と定め，送り状の用紙に「お荷物の価格を必ずご記入ください。ペリカン便では30万円を超える高価な品物はお引受けいたしません。万一ご出荷されましても損害賠償の責を負いかねます。」との文言を印刷し，また，ダイヤモンドなどの宝石類等は引受けを拒絶することがある旨を定め，この旨を記載した注意書を掲示していた。ところが，荷送人であるAは，品名欄・価格欄には記入しなかった。本

---

[85] たとえば，滅失・損傷は海上運送中に発生したものとみなし，国際海上物品運送法に規定する範囲で責任を負うこと等。

[86] 1980年成立の「物品の国際複合運送に関する国連条約」が基本的にこの方式を採用し（同条約16条・18条），さらに，滅失・損傷発生区間について同条約の責任限度額よりも高額の責任限度額を定める強行法規が適用されるときはその限度額による旨を定めている（同条約19条）。

件荷物は，Y会社のターミナルに専用車で配送された後，所在が分からなくなり，その紛失した原因は不明であったが，Y会社に重大な過失はなかった。X会社は，加工の注文をした各所有者に対してその価格の全額，合計394万1,900円を賠償した。X会社はY会社に対し，(i)各所有者のY会社に対する不法行為に基づく損害賠償請求権を取得したことを理由として計394万1,900円，および(ii)X会社の取得できなくなった加工代金相当額等の支払を求めて訴えを提起した。

　第1審はX会社の請求を一部認容したが，第2審は，X会社のY会社に対する本訴請求は本件約款の責任限度額30万円の賠償を求める限度で認容すべきものであると判示した。そこで，X会社が上告したが，最高裁は，次のように判示して，上告を棄却した。

「1　宅配便は，低額な運賃によって大量の小口の荷物を迅速に配送することを目的とした貨物運送であって，その利用者に対し多くの利便をもたらしているものである。宅配便を取り扱う貨物運送業者に対し，安全，確実かつ迅速に荷物を運送することが要請されることはいうまでもないが，宅配便が有する右の特質からすると，利用者がその利用について一定の制約を受けることもやむを得ないところであって，貨物運送業者が一定額以上の高価な荷物を引き受けないこととし，仮に引き受けた荷物が運送途上において滅失又は毀損したとしても，故意又は重過失がない限り，その賠償額をあらかじめ定めた責任限度額に限定することは，運賃を可能な限り低い額にとどめて宅配便を運営していく上で合理的なものであると解される。

　2　右の趣旨からすれば，責任限度額の定めは，運送人の荷送人に対する債務不履行に基づく責任についてだけでなく，荷送人に対する不法行為に基づく責任についても適用されるものと解するのが当事者の合理的な意思に合致するというべきである。けだし，そのように解さないと，損害賠償の額を責任限度額の範囲内に限った趣旨が没却されることになるからであり，また，そのように解しても，運送人の故意又は重大な過失によって荷物が滅失又は毀損した場合には運送人はそれによって生じた一切の損害を賠償しなければならないのであって（本件約款25条6項），荷送人に不当な不利益をもたらすことにはならないからである。そして，右の宅配便が有する特質及び責任限度額を定めた趣旨並びに本件約款25条3項において，荷物の滅失又は毀損があったときの運送人の損害賠償の額につき荷受人に生じた事情をも考慮して

いることに照らせば，荷受人も，少なくとも宅配便によって荷物が運送されることを容認していたなどの事情が存するときは，信義則上，責任限度額を超えて運送人に対して損害の賠償を求めることは許されないと解するのが相当である。

3 ところで，本件の事実関係によれば，本件荷物の荷受人であるX会社は，品名及び価格を正確に示すときはY会社又はその他の貨物運送業者が取り扱っている宅配便を利用することができないことを知りながら，Aとの間で長年にわたって頻繁に宅配便を利用して宝石類を送付し合ってきたものであって，本件荷物についても，単にこれが宅配便によって運送されることを認識していたにとどまらず，AがY会社の宅配便を利用することを容認していたというのである。このように低額な運賃により宝石類を送付し合うことによって利益を享受していたX会社が，本件荷物の紛失を理由としてY会社に対し責任限度額を超える損害の賠償を請求することは，信義則に反し，許されないというべきである。

4 以上に検討したところによれば，X会社のY会社に対する損害賠償の請求は，一個の荷物の紛失を理由とする以上，責任限度額である30万円の限度において認容すべきものであるとした原審の判断は，是認するに足り，原判決に所論の違法はない。」

② **宅配便の意義と約款** 宅配便サービスは，小口の荷物[87]を，荷主の戸口から届け先の戸口までの迅速な配達（最短で翌日には届く）をするものであるが，1980年代に入って急速に取扱量が増えた。従来の標準貨物運送約款では，専門業者ではなく，小口の荷物の運送を必要とする一般消費者を荷送人とする運送契約には十分な対応ができなかったことから，標準宅配便運送約款[88]が定められている。

③ **責任限度額** 宅配業者は，荷物の滅失による損害については，荷物の価

---

[87] たとえば3辺の合計が160cm以内で，かつ重量が25kg以内の1個口の貨物。一般に責任限度額は30万円とされる。

[88] 平成2年運輸省告示576号，最終改正 平成15年3月国土交通省告示170号。この標準宅配便運送約款は，宅配便運賃が適用される荷物の運送に適用されるものである（本約款1条）。その約款の特徴的なものは，次のような，送り状の発行（本約款3条），引渡予定日（本約款10条），荷受人以外の者（同居者・管理者等）に対する引渡し（本約款11条），荷受人等が不在の場合の措置（本約款12条），責任限度額（本約款25条），責任の特別消滅事由（本約款25条）などに関する規定である。

格（発送地における荷物の価格）を送り状に記載された責任限度額（限度額）の範囲内で賠償するとされる（標準宅配便運送約款25条1項）。

　この責任限度額の定めは，運送人の荷送人に対する債務不履行に基づく責任についてだけでなく，不法行為に基づく責任についても適用されることが当事者の合理的な意思に合致すると解される[89]。荷物の遅延による損害については，遅延による財産上の損害を運賃等の範囲内で賠償し（標準宅配便運送約款25条4項1号），また，送り状に荷物の使用目的・荷物引渡日時を記載してその運送を引き受けた場合（標準宅配便運送約款10条2項）にはその荷物（たとえばスキー用具・ゴルフセットなど）をその特定の日時に使用できなかったことにより生じた財産上の損害を限度額の範囲内で賠償すると規定されている（標準宅配便運送約款25条4項2号）。

④　**責任の特別消滅事由**　責任の特別消滅事由として，荷物の毀損についての宅配業者の責任は，宅配業者がその損害を知って荷物を引き渡した場合でない限り，荷物を引き渡した日から14日以内に通知を発しない限り消滅すると定められている（標準宅配便運送約款24条）。荷受人が留保せずに運送品を受け取ると直ちに運送人の責任が消滅するとするのは（商584条1項本文参照），一般消費者にとって酷であるからである。

㈡　**引越運送**

①　**引越運送の意義と約款**　一般消費者との間で締結される引越運送については，標準引越運送約款[90]があり，この引越運送約款は，一般貨物自動車運送事業により行う運送のうち車両を貸し切ってする引越運送およびこれに附帯する荷造り・不用品の処理等のサービスに適用されるものとされている（標準引越運送約款1条）[91]。

②　**責任の特別消滅事由**　荷物の一部の滅失または毀損についての引越運送業者の責任は，その損害を知って荷物を引き渡した場合を除き，荷物を引き渡した日から3ヶ月以内に通知を発しない限り消滅すると定められる（標準

---

[89]　最判平10・4・30判時1646号162頁（前掲日本通運事件）。
[90]　最終改正・平成30年1月31日国土交通省告示127号。
[91]　その約款の特徴的なものは，無料の見積もり（標準引越運送約款3条），見積書に記載した内容に準拠した請求書に基づく運賃等の請求（標準引越運送約款19条），解約手数料または延期手数料（標準引越運送約款21条），責任の特別消滅事由（標準引越運送約款25条）などに関する規定である。

引越運送約款25条)。これは，引越運送の場合にはすぐに荷ほどきをしないことが多いと考えられるからである。

8 旅客運送

(1) 総 説

(イ) 意 義

　旅客運送契約は，運送人が旅客を運送することを約し，相手方がその結果に対してその運送賃を支払うことを約することによって，その効力を生ずる契約である（商589条）。

　運送の対象である旅客すなわち自然人は，物品運送の場合の運送品と異なり，性質上，運送人の保管には属しないが，旅客運送契約の法律上の性質は，物品運送の場合と同じく請負契約（民632条）の一種である。旅客運送契約については，乗合いの定期便（鉄道・乗合バス・定期航空等）と，貸切りの不定期便（タクシー・貸切バス・不定期航空等）に区別することができる[92]。

(ロ) 旅客運送契約の締結

　旅客運送契約の当事者は，運送を委託する者と運送人であるが，その委託者は一般には運送の対象となる旅客自身である。しかし，たとえば親が未成年の子の運送を委託する場合のように，旅客以外の第三者が契約当事者となることもある。

　旅客運送契約は，物品運送契約の場合と同様に，諾成・不要式の契約であるが，実際には，契約締結に際して，とりわけ鉄道・バス等の対公衆的な運送の場合には乗車券が発行されることが多い。しかし，乗車券が発行される場合でも，これは運送契約の成立要件ではない。乗車前に乗車券を購入する場合には

---

[92] なお，商法の旅客運送に関する規定は簡単であるため，民商法の一般原則のほか，運送人の作成する運送約款として，たとえば一般乗合旅客自動車運送事業（乗合バス）標準運送約款・一般貸切旅客自動車運送事業（貸切バス）標準運送約款・一般乗用旅客自動車運送事業（タクシー・ハイヤー）標準運送約款・国際運送約款（旅客及び手荷物）・国際貸切運送約款（旅客・手荷物及び貨物）等が重要な役割を果たしている。
　また，行政的規制をする特別法として，道路運送法・鉄道事業法・軌道法・海上運送法・航空法等において，旅客運送事業に対しては，輸送力の安定的な確保と安全性の確保の観点から，物品（貨物）運送と比べて，新規参入・事業計画，運賃，運送約款について一層厳しい行政的規制がなされている。

その購入時に運送契約が成立し，乗車後に乗車券を購入する場合には乗車時に運送契約が成立するものと解されている[93]。

7－4図解：旅客運送契約

(1) 乗車券の法的性質

乗車券は，個々の運送ごとに発行される一般乗車券（普通乗車券あるいは個別乗車券ともいわれる），定期乗車券，および回数乗車券に大別される[94]。

① **一般乗車券**　特定区間の個々の運送ごとに，乗車前に発行される一般乗車券（一般的には無記名式）は，運送債権（運送請求権）を表章する有価証券であると解されている。したがって，無記名式の場合には証券の引渡しによって自由に譲渡（指図式の場合には裏書による譲渡）することができるが，いったん運送が開始された後（改札制度のあるときは改札の後）は，運送人は特定の旅客に対してのみ運送契約上の義務を負うことになり，乗車券の譲渡は認められず，たんなる証拠証券となる。これに対し，乗車後に発行される一般乗車券は，運送賃の支払を証明するたんなる証拠証券であると解されている。

② **定期乗車券**　旅客の資格や利用目的を限定した記名式のもので，通用区間・通用期間を指定した包括的運送契約上の債権を表章した定期乗車券は，その譲渡性が認められないことから（商旧777条参照），たんなる証拠証券ないし免責証券と解する見解が多い[95]。

③ **回数乗車券**　回数乗車券の性質については，複数の乗車券を綴じ合わせたりして，複数回分の運送について事前に一括して発行される回数乗車券

---

[93] 大判大6・2・3民録23輯35頁。
[94] なお，近時，プリペイド（前払）方式あるいはポストペイ（後払）方式のICカード乗車券の利用が普及している。
[95] これに対し，実際には，定期乗車券を携帯しない限り，定期券の購入およびその喪失の事実を証明しても，運送債権者としての地位を回復できず，乗車を拒否されるのが実態であることから，定期乗車券もまた，譲渡の禁止された，運送債権を表章する有価証券であると解する見解も有力である。

(一般的には無記名式)については，判例は，乗車賃の前払を証明し，乗車賃に代用される一種の票券にすぎないとする[96]。これに対し，学説は一般に回数乗車券の有価証券性を肯定しているが，その表章する権利の性質により説が分かれている[97]。

　回数乗車券の法的性格は，従来，発行後に運賃の値上がりがあったときに，回数乗車券の購入者が運送を請求するのに追加運賃の支払が必要か否かという場合に問題とされてきたものであるが，運送債権を表章すると解する有価証券説をとれば，購入時に運送債権が成立しているから追加払をしなくてよいと解されることになる。しかし，運送債権を表章する有価証券であることと追加払を要することとは必ずしも矛盾することではなく，当該運送約款の内容・解釈による問題であるともいうことができる。

(2)　旅客運送人の責任
(イ)　旅客に関する責任

　旅客の運送人は善良な管理者の注意をもって旅客を完全にかつ遅滞なく到達地に運送すべき運送契約上の義務を負うから，この義務に違反して旅客が損害を受けた場合には債務不履行責任を負うことになる。

　商法では，運送人が運送に関し注意を怠らなかったことを証明しない限り，運送人は，旅客が運送のために受けた損害を賠償する責任を負うと規定されている（商590条）。旅客が「運送のために受けた損害」とは，旅客の生命・身体・被服などについて生じた損害のほか，延着による損害などすべての損害を含む。「運送に関し注意」とは，運送行為そのものに関する注意に限られず，運送設備に関する注意も必要であり，これを怠ると運送人の過失が認められる[98]。

---

96)　大判大6・2・3民録23輯35頁，大判昭14・2・1民集18巻77頁（票券説）。
97)　学説については，大別すると，(a)運送債権を表章する有価証券とする見解（有価証券説），(b)金銭代用契約上の債権を表章する有価証券とする見解（金銭代用証券説），(c)運送の予約を表章する有価証券とする見解（予約証券説），(d)通用期間・乗車区間・乗車等級などが特定された無記名式の回数乗車券は運送債権を表章する有価証券であるが，金額のみが記載された回数乗車券は金銭代用証券であり有価証券ではないとする見解（折衷説）がある。
98)　たとえば不完全な車両の使用や，線路や駅舎等において危険の防止に必要な物的・人的保安設備を設けていない場合など。大阪地判昭56・9・29判時1047号122頁は，私鉄特急の通過駅で，電車の通過によって生じた風によって，幼児がプラットホームに頭を叩きつけられて死亡した事故について，私鉄会社は安全運送義務を尽していなかった

旅客運送人の賠償額の算定については，画一的ないし定型化が図られている物品運送の場合（商576条）とは異なり，被害者およびその家族の情況を斟酌して損害賠償の額を定められる（商旧590条2項参照）。これは，運送人が予見しうべきであったかどうかを問わず，特別の事情によって生じた損害をも賠償することを要するからである[99]。上記の特別事情の斟酌については，被害者の生命・身体に関する損害に限るべきであって，被服の損害や延着の場合の損害にまで及ぼすべきではないと解されている（通説）。賠償額を個別化する必要性が認められる損害は，旅客の死亡や身体の損傷に限られるからである[100]。

(ロ)　**免責特約の禁止**

　旅客の生命または身体の侵害による運送人の損害賠償の責任（運送の遅延を主たる原因とするものを除く）を免除し，または軽減する特約は，無効とされる（商591条1項）。これは，旅客の人命尊重の観点からである。

　もっと，①大規模な火災，震災その他の災害が発生し，または発生するおそれがある場合において運送を行うとき，②運送に伴い通常生ずる振動その他の事情により生命または身体に重大な危険が及ぶおそれがある者の運送を行うとき，免責特約については許容される（商591条2項）。

(ハ)　**手荷物に関する責任**

　旅客運送には，手荷物の運送が付随することが多い。託送手荷物と携帯手荷物とにより，旅客運送人の責任に差異がある。

① **引渡しを受けた手荷物**

　(a)　旅客運送人の責任　　運送人は，旅客から引渡しを受けた手荷物（託送

として，商法590条による損害賠償責任を認めた。

[99]　被害者・その家族の状況の斟酌を規定する商法旧590条2項は，当然の事柄であるとされ，削除された。斟酌される被害者およびその家族の情況とは，被害者の年齢・収入・家族数・家族の生活状態などである。そのような事情の斟酌のしかたについては，収入・職業等の高低に正比例して賠償額を定めるものと解するのが一般的である（通説）。これに対し，社会政策的な考慮（低額の所得者は，治療費等の家計に与える影響が相対的に大きいにもかかわらず，少ない賠償しか得られないといった問題がある）からこれに反比例して定める考え方も主張されている。

[100]　なお，旅客の損害賠償請求権は，旅客が死亡したときは相続人がこれを承継し，また慰謝料請求権（精神的苦痛に基づく損害賠償請求権）も発生する（大判大2・10・20民録19輯910頁）。慰謝料請求権については，被害者がとくに放棄の意思表示をしない限り，被害者がこれを取得し，被害者の死亡により（即死の場合にも）当然に，相続人が承継するものと解される（不法行為の場合に関する最大判昭42・11・1民集21巻9号2249頁等参照）。

手荷物）については，運送賃を請求しないときであっても，物品運送契約における運送人と同一の責任[101]を負う（商592条1項）。運送人の保管の下に運送される点で物品運送と共通性があるからである。運送人は，運送人側の無過失の立証責任を負う。この託送手荷物について，運送人の被用者は，物品運送契約における運送人の被用者と同一の責任を負う（商592条2項）。

　(b)　供託権・自助売却権　　商人間売買の場合における売主の供託権・自助売却権（商524条）の規律に準じて，託送手荷物が到達地に到着した日から1週間以内に旅客がその引渡しを請求しないときは，運送人は，その手荷物を供託し，または相当の期間を定めて催告をした後に競売に付することができる（商592条3項前段）。この場合において，運送人がその手荷物を供託し，または競売に付したときは，遅滞なく，旅客に対してその旨の通知を発しなければならない（商592条3項後段）。旅客の住所または居所が知れないときは，これらの催告および通知は，することを要しない（商592条6項）。損傷その他の事由による価格の低落のおそれがある手荷物は，上記の催告をしないで競売に付することができる（商592条4項）。

　これらの規定により手荷物を競売に付したときは，運送人は，その代価を供託しなければならない（商592条5項本文）。ただし，その代価の全部または一部を運送賃に充当することを妨げない（商592条5項但書）[102]。

② 引渡しを受けていない手荷物　　運送人は，旅客から引渡しを受けていない手荷物（身の回り品を含む）の滅失または損傷については，故意または過失がある場合を除き，損害賠償の責任を負わない（商593条1項）。引渡しを受けていない手荷物の損害は運送人の管理の下で生ずるものではないため，旅客の側に運送人の過失についての立証責任を負担させることによって，運送人の責任を軽減したのである。

　また，引渡しを受けていない手荷物の滅失または損傷について運送人に故意または過失がある場合の損害賠償責任が，民法の一般原則（民416条）に

---

101) 物品運送人の責任に関する商法575条〜578条参照。
102) なお，鉄道による旅客運送の場合において，旅客が託送手荷物の到達後24時間内にこれを引取らないときは，鉄道はその後の時間に対し相当の保管料を請求することができ（鉄運程45条），また，荷受人・荷送人を確知することができない運送品・託送手荷物および一時預り品は，国土交通大臣の定める所により公告をした後6ヶ月内にその権利者を知ることができない場合に，鉄道はその所有権を取得するとされている（鉄営13条ノ2）。

よると，引渡しを受けた手荷物の場合よりも運送人の責任が重くなるという不合理が生ずることになる。そこで，商法は，物品運送に関する損害賠償の額（商576条1項3号），運送人の責任の消滅（商584条1項・585条1項2項），運送人の不法行為責任（商587条）ならびに運送人の被用者の不法行為責任（商588条）の規定を，運送人が引渡しを受けていない手荷物の滅失または損傷に係る損害賠償の責任を負う場合について準用する（商593条2項）。

㈡　運送人の債権の短期消滅時効

物品運送の運送人の債権の消滅時効に関する規定（商586条）が旅客運送について準用されるので，旅客運送人の旅客に対する債権は，これを行使することができる時から1年間行使しないときは，時効により消滅する（商594条）。

(3)　旅客運送人の権利

㈠　運送賃請求権

旅客運送人は商人であるから報酬（運送賃）を請求できるが（商512条），旅客運送は請負契約の一種であるため，運送賃は後払が原則である（民633条参照）。しかし，旅客運送の場合には，留置権や先取特権によって運送賃請求権を担保することができる物品運送の場合とは異なり，運送賃を確保する手段に乏しいため，実際には約款または商慣習などにより，運送賃の前払[103]が普通である。

㈡　留置権・先取特権

託送手荷物がある場合には，旅客運送人は，手荷物の運送賃のみならず，旅客の運送賃についても，手荷物の上に留置権を有し（民295条）[104]，運輸の先取特権も認められる（民311条3号・318条）。

(4)　企画旅行

㈠　意　義

「企画旅行」とは，旅行業者が，旅行の目的地および日程，旅行者が提供を受けることができる運送または宿泊のサービス（運送等サービス）の内容なら

---

[103]　乗車前または乗車後遅滞なく乗車券との引換えでの支払（鉄営15条参照。また，運賃の払戻しについて鉄営16条参照）。
[104]　なお，物品運送人の留置権（商574条）を類推適用する見解もある。

びに旅行者が支払うべき対価に関する事項を定めた旅行に関する計画を，①旅行者の募集（募集型）のためにあらかじめ，または②旅行者からの依頼（受注型）により作成するとともに，当該計画に定める運送等サービスを旅行者に確実に提供するために必要と見込まれる運送等サービスの提供に係る契約を，自己の計算において，運送等サービスを提供する者との間で締結する行為を，行うことにより実施する旅行をいう（旅行4条1項3号・2条1項1号）。

また，企画旅行，これに付随する運送等関連サービスの提供者との契約締結その他旅行者の便宜となるサービスの提供行為といった旅行業務の取扱いに関し，旅行業を営む者が旅行者と締結する契約を，「企画旅行契約」という（旅行2条4項・1項1号2号8号）。

これに対して，旅行者と運送等サービス提供者のため，運送等サービスの提供について代理・媒介・取次ぎをする行為，これに付随して，旅行者と運送等関連サービス提供者のため，運送等関連サービスの提供について代理・媒介・取次ぎをする行為その他旅行者の便宜となるサービスを提供する行為といった旅行業務の取扱いに関し，旅行業を営む者が旅行者と締結する契約を，「手配旅行契約」という（旅行2条5項・1項3号4号6号7号8号）。

企画旅行については，標準旅行業約款では，募集型企画旅行と受注型企画旅行とに分けられる。①「募集型企画旅行」（主催旅行ともいわれる）とは，旅行業者が，旅行者の募集のためにあらかじめ，旅行の目的地および日程，旅行者が提供を受けることができる運送または宿泊のサービスの内容ならびに旅行者が旅行業者に支払うべき旅行代金の額を定めた旅行に関する計画を作成し，これにより実施する旅行をいう（標準約款・募集型企画旅行契約の部2条1項）。一般に，パッケージツアーやパック旅行と呼ばれているものである。旅行業者が旅行者との間で締結する募集型企画旅行に関する契約は，募集型企画旅行契約といわれる。

これに対し，②「受注型企画旅行」とは，旅行業者が，旅行者からの依頼により，旅行の目的地および日程，旅行者が提供を受けることができる運送または宿泊のサービスの内容ならびに旅行者が旅行業者に支払うべき旅行代金の額を定めた旅行に関する計画を作成し，これにより実施する旅行をいう（標準約款・受注型企画旅行契約の部2条1項）。旅行業者が旅行者との間で締結する受注型企画旅行に関する契約は，受注型企画旅行契約といわれる。

㋺　旅行業者の責任

① 　読売旅行事件（東京地判平元・6・20判時1341号20頁）　旅行業法所定の登録を受けた一般旅行業者であるY株式会社は，昭和61年1月ころ，同年2月22日に羽田空港を出発し同月26日に同空港に帰国する予定の「台湾全周5日間」と題する旅行（本件旅行）を企画・募集し，訴外AおよびX1～X6との間で，Y会社の定める旅行業約款（本件約款）に基づいて本件旅行についての主催旅行契約（本件契約）を締結した。本件旅行の途上，AおよびXらを含む本件旅行の参加者（本件旅行者）の乗車したバス（本件バス）が道路から逸脱して谷底に転落し，Aを含む8名が死亡し，Xらを含む8名が負傷した（本件事故）。Xらは，Y会社に対し，(i)旅行運送人としての責任，(ii)主催旅行契約上の安全確保義務違反に基づく責任，(iii)手配および旅程管理上の過失に基づく責任があるとして，損害賠償を求める訴えを提起した。東京地裁は，次のように判示して，Xらの請求を棄却した。

(i)　旅行運送人としての責任について「本件約款は……標準旅行業約款（昭和58年運輸省告示59号，以下『標準約款』という。）と同一内容のものである……ところ，標準約款の制定過程に照らすと，同約款は，主催旅行契約につき，旅行業者は，自ら旅行サービスを提供するものではなく，旅行サービスの提供について手配をする地位にある契約とするのが妥当であり，旅行サービスの瑕疵により旅行者の生命・身体・財産に生じた損害については，旅行業者が契約責任を負う場合を限定する反面，一定の限度において旅行業者の有無にかかわらずに補償されるのが妥当であるとし，そのための保険を開発すべきであるとの基本的考えに立って制定されたものであり，この考えが標準約款3条，21条，22条として規定されるに至ったものである。」，「主催旅行契約における旅行サービスは，運送，宿泊等種々のサービスからなり，そのすべてを一旅行業者が旅行者に提供することは実際上不可能である……こと等を考慮すると，前示の標準的約款制定の基本的考え及びこれに基づく前記諸規定は，少なくとも海外を目的地とする主催旅行契約に関する限り，不合理であるとはいえないものというべきである。」，「そして，標準約款の前記3条及び21条の規定に照らすと，旅行業者は，旅行者と主催旅行契約を締結したことのみによって，旅行者に対し，主催旅行の運送サービスにつき，旅客運送人たる契約上の地位に立たないものというべきである。」

(ⅱ) 主催旅行契約上の安全確保義務違反に基づく責任について「特に海外旅行の場合には、当該外国の風俗・習慣、生活水準又は社会・経済体制等が日本のそれらと相違し、また、危険若しくは安全性についての考えや水準も異なるため、旅行に伴う危険は国内旅行の場合に比し一層高度なものとなること……等の特殊性があること」、「旅行者は、契約内容や旅行代金について指示し若しくは修正を求める余地がなく、提供された契約内容・旅行代金の額を受入れるか否かの自由しかないのが通常であること」、「旅行者は旅行業者が右の専門的知識・経験に基づいて企画、実施する主催旅行の安全性を信頼し、主催旅行契約を締結するものであるといえること等を考えると、旅行業者は、主催旅行契約の相手方である旅行者に対し、主催旅行契約上の付随義務として、旅行者の生命、身体、財産等の安全を確保するため、旅行目的地、旅行日程、旅行行程、旅行サービス機関の選択等に関し、あらかじめ十分に調査・検討し、専門業者としての合理的な判断をし、また、その契約内容の実施に関し、遭遇する危険を排除すべく合理的な措置をとるべき注意義務（以下『安全確保義務』という。）があるものというべきである。」

(ⅲ) 手配および旅程管理上の過失に基づく責任について「本件約款21条は……旅行者の生命、身体、財産等の安全を確保するため、旅行について専門業者としてあらかじめ十分な調査・検討を経たうえ合理的な判断及び措置を採るべき注意義務のあることを示すと共に、旅行業者の旅行サービス提供機関に対する統制には前記のように制約があること等を考慮し、旅行業者の責任の範囲を限定した規定と解するのが相当であり……特に契約上その内容が明記されていない限り、旅行業者としては、日本国内において可能な調査……資料の収集をし、これらを検討したうえで、その外国における平均水準以上の旅行サービスを旅行者が享受できるような旅行サービス提供機関を選択し、これと旅行サービス提供契約が締結されるよう図るべきであり、更には、旅行の目的地及び日程、移動手段等の選択に特有の危険（たとえば、旅行目的地において感染率の高い伝染病、旅行日程が目的地の雨期に当たる場合の洪水、未整備状態の道路を車で移動する場合の土砂崩れ等）が予想されるときには、その危険をあらかじめ除去する手段を講じ、又は旅行者にその旨告知して旅行者みずからその危険に対処する機会を与える等の合理的な措置を採るべき義務があることを定めた規定と解すべき

である。したがって，海外旅行において旅行者が移動手段である運送機関の事故に基づき損害を被った場合において，旅行業者が右の各義務を尽くしたとすればこれを回避しえたといえるときには，右義務を懈怠した旅行業者は，主催旅行契約上の義務の履行に当たり過失があったものというべきであるから，同条2項但書に基づき同条1項本文所定の損害賠償責任を免れないものというべきである。」，この立場にたって，Xらの主張について検討すると，前記認定の事実によれば，Y会社の安全な旅行行程を設定すべき義務違反，安全な運送サービス提供機関を選定すべき義務違反はなく，また，添乗員にも旅行者の安全確保義務違反がない。

② **旅行業者の責任**　企画旅行契約（旅行2条4項・12条の10）は，一種独特の旅行者のための委任契約（ないし準委任）であると解されている。標準旅行業約款により旅行者と募集型企画旅行契約を締結した旅行業者は，旅客運送人ではない[105]。

標準約款においては，旅行業者は，募集型・受注型企画旅行契約の履行に当たって，旅行業者またはその手配代行者[106]が故意または過失により旅行者に損害を与えたときは，その損害を賠償する責任を負うと規定されている[107]。さらに，上記の責任が生ずるか否かを問わず，旅行業者は，特別補償をし[108]，また旅程保証の責任を負うと規定されている[109]。

裁判例において，募集型企画旅行契約の相手方である旅行者に対して，旅行業者の安全確保義務があることを認めるが，結論としてはこの義務違反はないとされた[110]。また，主催旅行業者が負担する債務は旅行サービスを手配する債務であって，旅行サービスそのものを直接保障するものではないから，サービス提供者の故意・過失について主催旅行業者は責任を負わないとした上で，国際サッカー連盟開催のワールドカップ観戦チケット購入契約の締結という手配債務の履行について債務不履行は認められないとしたものがある[111]。なお，人

---

105) 東京地判平元・6・20判時1341号20頁（前掲読売旅行事件）。
106) 手配の全部または一部の代行を任された他の旅行業者その他の補助者をいう。
107) 標準約款・募集型企画旅行契約の部4条・27条1項および受注型企画旅行契約の部4条・28条1項。
108) 標準約款・募集型企画旅行契約の部28条および受注型企画旅行契約の部29条。
109) 標準約款・募集型企画旅行契約の部29条および受注型企画旅行契約の部30条。
110) 東京地判平元・6・20判時1341号20頁（前掲読売旅行事件）。
111) 京都地判平11・6・10判時1703号154頁。

身損害を伴わない場合でも，期待通りの旅行サービスを受けられなかったことについて，慰謝料請求を認める裁判例がある[112]。

9 海上運送

(1) 海上企業者

(イ) 海上企業者の諸形態

　海上企業者とは，商行為をする目的で船舶[113]を航海の用に供する者をいう（商684条参照）。その形態として，①商行為をなす目的で自己の単独所有する船舶を航海の用に供する者である「船舶所有者（船主）」（商686条以下参照），②共有する船舶を商行為をなす目的で航海の用に供する者である「船舶共有者」（商692条以下参照），③他人の船舶を賃借し，商行為をなす目的で航海の用に供する者である「船舶賃借人」（商701条以下参照），④船舶の所有者が一定期間船舶の全部を船長付きのまま相手方（定期傭船者）に貸し切り，しかも船長をその指図のもとにおく「契約定期傭船者」（商704条以下参照）[114]がある。国際海上運送法は，これらの者を「運送人」と称する（国際海運2条2項）。

(ロ) 海上企業設備

　①物的設備として，商行為をなす目的で航海の用に供する船舶（商684条〜689条）が必要である。②人的設備として，海上企業の補助者である船員（船長〔商708条以下〕・海員）が必要であり，また水先人も船長の補助をする者である。

(ハ) 船舶所有者等の責任制限

　船舶所有者等の有限責任制度として，「船舶の所有者等の責任の制限に関する法律」（昭50法94号）が制定され，船価責任主義ではなく金額責任主義を採用する[115]。この法律とともに，船舶油濁損害賠償保障法（昭50法95号）が制定さ

---

112) 神戸地判平5・1・22判時1473号125頁・東京地判平9・4・8判タ967号173頁。
113) この「船舶」は，端舟その他の「ろかい」のみをもって運転し，または主として「ろかい」をもって運転する舟を除く（商684条括弧書）。なお，商行為をする目的で専ら湖川・港湾その他の海以外の水域において航行の用に供する船舶を，「非航海船」という（商747条括弧書）。
114) 「定期傭船契約」は，当事者の一方が艤装した船舶に船員を乗り組ませて当該船舶を一定の期間相手方の利用に供することを約し，相手方がこれに対してその傭船料を支払うことを約することによって，その効力を生ずる（商704条）。
115) 船価責任主義（船価主義）とは，船舶・運送賃等を債権者に移転（委付）させることにより当該債権者に対する責任を免れるものであり，金額責任主義とは，船舶の積量

れている。
(ニ) 船舶債権者
　一定の債権を有する者は，船舶およびその属具について船舶先取特権を有し（商842条以下），船舶抵当権（商847条）も認められる。

(2) 海上運送
(イ) 物品運送の種類
　①個々の運送品を目的とする運送契約である「箇品運送契約」（商737条）と，②船舶の全部または一部を目的とする運送契約である「航海傭船契約」（商748条）とがある（相手方を傭船者，運送賃を傭船料）。傭船契約の場合，航海単位の航海傭船と期間の定めによる期間傭船とがある。
(ロ) 契約の成立等
　諾成・不要式の契約であるが，荷送人は，船積期間に，運送に必要な書類を船長に交付しなければならない（商738条・756条）。また，運送人または船長は，船荷証券が交付されていない限り，荷送人または傭船者の請求により，船積みがあった旨を記載した海上運送状を交付しなければならない（商770条）。
(ハ) 運送の各段階の規定
　船積，航海，および陸揚・引渡しの各段階において船主等の権利義務の規定がある（商737条以下）。また，運送人の報酬請求権などについて規定がなされている（商741条・746条等）。
(ニ) 運送人の責任
① 内航船の場合　　船積港および陸揚港が本邦内にある船舶による物品運送の場合には，商法第2編第8章第2節の物品運送一般の運送人の責任規定（商575条等）が運送営業の通則規定として適用される。なお，商法第三編第3章の海上物品運送に関する特則においては，航海に堪える能力に関する注意義務（堪航能力担保義務）について，過失責任とし，運送人の損害賠償責任を免除または軽減する特約は，無効とされている（商739条・756条）。
② 外航船の場合　　船積港または陸揚港が本邦外にある船舶による物品運送の場合には，国際海上物品運送法が全面的に適用される（国際海運3条・4条・12条の2以下参照）。

　　トン数に応じ一定の割合で算出した金額に限定して責任を負わせるものをいう。

(ホ) 船荷証券

　船荷証券とは，運送品の受取を証し，陸揚港においてこれと引換えに運送品を引き渡す義務を負担する有価証券（Bill of Lading〔B/L〕）である[116]。船荷証券の交付は，運送人または船長または代理人による（商757条・758条〔記載事項〕，国際海運6条・7条参照）。

　また，荷為替手形であっても，海外の買主の信用が不確実であれば，銀行は割引に応じないし，売主も売買契約自体の締結に不安が生じることから，輸入者である買主（発行依頼人）の依頼により，発行依頼人の取引銀行（信用状の発行銀行）が発行する書面である，荷為替信用状が利用されることが多い。これは，輸出者である売主（発行依頼人の受益者）の振り出した為替手形が所定の船積書類ともに呈示されれば，受益者に対してその発行銀行が当該為替手形の引受けまたは支払をなす旨を表示したものである。英米では，商業信用状（commercial letter of credit）と呼ばれる。その信用状発行銀行の信用によって買主の代金支払債務の不履行が生じる危険を除去して，売主が迅速に代金を回収することができることになる。

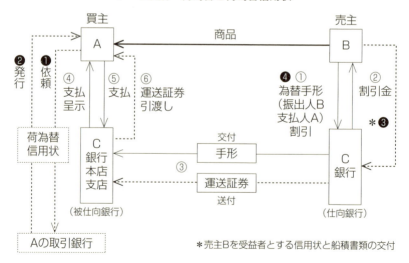

7－5図解：荷為替と荷為替信用状

116）売主は，代金回収方法として，自己が振出人となり海外の買主を支払人とする為替手形を振り出し，自己の取引銀行に対して船荷証券等の船積書類を担保に供し為替手形の割引を受けたり（割引荷為替），その為替手形の取立てを委任する（取立為替）方法がとられることが多い。このような方法を「荷為替」という。

(ヘ) 複合運送証券

　運送人または船長は，陸上運送および海上運送を一の契約で引き受けたときは，荷送人の請求により，船積みがあった旨を記載した複合運送証券の一通または数通を交付しなければならない（商769条）。

(3) 海上危険に対処する特殊制度
(イ) 船舶衝突

　船舶と他の船舶との衝突（船舶の衝突）に係る事故が生じた場合において，衝突したいずれの船舶についてもその船舶所有者または船員に過失があったときは，裁判所は，これらの過失の軽重を考慮して，各船舶所有者について，その衝突による損害賠償の責任およびその額を定める（商788条前段）。この場合において，過失の軽重を定めることができないときは，損害賠償の責任およびその額は，各船舶所有者が等しい割合で負担する（商788条後段）。この損害賠償請求権は，2年間の短期消滅時効の定めがある（商789条）。

(ロ) 海難救助

　船舶または積荷その他の船舶内にある物（積荷等）の全部または一部が海難に遭遇した場合において，これを救助した者があるときは，その者（救助者）は，契約に基づかないで救助したときであっても，その結果に対して救助料の支払を請求することができる（商792条以下）。海難救助が成立するためには，船舶・積荷等であることを要し，人命のみの救助は含まれない。人命救助が財産救助と同時になされる場合には，人名救助に従事した者も積荷等の救助料の支払を受けることができるにすぎない（商796条2項）。救助料に係る債権等の消滅時効は，2年間の短期消滅時効である（商806条）。

(ハ) 共同海損

　共同海損とは，船舶および積荷等に対する共同の危険を避けるために船舶または積荷等について処分（帆柱の切断・投荷・乗り上げ等）がされたとき，当該処分（共同危険回避処分）によって生じた損害および費用をいう（商808条）。この共同海損は，船舶・積荷等の利害関係人が所定の額の割合に応じて分担させるものである（商810条）。共同海損を分担すべき者の責任については，船舶の到達または積荷の陸揚げの時に現存する価額の限度においてのみ，その責任を負う（商811条〔有限責任〕）。共同海損の分担に基づく債権は，1年間の短期消滅時効によって消滅する（商812条）。

10　運送取扱営業

(1)　総　説
(イ)　運送取扱営業の意義

　運送取扱いとは，物品運送の取次ぎ（自己の名をもって他人の計算において法律行為を引き受ける行為）を行うことであり，取次ぎは営業的商行為とされる（商502条11号）。

　取次ぎを行う点では問屋と共通点を有するが，取次ぎの対象は，運送取扱営業において物品運送契約であるのに対し，問屋営業では物品の販売・買入契約である点で異なる。しかし，運送取扱営業と問屋営業は同じ取次営業であるので，商法は問屋営業に関する規定を運送取扱営業に対して準用する（商559条2項）。

(ロ)　経済的機能

　運送取扱営業の沿革として，物品運送契約の取次ぎは，問屋が買入物品を委託者に送付するため問屋営業に付随して行われていた。しかし，運送機関が発達して複雑多様化し，運送の距離も伸長するにつれて，運送人や運送方法・手段を迅速かつ的確に選択して運送を委託する業務が分化し発達したものが，運送取扱営業である。物品の運送を欲する荷主は，運送人を選択してこの者と運送契約を締結したり，運送関係の書類を整え，運送品の荷造・保管・引渡し・通関手続その他の運送に付随する事務を自ら行ったりする煩雑を回避するために，荷主と運送人との間に介在する専門家（運送取扱人）に，それらの諸事務の処理を委託するのが便宜であることから，このような委託を受けて物品運送の取次ぎを業とする運送取扱営業が重要な機能を営むようになった[117]。

(ハ)　通運事業

　運送取扱営業を行う者は，実際上，いわゆる「戸口から戸口へ（from door to door）」という運送の理想を実現するために，運送人と運送契約を締結するのみでなく，上記のような運送に付随する各種の事務を処理し，また，物品運

---

[117]　なお，二以上の異なる運送方法が使用される運送の全区間を1人の運送人が引き受ける複合運送が発達して，自ら輸送手段を持たない者（フレイト・フォワーダー〔Freight Forwader〕）が利用運送を引き受ける形で自ら複合運送人となることが多くなったため，運送取扱営業のウェイトは相対的に低下したといわれている。

送の代理・媒介を行い，さらに，発送地の委託者の戸口から運送人へあるいは到達地の運送人から運送品受取人の戸口への小運送の引受けのような，ある程度運送営業等を経営することが多い。そこで，このような複雑多岐な営業活動を伴う物品運送の取次業は，通運事業といわれることがある[118]。しかし，商法は，上記のような複雑多岐な営業活動の一部である物品運送の取次ぎという運送取扱いのみを対象として法規整をしているにすぎない[119]。

(2) 運送取扱人の意義
(イ) 意 義

運送取扱人とは，自己の名をもって物品運送の取次ぎを業とする者をいう（商559条1項）。取次ぎの目的である運送は，物品運送であれば，陸上運送，海上運送，航空運送あるいは複合運送のいずれでもよい。商法は，物品運送の取次ぎのみを規定しており，旅客運送の取次ぎをする者は，ここでいう運送取扱人ではなく，いわゆる準問屋（商558条）の一種である。

なお，到達地の運送取扱人が，発送地の運送取扱人の委託を受けて運送人から運送品を受け取り，これを受取人に引き渡し，またこれに関連する行為を行う場合は，運送契約の取次ぎではないから，上記の到達地運送取扱人は商法上の運送取扱人ではない。しかし，このような業務も運送取扱人の業務の一環であり，両者は類似性を有するので，このような到達地運送取扱人にも，性質の許す限り運送取扱人に関する規定を類推適用すべきであると解されている。判例においても，荷物の到着地における運送取扱人は，最初運送の委託を受けた運送取扱人に対して，発送地の運送取扱人と同一の責任を負担すべき慣習が存在するとされている[120]。

---

[118] かつて通運事業法（昭24法241号）は，鉄道による物品運送に関連して，通運（通運取扱・通運代弁・鉄道集配・貨車積卸・鉄道利用）を行う事業を通運事業とし，その免許を取得したものを通運事業者と呼んで，監督規定を設けていた。しかし,1989（平成元）年の法改正により廃止された。

[119] 立法論として，運送取扱人を物品運送の取次ぎ，代理または媒介をなすことを業とする者として定めるのが適当であるといわれている（昭和10年商法改正要綱212）。

[120] 大判大13・6・6新聞2288号17頁。

7－6図解：運送契約の流れ

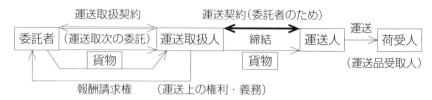

(ロ) 問屋に関する規定の準用

運送取扱人は，取次商である点で問屋と同様であるから，運送取扱人について別段の定めがある場合を除くほか，問屋に関する規定[121]が準用される（商559条2項）。

(ハ) 運送取扱契約の性質

運送取扱契約は，運送取扱人が他人（委託者）の委託に応じて物品運送の取次ぎ（物品運送契約の締結という法律行為の委託）を引き受ける契約であるから，委任契約の一種であって[122]，民法の委任に関する規定（民643条以下）が補充的に適用されるのは当然のことであり，とくに準用規定（商559条2項・552条2項）を要するものではない。

(3) 運送取扱人の権利

(イ) 報酬請求権

運送取扱人は，特約がない場合でも，報酬請求権を有し（商512条），運送取扱人が運送品を運送人に引き渡したときは，直ちに（運送の終了を待つ必要はない）その報酬を請求することができる（商561条1項）。これで，委任された事務はすべて完了したといえるからである。ただし，運送取扱人が到達地運送取扱人を兼ねる場合には，運送品を荷受人に引き渡すことを要するから，荷受人に引き渡した後に請求できるものと解される。

運送取扱契約で運送賃の額を定めた場合（確定運送賃運送取扱契約）には，運送取扱人は，特約がない限り，別に報酬を請求することができない（商561条

---

121) 委託者との関係（商552条）・介入権（商555条）・供託権または競売権（商556条）等）である。
122) 運送品の荷造・保管・引渡等のような運送に付随する事実行為を引き受ける場合には，準委任契約が併存する。

2項)。この場合には，その確定運送賃と実際に支払う運送賃との差額が運送取扱人の報酬になると考えられるからである。この場合，運送取扱人は委託者との間で運送人の地位に立つことになるが，その法律構成について，運送取扱人が介入権（商563条）を行使したものと解するのが通説である[123]。

(ロ) **費用償還請求権**

運送取扱人は，運送契約により運送人に支払った運送賃その他の支出費用を委託者に対して請求することができる（商559条2項・552条2項，民649条・650条)。もっとも，運送取扱人が，多数の委託者から委託された運送品を，一括して運送人に運送を任せる場合（たとえば貨車貸切契約の締結による混載運送）に，運送賃が個別に運送させる場合よりも割安になったとき，この部分を運送取扱人は利得することができるかという問題について見解が対立している[124]。

(ハ) **留置権**

運送取扱人は，運送品に関し受け取るべき報酬，運送賃その他委託者のためになした立替または前貸し（荷造費，発駅までの持込料など）についてのみ，その運送品を留置することができる（商562条）[125]。運送取扱人の留置権は，同じ取次業である問屋の留置権（商557条・31条）とは異なり，留置の目的物と被担保債権との牽連関係を要求し，被担保債権が限定されている。運送取扱契約において，委託者と受取人が同一人でない場合，運送取扱人が委託者に対して有する債権ではあるが，受取人が受け取る運送品と無関係な債権のため，運送品を留置するということになれば，受取人が不測の損害を被ることになるおそれがあり，このような不測の損害から荷受人を保護するためである。

運送取扱人が留置権を行使するためには，留置の目的物である運送品を占有していることが必要である。しかし，運送人と異なり，運送取扱人が運送品を直接占有していない場合が多い。そこで，運送取扱人は，運送人にその運送品を引き渡した後でも，なお荷送人としての地位に立つと考えられるから，運送品を間接占有しており，運送人に対して運送品の処分権（商580条）を行使して，

---

[123] これに対し，この場合の運送取扱契約は運送契約であって，委託者と運送取扱人との関係には運送に関する規定を直接適用すべきとする見解もある。

[124] この場合の節約できた部分については，運送取扱人は委託者に最も有利に取次ぎをなすべきであるから，その節約分は各委託者に均しく返還すべきであるとする見解と，運送取扱人が介入権を行使した一場合であり，その部分も運送取扱人の利得となしうるという見解が対立している。

[125] 他の留置権との比較による特徴について，前述**3**(4)参照。

運送中の運送品に対して留置権を行使することになる[126]。相次運送取扱いの場合には，中間運送取扱人は，自己に対する委託者である運送取扱人に代わって留置権を行使する義務を負う（商564条・579条）。

(二) 介入権

① 意　義　　運送取扱人は，特約のない限り，自ら運送人として運送を行うことができる（商563条1項）。この権利を運送取扱人の介入権といい，問屋の介入権と同じ形成権である。しかし，問屋の場合のように取引上の相場がある物品とか通知を発した時という要件（商555条参照）が置かれていない。このような制限がないのは，運送の場合，運送賃や運送方法・手段が一般に定型化しており，委託者と運送取扱人の利害が対立するおそれは少なく，弊害が生じないと考えられたためである。

② 介入の方法　　形成権である介入権の行使方法については，委託者に対して介入する旨の明示または黙示の意思表示をなし，委託者に到達したときに介入の効果が生じる。運送取扱人が委託者の請求によって運送証券（船荷証券または複合運送証券）を作成交付したときは，自ら運送をなすものとみなされる（商563条2項）。これは，本来，貨物引換証は運送人が作成交付すべきものだからである。

③ 介入権の効果　　介入権が行使された場合には，運送取扱人は運送人と同一の権利義務を有することになる（商563条1項後段）。したがって，運送取扱人は運送人の地位を占めることになる（運送取扱人・運送人の二重の地位を有する）。また運送取扱人が運送人を使って運送させる場合（運送取扱人のための下請運送）は，その運送人は運送取扱人の履行補助者となる。ただし，このような場合も運送取扱人の取次ぎの実行の一方法にすぎないから，問屋の場合と同じように，運送取扱人としての報酬および費用の償還を請求する

---

126) なお，留置権の行使は報酬・費用等について債権が発生したことを要件とすることは当然であるが（運送人の留置権について，大判昭5・4・28新聞3125号9頁），運送取扱人の留置権の規定（商562条）は，債権が弁済期にあることを要件として規定していない点で，民法上の留置権（民295条1項但書）と異なる。運送契約に基づき運送人に運送品を引き渡すこと（委任事務の終了）により，原則として，運送取扱人の債権（報酬請求権）が発生したときに弁済期（商561条1項）にあることになる。しかし，例外的に，弁済期を運送品の引渡しの後に遅らせる特約がある場合に，商法562条の規定の文言から債権が弁済期にあることを要しないと解すべきではなく，留置権の性質上これを行使しうるためには債権が弁済期であることを要するとする見解もある（この見解では上記のような特約がある場合には運送取扱人は留置権を行使できない）。

ことができるが（商559条 2 項・555条 2 項），同時にまた，受任者として義務を免れるものではない。

(ホ)　**債権の短期消滅時効**

運送取扱人の委託者または荷受人に対する債権は，1 年を経過したときは時効によって消滅する（商564条・586条）。これは，運送取扱人の責任に関する 1 年の短期消滅時効（商564条・585条）との調和を考えたためである。ここにいう荷受人とは運送取扱契約において運送品受取人と定められた者のことであり，運送品受取人が運送品を受け取った後は，運送取扱人に対して委託者と同一の義務（商564条・581条 1 項）を負うことになるからである。

(4)　**運送取扱人の義務と責任**

(イ)　**運送取扱人の義務**

運送取扱人は，受任者として，善良な管理者の注意をもって委任事務である物品運送の取次ぎをしなければならない（商559条 2 項・552条 2 項，民644条以下）。その義務は，委託者のために物品運送契約を締結するだけではなく，物品運送に必要な各種の配慮（たとえば運送品の受取り・引渡し・保管等）をすることも含む。運送取扱人の負うべき注意義務の程度は，具体的には当該運送取扱契約の内容および商慣習によって決まる。

その他運送取次ぎに関する注意については，運送品が差し押えられた場合，運送取扱人は，遅滞なくその旨を委託者に通知しなければならないが，差押えが自己の過失に起因するものでない限り，差押債権者に対して第三者異議の訴えを提起する義務を負わないとする判例がある[127]。このような義務に反して委託者に損害が生じた場合には，運送取扱人は，当然に債務不履行による損害賠償責任を負わなければならない[128]。

(ロ)　**運送取扱人の責任**

運送取扱人は，自己またはその使用人（履行補助者）が運送品の受取り（委託者から運送品を受け取ること），引渡し（受け取った運送品を運送人に引き渡すこと），保管（上記受取りから引渡しまでの間の保管），運送人または他の運送取扱

---

[127]　大判大12・6・6 民集 2 巻 8 号377頁。
[128]　なお，運送取扱人は，問屋の指値遵守義務と同様に，委託者の指定する運送賃の額を遵守することを要し（商559条 2 項・554条），問屋と同様の通知義務（運送契約の締結，運送品の引渡等）が課される（商559条 2 項・557条・27条）。

人（中間運送取扱人または到達地運送取扱人）の選択[129]，その他運送に関する注意（厳密には「運送取次ぎに関する注意」）を怠らなかったことを証明するのでなければ，運送品の滅失（第三者が運送品を即時取得〔善意取得〕した場合をも含む），毀損または延着につき損害賠償の責任を免れることができない（商560条）。

この規定は，運送人の場合と同様，債務不履行責任の一般原則を明確にした注意的規定であると解され（通説），また，運送取扱人の責任に関し，運送取扱契約の債務不履行に基づく賠償請求権と不法行為に基づく賠償請求権との競合も認められること[130]は，運送人の責任の場合と同様である（運送人の責任に関する前述**6**参照）。もっとも，損害賠償額については，運送人の場合のように定型化する特別の規定（商576条1項〜3項参照）がないので，債務不履行の一般原則による。

高価品については，運送人の責任に関する規定が準用されている（商564条・577条）。また，責任の短期消滅時効（1年）については，運送人の場合と同様である（商564条・585条）[131]。

(5) 荷受人の地位

運送取扱契約は運送取扱人と委託者との間の契約であって，運送取扱契約における荷受人は当事者ではないが，運送契約における荷受人の場合と同様に，運送関係の特質を考慮して，運送取扱人と運送品の受取人である荷受人との間にも，次のような関係が生ずる。なお，運送取扱契約において委託者によって荷受人と定められた者と，運送契約上の荷受人とは一致しない場合（たとえば，運送取扱人またはその履行補助者が運送契約上の荷受人となる場合）がある。ここでは，前者の意味の荷受人である。

---

129) 選択の適否については責任を負うが，これらの者の行為（履行補助者の行為と認められない場合）については責任を負わない。
130) 最判昭38・11・5民集17巻11号1510頁，最判昭44・10・17判時575号71頁。
131) 平成30年商法改正前商法566条3項にいう運送取扱人の悪意とは，滅失・毀損のあることを知って引き渡した場合をいうと解するのが判例（最判昭41・12・20民集20巻10号2106頁　前掲三菱倉庫事件）である。学説の対立については，前述**6**(6)㋺参照。この場合の起算点となる荷受人の受け取った日に関して，ここにいう荷受人とは運送取扱契約上の運送品受取人の意味であって，必ずしも運送契約上の荷受人ではない。運送契約上は運送取扱人・その履行補助者・到達地運送取扱人が荷受人となることがあるからである。

㈲ 荷受人の権利
　荷受人は，運送品が到達地に到着した後は，委託者が運送取扱契約に基づき運送取扱人に対して有するのと同一の権利を取得する（商586条・581条1項）。この権利取得をどのように理解するかについては，運送契約の場合と同様である（前述 **5** 参照）。
㈹ 荷受人の義務
　荷受人は，運送品を受け取ったときは，運送取扱人に対して運送取扱いの報酬・運送賃その他の費用を支払う義務を負う（商564条・581条3項）。運送契約の場合と同様である（前述 **5** 参照）。なお，運送取扱人が荷受人に対して有する債権は，前記のように1年の短期時効によって消滅する（商564条・586条）。

(6) 相次運送取扱い
㈲ 相次運送取扱いの意義
　相次運送取扱いとは，数人の運送取扱人が同一の運送品について相次いで運送取扱いをすることをいうが，広義では次の諸形態がある。
① **下請運送取扱い**　運送取扱人（元請運送取扱人）が委託を受けた運送取扱業務の全部または一部を自ら実行することなく他の運送取扱人（下請運送取扱人）に委託する場合をいう。この場合には，下請運送取扱人は，元受運送取扱人の履行補助者にすぎず，委託者との間に直接の法律関係はない。
② **同一運送取扱い**　複数の運送取扱人が共同して全部の区間の運送取扱いを引き受け，内部関係においてそれぞれの分担を定めるものである。複数の運送取扱人が1個の運送取扱契約によって委託者に対し直接の法律関係に立ち，連帯責任を負担する（商511条）。
③ **部分運送取扱い**　複数の運送取扱人がそれぞれ別個の運送取扱契約によって運送取扱い全体の各区間を各別に引き受けるものである。各運送取扱人は，自己の引き受けた区間の運送取扱いについて責任を負うにすぎない。
④ **中間運送取扱い**　複数の運送人の間で運送品の中継をする必要があるとき，または到達地で運送人から運送品を受け取り，これを荷受人に引き渡す義務を他の運送取扱人に行わせる必要があるときに，発送地の運送取扱人が，自己の名をもって委託者の計算において第一の運送契約を締結することを引き受けるとともに，第二の運送契約について自己が委託者となって他の運送取扱人（中間運送取扱人）と運送取扱契約を締結し，以下の運送についても，

順次各中間運送取扱人が次の運送について，他の運送取扱人と運送取扱契約を締結するものである。

中継地で運送取扱いをなす者が中継地運送取扱人であり，到達地で運送取扱いをなす者が到達地運送取扱人であるが，両者を併せて中間運送取扱人という。発送地運送取扱人は，中間運送取扱人の選択について誤りがない限り，責任を負わない（商560条）。商法564条・579条は，このような中間運送取扱い（狭義において相次運送取扱い）について規定したものである。

㋺　中間運送取扱人の地位

中間運送取扱人は，自己への委託者である運送取扱人のために善良なる管理者の注意をもって，委任事務を遂行しなければならない（民644条）。したがって，数人相次で運送の取次ぎをなす場合においては，後者の中間運送取扱人は前者の運送取扱人に代わってその権利（報酬・費用などの請求権，運送品留置権等）を行使する義務を負う（商564条・579条1項）。これは，運送の地理的に進展する関係に考慮し，後者に前者のための法定代理人的地位を認めたものである。ただし，中間運送取扱人は，直接の前者以外との間にはなんら法的関係はないのであるから，ここでいう前者とは，自己の直接の前者に限られる。

また，後者の中間運送取扱人が前者の運送取扱人に弁済（代物弁済・相殺等も含まれる）をしたときには，前者の権利を継承取得（抗弁事由もそのまま引き継がれる）する（商564条・579条2項）。運送関係の法律関係は，地理的に順次決済されることになる。この場合の前者とは，自己に運送取扱いを委託した直接の前者に限られない。同様に，中間運送取扱人（最初の運送取扱人ではない）が運送人に弁済したときにも，前者に弁済した場合と同じであり，中間運送取扱人はその運送人の権利（前者に対する）を継承する（商564条・579条2項）。

【問題】

1　売主Aは，売却した商品を買主Bに引き渡すために，C運送株式会社と運送契約を締結し，Bを受取人として，F市内のAの営業所から，N市内のBの営業所までの運送を依頼した。次の問に答えなさい。

(1)　C会社が運送を怠っている場合に，Bは，C会社に対して速やかに運送をするように請求することは認められるか。

(2)　運送品がN市内のC会社の営業所に到着した場合，Bは，得意先に迅速に納品

するために，C会社の運送をまたずに，自己の軽貨物自動車で自己の営業所まで運送することができるか。
 (3) 上記事例において，Bが上記の営業所を変更し，Cに対し，変更された別の営業所へ運送することを請求することは認められるか。
 (4) 運送品がN市に到着した場合に，Aは，Bの信用状態の悪化を知ったので，急遽C会社に対して運送品をF市まで返送することを請求した。この請求は認められるか。
2 宝飾・美術品の卸売業を営んでいるAは，磁器の皿の入った箱について，東京都内の店舗までの貨物自動車運送契約を，B運送株式会社と締結した。ところが，B会社の使用人である運転手Cが，貨物をわざと乱暴に取り扱ったため，貨物の一部が破損してしまった。次の問に答えなさい。
 (1) Aは，破損した事実を示して，B会社に損害賠償を請求した。B会社は，Aに対して，どのような根拠に基づいて責任を負うか。
 (2) 上記事例において，貨物が有田焼きの人間国宝の作になる100万円の皿であったが，Aはその事実を明らかにせず，その貨物が磁器の皿であることのみを告げ，また，その価額を明示しなかった。この場合に，AはB会社に損害賠償を請求することができるか。
 (3) B会社は，Aから貨物として腕時計の運送の依頼を受けたが，その貨物がスイス製の高級腕時計であることが推察可能であった。この場合に，B会社はAから貨物が高価品であることが告げられなかったときは，その損害についてB会社は責任を負わないか。
3 荷送人Aは，F市からK市までにF市特産品を運ぶために，B運送株式会社と運送契約を締結した。B会社は，それをH市まで運び，そこからO市までをC運送株式会社，O市からN市までをD運送株式会社に運送の依頼をした。運送品がどこかで紛失してしまった場合に，Aは，B会社，C会社，D会社のいずれにも損害賠償請求することができるか。
4 ダイヤモンドの加工を顧客Aから依頼されたBは，その加工を終了した後，当該ダイヤモンドを荷受人Aとする宅配便として，C運送株式会社と運送契約を締結した。宅配便運送約款には，責任限度額30万円とし，30万円を超える高価品は引き受けないこと，これが万一出荷されても損害賠償責任を負わない旨の文言が記載されていた。しかし，Bは，送り状の品名欄・価格欄にはダイヤモンドである旨の記載をしなかった。そして，上記ダイヤモンドは，C会社による運送途中で紛失したが，C会社には重過失がなかった。Bは，当該ダイヤモンドの所有者のAに対して150万円の損害賠償をしたことから，その額についてC会社に対して損害賠償請求をした。Bの請求は，認められるか。

5　A乗合自動車株式会社は，回数乗車券（無記名）を発行しており，Bは，この回数乗車券を購入した。次の問に答えなさい。
　(1)　A会社がバス運賃の値上げを行った場合に，旧回数乗車券の所持人Bは，その値上がり分を支払わなくても，これを使用して乗車することはできるか。
　(2)　Bが定期乗車券を所持している場合に，Bがうっかりして定期乗車券を自宅に忘れてきたとき，その旨を友人の証言などによって証明しても，乗車することは認められないか。
6　旅行業を営むA株式会社が，「北海道7日間の旅」というパック旅行（主催旅行）を企画・募集した。このパック旅行に参加したBは，A会社が手配した観光バスに乗ったが，札幌から大雪山国立公園に行く途中で，カーブでスピードを出し過ぎて横転した結果，Bは重傷を受け後遺症を患った。次の問に答えなさい。
　(1)　Bは，A会社に対して事故により受けた損害の賠償を請求した。Bの請求は認められるか。
　(2)　上記の事例において，本件パック旅行は大雪山国立公園にある有名なホテルに宿泊する企画であったが，現地についてみると，粗末なロッジに変更された。Bは，大雪山の有名ホテルに滞在して大雪山国立公園を満喫する夢を抱いていたのに，それが実現しなかった。このことにより精神的苦痛を受けたので，BはA会社に対して慰謝料を請求しようと考えた。Bの請求は認められるか。
7　家具製造販売を業とするA株式会社は，物品運送の取次ぎを業とするB株式会社に，A会社東京支店までの運送の取次ぎを委託するため，B会社F支店の営業所内にA会社商品を搬入した。平成29年3月10日，B会社F支店の係員Cが商品を無造作に取り扱って積み替えを行ったが，商品の一部が破損していることを知っていた。同年3月12日，A会社支店が運送されてきた当該商品の受領の際に検査したところ，その毀損が判明した。そこで，A会社はB会社に損害賠償請求を検討していたが，その後A会社がE株式会社と合併してしまった。A会社の権利義務を承継したE会社は，平成30年4月15日B会社に対し，上記運送取次ぎの義務違反による損害賠償の支払請求をした。E会社の上記請求は認められるか。

第8章

寄託および場屋営業

1 寄託

(1) 寄託の意義

　寄託は，当事者の一方（寄託者）がある物[1]を保管[2]することを相手方（受寄者）に委託し，相手方がこれを承諾することによって，その効力を生ずる（民657条）。寄託には，保管料を支払う場合とそうでない場合とがあり，無償受寄者（民659条）であるか，有償受寄者（民400条）であるかによって，受寄者の保管義務に軽重がある。

　その他に，民法では，寄託物の使用および第三者による保管，受寄者の通知義務，寄託者による損害賠償，寄託物の返還，消費寄託等に関する一般的規定が置かれている[3]。実際に寄託がみられるのは，寄託の引受け（商502条10号）を業とする倉庫営業や駐車場経営，ホテル・飲食店等の場屋営業等においてであり，倉庫営業・場屋営業については商法が規定しているので，民法の寄託という制度はそれほど重要な作用をもたない。

8－1図解：商事寄託

```
                    寄託契約
  寄託者 ←―――――――――――――――――→ 商人  （受寄者）
         （商人の営業の範囲内）
           物 （寄託物）              ①無償―デパートの一時
         ←――――――――                    預かり
           善管注意義務               ②有償―倉庫営業者・駐
                                         車場経営者
```

---

1) ここでの物には，動産だけでなく，不動産も含まれる。
2) 保管とは，受寄者が目的物を支配内において滅失・損傷を防ぎ現状を維持する方法を講ずることである。
3) 民658条，660条，661条，662条〜664条，666条参照。

(2) 商事寄託における受寄者の注意義務

　商人がその営業の範囲内において寄託を引き受けることを商事寄託という。この場合に，商人は，報酬を受けないときであっても，善良なる管理者の注意をもって，寄託物を保管しなければならない（商595条）。これは民事寄託の無償受寄者の義務[4]に関する例外規定である。商法は，商人の信用を高めるために，その責任をより一層厳格にしている[5]。もっとも，特約によって，これを軽減または免除することも認められる。

　受寄者の責任が問われる場合に，たんに保管場所を提供しているだけであるのか，寄託の引受けにより寄託契約が成立しているかどうかが問題となる。裁判例では，駐車場の場合に，業者が自動車を管理するような場合は寄託・保管とされ[6]，場所の提供ないし賃貸にすぎないような場合は，寄託・保管とはいえないとされる[7]。また，ゴルフ場のクラブハウス内にある貴重品ロッカーの場合に，事業者は，利用客のロッカーの使用の有無や，使用された場合の各ボックスの内容物は把握していないことから，ロッカー内の財布等について，利用客が事業者に対し保管を申し込み，事業者がこれを承諾して受け取ったものと認めることはできないことを理由として，商事寄託契約は成立していないとされる[8]。

2　場屋営業

(1)　総　説
(イ)　場屋営業の意義

　場屋営業とは，客の来集を目的とする場屋における取引（商502条7号）を営業とするものである。場屋取引を業とする者は，独立の商人であり（商4条1

---

[4] 民法659条（無報酬の場合に自己の財産におけるのと同一の注意をなす義務を負うにすぎないと定める）。

[5] たとえば，ホテルやレストラン等において無料で荷物を預かる場合でも，注意義務は軽減されない。

[6] 大阪高判平12・9・28判時1746号139頁（ホテルにおいて客が本件自動車をホテルの敷地内で移動させることを了承し，その鍵を従業員に交付することにより，ホテルがその客から無償の本件自動車の寄託を受けたと判示する），東京地判平元・1・30判時1329号181頁。

[7] 高知地判昭51・4・12判時831号96頁。

[8] 東京高判平16・12・22金判1210号9頁。

項），商法は場屋営業者と呼ぶ（商596条〜598条）。場屋取引の具体的な内容は売買・賃貸借・請負・労務の提供等の契約と様々な形態の設備の利用とが密接に結合して多種多様であるが，場屋営業は，公衆の来集に適する物的・人的設備がなされ，そこに多数の客が出入りして，ある程度の時間そこにとどまってその設備を利用するものであるという点では共通性を有している。

　商法は，場屋取引の多種・多様性により一つの取引類型として定型的な規整を加えることが技術的に困難なことから，客の来集を目的とする場屋における取引とは何かについてとくに規定を設けず，旅店（旅館・ホテル等）・飲食店・浴場を例示するにすぎない[9]。

9）　この他にも，劇場・映画館等の興行場，遊園地・ボーリング場等の運動・娯楽施設，パチンコ店・ゲームセンター・麻雀クラブ等の遊技場，美容院および理髪店等がある。また，病院・図書館・博物館のような学術的ないし技術的施設でも，営業としてなされるときは，場屋営業にあたると解する見解も有力である。さらに，スーパーマーケット，デパート，大型ショッピングモール等も場屋に含める見解もある。
　判例は，理髪店について，理髪業者と客との間にただ理髪という請負もしくは労務に関する契約が存在するとどまり，客に一定の設備を利用させることを目的とした契約は存在せず，理髪業者の営業的設備は理髪のための設備であって客に利用させるための設備ではないとして，場屋営業に属しないとする（大判昭12・11・26民集16巻1681頁。また，美容院についてもこれと同様に解する裁判例として，東京地判平2・6・14判時1378号85頁参照。これに対し，学説では，理髪師が客のもとに出張して理髪を行う営業とは異なり，客の来店をまって理髪を行う場合には場屋営業に属するものと解されている〔通説〕）。また，ゴルフ場営業も場屋営業に含まれるとする裁判例がある（東京高判平16・12・22金判1210号9頁，名古屋地判昭59・6・29判タ531号176頁〔もっとも，広大なゴルフ場の全域がそのまま場屋に該当するかについて若干の疑問が存するとして，少なくともゴルフ場側がその営業の一環として浴室・食堂・談話室・会議室・貴賓室等の設備を設け，客に有償で利用させている構造物としてのクラブハウスおよびこれに近接する一帯は場屋と解するのが相当であると判示する〕）。これに対し，ガソリンスタンドは，場屋営業に含めることができないとする裁判例がある（東京地判平13・10・19判時1796号97頁〔控訴審の東京高判平14・5・29判時1796号95頁は，原判決理由説示を前提として，場屋営業者の責任を否定〕）。また，駐車場経営も場屋営業ではないとされる（東京地判平元・1・30判1329号181頁〔ただし，高価品の特則に関する商法旧594条・595（商596条・597条）条の規定の趣旨は，自動車を一時預り保管することを業とする駐車場営業者にも準用されると判示する〕）。
　なお，場屋内にコイン・ロッカーが設置されている場合があるが，一般にコイン・ロッカー取引は，保管場所の賃貸借契約であって，寄託契約とはいえないから，コイン・ロッカーの中の物品を保管する責任を負うものではなく，貸主は賃貸人としての責任を負うにすぎない。通常，約款が作成され，①鍵の紛失・盗用，②天災・事変等の不可抗力，③使用者の誤用，④官公署の押収・提出命令，⑤その他貸主の責めに帰さない事由によって生じた場合，貸主は責任を負わない旨を定めて，掲示されている。鍵の不完全，マスターキーの盗用等の貸主の帰責事由による場合には貸主は責任を負う。したがって，コイン・ロッカーが場屋内に設置されている場合には，場屋営業者が保管場所を提供し

8-2図解：場屋営業

(ロ) 法的規制

商法は，私法的規整としては，場屋に来集する客の所持品の紛失・盗難等の危険が少なくないことから，利用者の所持品の安全と場屋営業者の信用保持を図るために，このような所持品に対する場屋営業者の責任について厳格な規定を設けているにすぎない[10]。

また，各種の場屋営業は，いずれも衛生・良俗ないし風紀上の理由から，行政的な監督取締法規[11]により各種の規制が加えられ，許可営業とされることが多く，免許が必要とされる営業もある。これらは，各種の場屋営業に即してその私法的法律関係を直接に規律するものではないが，当事者間の法律関係は約款認可・締約強制等の規制により規律される場合もある。

(2) 場屋営業者の特別責任

(イ) 寄託を受けた物品に関する責任

場屋営業者は，客から寄託を受けた物品の滅失または毀損については，不可抗力によるものであったことを証明しなければ，損害賠償の責任を免れることができない（商596条1項）。換言すれば，場屋営業者は，自己またはその使用人の無過失を立証するだけでは責任を免れないのである。これは，ローマ時代に物品の受領（receptum）という事実のみによって法律上当然に結果責任を旅

　　ているにすぎず，寄託の成立は認められず，場屋営業者は，その物品の滅失・毀損について商法596条1項の責任は負わないが，商法596条2項の責任を負わされる場合がある。
10)　運動・娯楽施設等における人身事故については，一般の不法行為責任が問われる（民709条・715条・717条）。
11)　「生活衛生関係営業の運営の適正化及び振興に関する法律」（昭32法164号），「風俗営業等の規制及び業務の適正化等に関する法律」（昭23法122号），食品衛生法（昭22法233号），旅館業法（昭23法138号），国際観光ホテル整備法（昭24法279号），公衆浴場法（昭23法139号），興行場法（昭23法137号），理容師法（昭22法234号），美容師法（昭32法163号）等が挙げられる。

店・駅舎の主人に負わせるという，厳格なレセプツム責任を踏襲したものであるといわれている[12]。

① **場屋営業者**　場屋営業者とは，場屋の所有者という意義ではなく，場屋営業を営む企業の主体という意義である。したがって，他人の所有する建物を賃借して旅館営業を営む者がある場合に，場屋営業者として上記の責任を負うのは，建物の所有者ではなく，旅館業を営む者（企業者）である。

② **客**　客とは，場屋の施設の利用者であるが，必ずしも利用契約が成立していることを要せず，事実上客として待遇される者[13]であれば，現実に設備を利用したかどうかにかかわらず，客に含まれる[14]。

③ **寄託**　寄託とは，場屋の経営者が客のために物品の保管を約することによって成立する契約である。実際には，たんなる物品を置く設備の提供であるか，あるいは保管を約する寄託であるかについての区別が困難な場合が少なくない[15]。

④ **不可抗力**　不可抗力の意義については，学説が対立しているが，特定事業の外部から発生した出来事で，通常必要と認められる予防手段を尽くしてもなおその発生を防止することができない危害とする見解（折衷説）が通説

---

[12] これに対し，場屋には多数の人間が頻繁に出入りし，客自身がその所持品の安全を守ることは困難であること，および，場屋営業者の責任を認めることによって場屋の信用が維持されること等が，場屋営業者の特別責任の根拠であると主張する見解も有力である。

[13] これに対し，客観的にみて施設の利用の意思をもって場屋に入ったと認められる者とする見解もある。

[14] たとえば，宿泊の意思をもってホテルに入ったものの，気に入った客室がないため，あるいは満室であるためその待合室もしくはロビーで待ったが，結局宿泊できずに立ち去った者も，ここでいう客に該当する。

[15] 裁判例として，旅館が宿泊客の自動車の鍵を受け取ることによって本件車両を支配下に置いてこれを保管したのであるから，宿泊者は旅館に対して本件車両を寄託したというべきであると判示するものがある（東京地判平8・9・27判時1601号149頁）。また，保養センターの宿泊客が同センターの駐車場に駐車した自動車の盗難事故にあった事案で，商法596条にいう寄託契約の重点は物の保管という点にあり，この物の保管とは受寄者が物を自己の支配内においてその滅失毀損を防いで原状維持の方途を講じることであると解されるので，宿泊客が自動車の鍵を保管しており，駐車した場所は庭の一部であって管理された駐車場ではなく，敷地内の出入りについて24時間出入りは自由になされていることから，自動車の支配が保養センターに移ったとはいえ，寄託契約は成立していない以上，保養センターは盗難につき責任を負わないと判示するものがある（高知地判昭51・4・12判時831号96頁）。

であり[16]，同様の立場をとると思われる裁判例も存在する[17]。

(ロ) 寄託を受けない物品に関する責任

客がとくに寄託しない物品であっても，場屋内に携帯した物品が場屋営業者またはその使用人の不注意によって滅失または毀損したときは，場屋営業者は損害賠償の責任を負う（商596条2項）。この場屋営業者の責任は，寄託を受けていないので寄託契約上の責任ではなく，また客と場屋営業者との特殊な関係に基づく責任であるから不法行為上の責任でもなく，場屋の利用関係に基づいて認められた法定の特別責任と解されている（通説）[18]。

ここにいう場屋内に「携帯した物品」とは，室内に置いていた物品であるか身辺に携帯していた物品であるかを問わず，また，場屋の利用契約が成立した時に持ち込んだ物品かその後に持ち込んだ物品かも問わない。

また，「不注意」とは，善良な管理者の注意義務を尽くさなかったこと，すなわち過失を意味し，この場合の過失の立証責任は客の側が負う[19]。

---

[16] このほかの見解として，(a)事業の性質に従って最大の注意を払ってもなお避けることができない危害とする見解（主観説。この説に対しては，通常の注意と最大の注意との区別が困難であるため，結局無過失責任と同じことになるという指摘がなされる），(b)特定事業の外部から発生した出来事で，通常その発生を予期することができない危害とする見解（客観説。これに対しては，危害の発生を予期しうる場合には，経済的・技術的にこれを防止しえないときも責任を免れないという指摘がなされる），および，(c)商法573条2項の不可抗力と同じく「責めに帰すべからざる事由」と同義とする見解（これに対しては，過失責任を原則とする運送人の場合とは異なり，不特定多数の者が出入りして物品盗取等の危険がとくに多い場屋営業の特殊性から場屋営業を利用する一般顧客を保護するために，固有の不可抗力を意味すると解すべきであるという指摘がなされる）がある。

[17] 山口地徳山支判大11・5・5新聞2010号20頁（旅館が自己の地位に相応する施設をなして盗難を防止しうべき備えをしていた場合に，暴力をもって雨戸を外し内庭に侵入して宿泊者の自転車を窃取されたときは不可抗力にほかならないと判示），東京地判平8・9・27判時1601号149頁（豪雨による丘陵崩落事故により旅館の駐車場に駐車されていた宿泊客の自動車が土砂を被って損害を受けた事案で，丘陵部分に何らかの土留め設備が設けられていれば崩落事故は生じなかった可能性を否定できないこと，宿泊客から自動車の鍵を預かっており旅館が被害を防止するために迅速に対応し駐車車両を移動できたことから，不可抗力によるものとまで認められないとして，旅館は損害賠償の責任を免れないと判示）。

[18] これに対し，設備の設置に伴う不法行為責任（民717条）に類似する特殊な不法行為責任とする見解もある。

[19] 裁判例として，ゴルフ場のクラブハウス内にある貴重品ロッカーの中からキャッシュカード等在中の財布を窃取された事案で，場屋営業者ないしその従業員について，本件盗難の発生に関し，本件ロッカーの扉・施錠等を毎日点検し，本件ロッカーの番号入力装置のカバー部分には，盗難防止のため暗証番号の盗用に注意するよう警告するシール

さらに，ここにいう「客」とは，寄託を受けた物品に関する責任の場合と同様に，必ずしも場屋の利用契約が成立した者に限られるものではない。これに対し，「使用人」とは，当該場屋の取引に事実上使用されている一切の者をいい，場屋営業者との間の雇用関係の有無を問わず，また，場屋営業者の家族も当然含まれると解されている。

(ハ) 免責特約

① **神戸ポートピアホテル事件**（最判平15・2・28判時1829号151頁）　宝石・貴金属の販売を業とするX有限会社の代表取締役Aは，神戸国際展示場において開催された神戸国際宝飾展にX会社として商品展示で参加するため，Y株式会社が経営するホテルに宿泊した。Aは，キャリーカートに2個のバッグ（X会社展示商品のペンダント・イヤリング・ネックレス等の宝飾品を収納した宝石ケースが入っていた）を乗せ，段ボール箱1個（不用になった衣類等が入っていた）を手に持って，宿泊のためY会社ホテルに入った。Aは，フロントでチェックインをする際に，Y会社ホテル従業員のベルボーイBに対し，在中品の内容を告げることなく，段ボール箱について宅急便で東京に発送する手続をするよう頼むとともに，それ以外の荷物をAが宿泊する部屋まで運んでもらうために預けたところ，Bが段ボール箱の宅急便発送手続をしていた隙に，2個のバッグをそれを乗せたキャリーカートごと何者かに盗まれた（本件盗難）。

　本件盗難当時のY会社ホテルの宿泊約款には，「宿泊客がフロントにお預けになった物品又は現金並びに貴重品について，滅失，毀損等の損害が生じたときは，それが，不可抗力である場合を除き，当ホテルは，その損害を賠償します。ただし，現金及び貴重品については，当ホテルがその種類及び価額の明告を求めた場合であって，宿泊客がそれを行わなかったときは，当ホテルは15万円を限度としてその損害を賠償します」（本件約款15条1項），「宿

を貼付していたこと等から，本件ロッカーの安全の保持について注意義務違反を認めることはできないとして，商法596条2項の場屋営業者の責任ないし不法行為責任も認められないと判示するものがある（東京高判平16・12・22金判1210号9頁。なお，東京地八王子支判平17・5・19判時1921号103頁は，スポーツクラブ内に設置された貴重品ボックスの上部の天井に設置された小型カメラにより暗証番号を盗撮されてキャッシュカードを窃取された事案で，施設利用契約に基づく業務上の安全管理義務を怠った注意義務違反があるとして，場屋営業者に民法415条の債務不履行に基づく損害賠償責任を認めている）。

泊客が，当ホテル内にお持ち込みになった物品又は現金並びに貴重品であってフロントにお預けにならなかったものについて，当ホテルの故意又は過失により滅失，毀損等の損害が生じたときは，当ホテルは，その損害を賠償します。ただし，宿泊客からあらかじめ種類及び価額の明告のなかったものについては，15万円を限度として当ホテルはその損害を賠償します。」（同条2項），との条項の定めがあった（以下，ただし書のことを「本件特則」という）。

X会社は，Y会社に対し，本件盗難についてホテルの従業員Bに過失があること等を主張して，民法715条1項に基づき，その従業員の不法行為によって生じた前記宝飾品等の価額相当額等の損害賠償を求めて，訴えを提起した。第1審はX会社の請求をすべて認容したが，第2審は本件特則の適用により15万円およびこれに対する遅延損害金の支払を求める限度でX会社の請求を認容した。そこで，X会社が上告受理申立てを行ったが，最高裁は，次のように判示して，原判決中X会社敗訴部分を破棄し，この部分につき本件を原審に差し戻した。

「本件特則は，宿泊客が，本件ホテルに持ち込みフロントに預けなかった物品，現金及び貴重品について，ホテル側にその種類及び価額の明告をしなかった場合には，ホテル側が物品等の種類及び価額に応じた注意を払うことを期待するのが酷であり，かつ，時として損害賠償額が巨額に上ることがあり得ることなどを考慮して設けられたものと解される。このような本件特則の趣旨にかんがみても，ホテル側に故意又は重大な過失がある場合に，本件特則により，Y会社の損害賠償義務の範囲が制限されるとすることは，著しく衡平を害するものであって，当事者の通常の意思に合致しないというべきである。したがって，本件特則は，ホテル側に故意又は重大な過失がある場合には適用されないと解するのが相当である。」，「そうすると，本件盗難についてBに重大な過失がある場合には，本件特則は適用されない。」，「本件特則がホテル側に重大な過失がある場合にも適用されるとした原審の判断には，判決に影響を及ぼすことが明らかな法令の違反がある。」，「原判決のうちX会社敗訴部分は破棄を免れない。」，「そして，本件においてBに重大な過失があるか否かについて更に審理を尽くす必要があり，また，重大な過失が認められる場合には過失相殺についても審理をする必要があるから，本件を原審に差し戻すこととする。」

② **免責特約** 　上記(イ)・(ロ)の場屋営業者の特別責任（商596条1項・2項）は任意規定であるから，場屋営業者が個々の客との特約（免責特約）によってその責任を軽減または免れることができる。ただし，場屋営業者（およびその使用人）に故意または重大な過失がある場合にも責任を免れるような特約は，公序良俗に反し無効であると解される（民90条参照）[20]。判例は，責任制限特約に関して，ホテル側に故意または重大な過失がある場合には本件特約は適用されないと判示する[21]。

　そのような免責特約を付することが認められるとしても，場屋営業者は，客の携帯品について責任を負わない旨を告示（掲示）しただけでは，上記の特別責任を免れることができない（商596条3項）。たんなる免責条項を掲示しただけでは，免責特約が成立したとは認められないからである[22]。

㈡ **高価品に関する特則**

　貨幣・有価証券その他の高価品については，客がその種類および価額を通知（商法旧595条は「明告」と規定）して，これを場屋営業者に寄託した場合を除き，場屋営業者はその滅失または毀損によって生じた損害を賠償する責任を負わない（商597条）。その趣旨は，運送人の責任の場合（商577条）と同様である。

　場屋営業者は，客が高価品の通知を行っていなくても，高価品であることを知っていた場合において，普通の受寄物に必要な注意を怠ったときは，高価品としての損害賠償責任を免れないと解されている。また，場屋営業者が故意に高価品を滅失・毀損したときも，通知があれば発生しなかった損害とはいえないから，高価品としての損害賠償責任を免れることができないと解される。

　これに対し，場屋営業者に重大な過失のある場合にも商法597条の免責が排除されるかどうかについては，見解が分かれる。通知があれば営業者も特別の注意を払い重大な過失も生じなかった可能性があること等の理由から，重大な

---

[20] 場屋取引が消費者契約法上の消費者契約にあたる場合（消費契約2条3項）には，責任免除条項の無効（消費契約8条）および消費者の利益を一方的に害する条項の無効（消費契約10条）に関する規定の適用がある。
[21] 最判平15・2・28判時1829号151頁（前掲神戸ポートピアホテル事件〔不法行為責任に関する事案〕）。
[22] 免責条項の掲示の無視は過失相殺の事由になりうるとする見解もある。たとえば，東京地判昭46・7・19判時649号53頁は，客から不法行為責任を追及されたホテルのレジスターカードの注意書およびフロントの壁に「貴重品は預けてください」との記載・掲示があったことから，貴重品を預けなかった客にも過失があったとして，過失相殺を認める。

過失による場合の免責の排除に消極的な見解があるが，重大な過失をほとんど故意に近いものと解する限り，免責を認めることは当事者間の衡平に反するとするとして免責の排除を認める見解のほうが妥当である[23]。

(ホ)　不法行為責任との競合の関係

　場屋営業者が自己または使用人の故意または過失により客の物品を滅失または毀損した場合には，商法上の特別責任の要件をみたすと同時に，他人の財産に対する侵害として不法行為責任（民709条・715条）を負う場合がありうる。上記の両責任の競合を認める場合，たとえば，客が高価品について通知して場屋営業者に寄託しないときに，場屋営業者は，高価品の特則（商597条）により商法上の特別責任を負うことはないが，不法行為を理由とする損害賠償責任も免責されるのかについては問題となりうる[24]。当事者間の免責特約の場合についても同様の問題がある。

　判例は，一貫して債務不履行責任と不法行為責任との競合を認める立場をとっており，不法行為責任については，高価品の特則が適用されないとの見解をとっている[25]。これに対し，学説では，このような解釈では高価品の特則の存在意義がなくなることを理由に，判例の見解に反対する見解が多数説である。近時の判例には，個々の条項の趣旨または当事者の合理的意思の探求を重視し，それに応じて不法行為責任に効果を及ぼし得ることを認めるものがある[26]。

(ヘ)　時　効

　場屋営業者の特別責任（商596条・597条）は，場屋営業者が寄託を受けた物品を返還し，または客が携帯品を持ち去った時（物品の全部滅失の場合にあっては，客が場屋を去った時）から1年間行使しないときは，時効によって消滅する（商598条1項）。この短期消滅時効は，厳格な責任を負わされる場屋営業者の利益を考慮して，その責任軽減を図るためのものである。場屋営業者が上記の物

---

23)　最判平15・2・28判時1829号151頁（前掲神戸ポートピアホテル事件）は，商法597条自体に関するものではないが，著しく衡平を害すること，当事者の通常の意思に合致しないことを理由に，ホテル側の故意・重大な過失の場合に責任制限特約は適用されないと判示する。

24)　運送の場合における学説上の争いについては，本書第7章**6**(7)参照。

25)　大判昭3・6・13新聞2864号6頁，大判昭17・6・29新聞4787号13頁。

26)　最判平15・2・28判時1829号151頁（前掲神戸ポートピアホテル事件）。また，宅配便約款の責任制限条項について，最判平10・4・30判時1646号162頁（前掲日本通運株式会社事件）は当事者の合理的意思に合致すること等を理由として不法行為責任への適用を認める。

品の滅失または損傷につき悪意であった場合には，上記の短期消滅時効は適用されない（商598条2項）。この場合には民法に定める消滅時効（民166条）によって消滅する。ここでいう悪意とは，場屋営業者またはその使用人が故意に客の物品を滅失・毀損した場合または故意に滅失・毀損を隠匿した場合を意味し，たんにその事実を知っていたにすぎない場合までをも含むものではないと解されている（通説）[27]。

問題

Aは，平成29年11月20日から1ヶ月の予定で株式会社Bホテルに宿泊していた。Aは，同年12月10日午前1時30分ころ，A所有の外国製高級自動車（時価800万円）をBホテル駐車場内に駐車させようとした。しかし，その駐車場が満車であったため，Aは，ホテルの自室に戻ることから，Bホテル従業員Cが本件自動車をホテルの敷地内で移動させることを了承し，Cの指示にしたがって，本件自動車をBホテル玄関部分に駐車した。そして，Cの指示により，本件自動車の鍵をCに預け，よって本件自動車をBホテルに寄託した。しかし，本件自動車は，同日午前1時30分から同午前4時ころまでの間に，何者かによって盗まれたため，Bホテルは Aに対して本件自動車を返還することができなくなった。本件自動車内には，ダウンジャケット1着（時価3万円），ブルゾン1着（時価4万円），カメラ（時価5万円）を置いており，これらも盗難にあった。次の問に答えなさい。

(1) Aは，Bホテルに対して，本件自動車および車内の上記物品の価額について損害賠償請求をすることができるか。

(2) Bホテルは，仮に寄託契約が成立するとしても，本件自動車に関して商法597条の高価品に関する特則が適用されるべきであり，Aは本件自動車につき，その車種・価格をBホテルに通知していないから，Bホテルの責任は否定されるべきであると主張した。Bホテルの主張は認められるか。

(3) Bホテルは，ホテル駐車場の入口付近2ヶ所に，駐車場内の盗難・事故等については一切責任を負わない旨の告示をしているから，Bホテルは責任を負わないと主張することができるか。

(4) Aが，現金300万円の入ったバッグを，Bホテルのフロント従業員Dに預けた。ところが，その夜中，Dはバッグから現金を窃取して費消してしまった。Aは，

---

[27] 運送について判例（最判昭41・12・20民集20巻10号2106頁〔前掲三菱倉庫事件〕は反対〔本書第7章**6**(6)(イ)参照〕）。

Bホテルに対して損害賠償請求をしたが，BホテルはAによる高価品の通知がないから，責任を負わない主張した。Bホテルの主張は認められるか。
(5) AがBホテル内のロビーに設置されたコイン・ロッカーを利用した場合に，そのロッカー内に入れた貴重品が盗まれたとき，商法上，Bホテルは責任を負うか。

第9章

倉庫営業

1 総　説

(1) 倉庫営業の機能と法的規制
(イ) 倉庫営業の機能

　倉庫営業は，商品の取引における時間的障害を克服することによって，他人の商品取引を補助する営業である。倉庫営業は，商品取引における空間的・地理的な障害を克服する物品運送営業とともに，現代の経済社会における大量取引の円滑化に重要な役割を果している[1]。実際には，物流において運送と保管が密接な連携を必要とするため，運送営業と倉庫営業を兼ねる業者が少なくない。倉庫営業は，沿革的には，とくに中世ヨーロッパ以降における国際取引の進展に伴い発達した保税倉庫にその起源を有する。
　倉庫営業は，大量の商品を専門的に一定の設備に保管するものであることから，商人が自ら商品を保管するよりも，はるかに安全かつ低廉な保管を期待できる。さらに，倉庫証券の利用により，倉庫に保管中の商品を適時に処分することができるほか，これを担保として金融を受けることもできる。

(ロ) 法的規制

　倉庫営業に関しては，その経済的意義が重要なものであって，公共的性格が強いことから，商法の規定のほかに，倉庫業の適正な運営を確保し，倉庫の利用者の利益を保護するとともに，倉庫証券の円滑な流通を確保することを目的とする倉庫業法（昭31法121号）が制定されている（倉庫1条）。倉庫業を営もうとする者は，国土交通大臣の行う登録を受けることを要する（倉庫3条〜7条）。さらに，倉庫寄託約款の国土交通大臣への届出義務，保管料その他の料金等の営業所への掲示義務，倉庫管理主任者の選任義務，倉庫の施設・設備の一定基

---

[1] 物流システムにおいて，倉庫営業者は運送ターミナル・オペレーターの中核をなすといわれる。

準維持義務，国土交通大臣の許可を受けた倉庫業者のみによる倉庫証券の発行，その発行の場合における火災保険に付する義務，国土交通大臣による事業改善命令等が定められている[2]。

(2) 倉庫営業者の意義

倉庫営業者とは，他人のために物品を倉庫に保管することを業とする者をいう（商599条）。

(イ) 倉　庫

倉庫営業者は，倉庫に保管をする者である。倉庫とは，物品の保管に供される設備であり，必ずしも家屋であることを必要としない[3]。また，その倉庫は，倉庫営業者の所有であるか賃貸であるかを問わない。

(ロ) 保　管

保管とは，物品を蔵置しかつ保管することである。保管の態様として倉庫の全部または一部を特定の者に貸し切っている場合は倉庫営業に属するが，倉庫の全部または一部を他人に賃貸して自由に利用させている場合は，物品の保管といえないから，倉庫営業ではない。また，数人の寄託者の所有に属する代替物（穀物・石油等）を混合して保管する，いわゆる混蔵寄託の場合は倉庫営業に含まれるが，受寄物を消費してそれと同種・同量のものを返還すれば足りる消費寄託（民666条）は，受寄物の所有権が受寄者に帰属することになるので，倉庫営業に含まれない。なお，保管の期間の長短は問題とされない[4]。

(ハ) 物　品

保管の対象となる物品とは，保管に適する一切の動産をいう。貨幣，有価証

---

[2] 倉庫8条，9条，11条～15条参照。なお，倉庫業法は，収納場所が十分に確保できないわが国の住宅事情等を原因としてその需要が増大しているトランクルーム，すなわち消費者の物品（一般家庭の家財道具・衣類等）の保管の用に供する倉庫（倉庫2条3項）についての事業を規制している。トランクルーム（鉄骨造の建物型，コンテナ型，物置型，ロッカー型等がある）をその営業に使用する倉庫業者は，トランクルームごとに一定の基準に適合して優良である旨の国土交通大臣の認定を受けることができ（倉庫25条），認定トランクルームの基準適合の維持義務および適合しない場合における国土交通大臣による是正措置命令（倉庫25条の5）等が定められる（なお，標準トランクルームサービス約款〔平19国土交通省告示1173号〕がある）。

[3] 工作物だけではなく，工作を施した土地・水面でもよい（倉庫2条1項，倉施規3条〔倉庫の種類〕参照）。

[4] もっとも，倉庫業法は，保護預り・一時預りのような比較的短期間の保管を適用除外とする（倉庫2条2項括弧書）。

券その他の高価品または動物であってもよいが，不動産は含まない。

㈡ 保管を業とすること

業とするとは，保管すなわち寄託の引受けを業とすることである（商502条10号）。これによって，倉庫営業者は商人となる（商4条）。国が輸入税の管理のために経営する官営保税倉庫や，農業倉庫業法（大6法15号）に基づき認可を受けた農業協同組合等が営む農業倉庫は，営利を目的としないので，倉庫営業とは認められないが，私営保税倉庫は営利を目的とするもので倉庫営業に含まれる。

(3) 倉庫寄託契約

㈠ 倉庫寄託契約の性質

倉庫寄託契約は，物品を倉庫で保管することを引き受ける契約である。寄託者が物品の保管を倉庫営業者に依頼し（寄託契約の申込み），倉庫営業者がこれに承諾することによって，倉庫寄託契約は成立するのか（諾成契約），あるいは物品を引き渡すことで契約が成立するのか（要物契約）どうかについては，争いがある。

伝統的な見解は，倉庫寄託契約は民法上の寄託契約の一種として要物契約であり，寄託者が倉庫営業者に寄託物を引き渡すことによって成立すると解してきた[5]。これに対し，近時は，倉庫営業者は寄託の引受けを業とする者であり，寄託の引受けは寄託物の引渡しの前から存しうる行為であること等から，倉庫寄託契約を諾成契約とする見解が多数説となっている[6]。

9－1図解：倉庫寄託契約

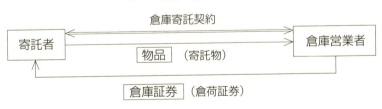

[5] ただし，この見解においても，寄託契約の予約をすることができると解されている。
[6] この見解では，物品の引渡し・受取りは，契約の成立要件ではなく，寄託の引受けによってすでに成立した契約に基づく義務履行の要件にすぎないと解されている。
　なお，民法の寄託契約については，平成29年改正前は要物契約とされていたが，同年の改正により諾成契約に変更されている（民657条）。そのため，倉庫寄託契約も諾成契約と解すべきことになるとの見解も存在する。

(ロ) 倉庫寄託約款による契約の成立

　標準倉庫寄託約款は，倉庫寄託契約の要物契約性を前提として，寄託物の引渡し前に寄託者の申込みと倉庫営業者の承諾により寄託の予約をすることができるものとする[7]。寄託者は，貨物の寄託に際し，当該貨物に関して所定の事項を記載した寄託申込書を提出することを要し（本約款8条），倉庫営業者が寄託の申込みを承諾したときは，寄託申込者は，約定の日時に約定の場所で貨物を引き渡さなければならない（本約款10条1項）。そして，倉庫営業者が寄託の申込みを承諾した後に寄託申込者が約定の日に貨物を引き渡さなかったときは，寄託者または寄託申込者は，その日から引渡しのあった日または契約の解除の日までの保管料相当額の損害金を支払わなければならない（本約款47条）。

　なお，倉庫営業者は，貨物の引渡しを受けたときは，寄託者の請求により，貨物受取書または入庫通知書を交付する（本約款10条2項）。倉庫営業者は，入庫に当たりまたは受寄の後に，寄託者の承諾を得て，寄託者の費用において受寄物の全部または一部についてその内容を検査することができる（本約款12条）。

2 倉庫営業者の権利

(1) 保管の目的物の引渡請求権

　倉庫寄託契約を諾成契約と解する立場においては，目的物の引渡請求権はその契約に基づいて倉庫営業者に属するものと考えられている。標準倉庫寄託約款では，寄託申込者は，約定の日時に約定の場所で貨物を引き渡さなければならないとされる（本約款10条1項）。

(2) 保管料および費用償還請求権

　倉庫営業者は，保管の対価として当然に相当の報酬，すなわち保管料（または倉敷料）を請求することができる（商512条）。この保管料のほか，立替金その他の受寄物に関する費用[8]の償還を請求することができる（商611条）。その請求権を行使することができる時期は，特約がない限り，受寄物出庫の時に限られ（商611条本文），一部出庫の場合には，その割合に応じて，その支払を請

---

7) 標準倉庫寄託約款1条・8条・10条・11条。
8) 輸入税・保険料等が挙げられる。

求することができる（商611条但書）。ただし，出庫が遅れ，出庫前に保管期間が終了したときは，出庫前でもこの時点で請求することができるというべきである[9]。

　なお，上記の保管料および費用償還請求権の相手方ないし義務者は寄託者であることは疑いないが，このほかに倉荷証券の所持人に請求できるかについては，物品運送における荷受人の義務（商581条3項）のような規定がないことから争いがある。判例は，保管料等寄託物に関する費用は証券所持人が負担するものとする趣旨の文言の記載がある場合，特段の事情のない限り，各当事者間に，その所持人が記載の文言の趣旨に従いその費用支払の債務を引き受けるという意思の合致があるものと解する[10]。学説では，倉庫営業者が受寄物の上に留置権や先取特権を有し，保管料等の支払がなければ寄託物の返還を受けられないのであるから，証券の譲受人は常にその支払をなす意思（債務引受）をもって証券を譲り受けるものと解するのが，伝統的な見解である[11]。なお，標準倉庫寄託約款では，寄託者と証券所持人に対して同列に，所定期日における保管料の支払義務を課している（本約款48条）。

(3) 留置権および先取特権

　倉庫営業者は，特別の留置権・先取特権を認められていないが，保管料その他の請求権を確保するために，受託物に対して民商法の一般規定に基づく留置権を有する（民295条，商521条）。その他，動産保存の先取特権（民320条）が認められている。

(4) 供託権および競売権

　倉庫営業者は，寄託者または倉庫証券（倉荷証券）の所持人が寄託物を受け取ることを拒み，または受け取ることができないときは，商人間の売買における売主と同様の条件・手続をもって（商524条1項・2項），受寄物を供託また

---

[9] 標準倉庫寄託約款では，倉庫営業者は，受寄物が滅失したときは，滅失したときまでの料金を寄託者または証券所持人に請求することができるとされる（本約款51条）。
[10] 最判昭32・2・19民集11巻2号295頁。
[11] これに対し，近時では，倉庫証券による寄託物の取引については，倉庫営業者との関係は約款の規定によるという白地商慣習の存在を認め，約款の条項に従い，証券所持人は，証券の授受により，寄託物の返還を受けることを停止条件とする債務引受の意思表示をなしているものと解すべきとする見解が有力である。

は競売する権利を有する（商615条）[12]。

3 倉庫営業者の義務と責任

(1) 倉庫営業者の義務
(イ) 保管義務
① 注意義務　倉庫営業者は善良な管理者の注意をもって受寄物を保管しなければならない（商595条）[13]。すなわち，受寄物の滅失・損傷を防止するために，受寄物の性質に応じて，物的設備として，盗難防止，防火，防水，防湿，通風および防虫等の措置，人的設備として，警備員，守衛等の配置を講ずることを要する。倉庫営業者が受寄物の保管に当たり，善良な管理者の注意義務を怠り，受寄物に損害を与えたときは債務不履行として損害賠償責任を負う。

② 保管期間　受寄物の保管期間については，通例，契約により比較的長期の期間が定められ[14]，倉庫営業者は，やむをえない事由がある場合を除き，その期限前に返還することができない（民663条2項）。

　保管の期間を定めないときは，倉庫営業者は，受寄物入庫の日より6ヶ月を経過した後でなければその返還をすることができない（商612条本文）。これは，いつでも返還することができるとする民法の規定（民663条1項）に対する例外であり，倉庫寄託の経済的効用を考慮して寄託者を保護するためのものである。ただし，やむことをえない事由があるときは，倉庫営業者はいつでも受寄物を返還することができる（商612条但書）[15]。なお，標準倉庫寄託約款は，受寄物の保管期間は原則として3ヶ月とし，その更新，および特約により別に定めることができることを認めている（本約款20条）。

③ 再寄託　倉庫営業者は，寄託者の承認がないとき，またはやむをえない事由があるときでなければ，他の倉庫営業者等の第三者に下請け（再保管）

---

12)　さらに，標準倉庫寄託約款31条は，一定の場合に倉庫営業者に任意売却権を与えている。
13)　なお，ここでは報酬の有無は関係ない。
14)　もっとも，保管が長期にわたることが要件とされているわけではない。
15)　やむことをえない事由がある場合として，受寄物が腐敗したり，特殊な危険物のため，他の受寄物に損害を及ぼすおそれがある場合，倉庫の大修繕を要する場合，寄託物が保管料を償うに足りない場合等が挙げられる。

させることはできない（民658条2項）。倉庫営業者の資力・信用等，倉庫の所在場所・設備等が，倉庫寄託契約の重要な基礎をなし，第三者に保管させれば寄託者の期待・利益に反するからである。しかし，標準倉庫寄託約款では，倉庫営業者は，やむをえない事由があるときは，寄託者または証券所持人の承諾を得ないで，倉庫営業者の費用で，他の倉庫業者に受寄物を再寄託することができる旨が定められている（本約款18条）。このような再寄託の場合でも，保管についての責任は倉庫寄託契約上の倉庫営業者にあり，再寄託した倉庫営業者の保管責任が消滅するわけではない。なお，受寄物の保管場所の変更についても，原則として，寄託者の承諾がなければ，その変更はできない（民664条但書参照）。

④ 混合保管　標準倉庫寄託約款では，倉庫営業者は，関係寄託者の承諾を得，一つの倉庫または同一の保管場所もしくは保管地における多数の倉庫において，種類および品質の同一な受寄物を混合保管することができる旨の規定がなされている（本約款19条）。

(ロ)　通知義務

倉庫営業者は，寄託物について権利を主張する第三者が倉庫営業者に対して訴えを提起し，または差押え，仮差押えもしくは仮処分をしたときは，遅滞なくその事実を寄託者に通知しなければならない（民660条）。しかし，訴えの提起等をいったん通知すれば，寄託者はそれに対処する措置をとりうるので，倉庫営業者はその後の経過まで逐一通知する義務を負わないと解されている[16]。

(ハ)　付保義務

保管義務には，原則として，受寄物に保険を付することは含まれない。しかし，倉庫業法では，倉庫証券を発行する場合においては，寄託者が反対の意思を表示した場合または国土交通省令で定める場合を除き，発券倉庫業者（国土交通大臣の許可を受けた倉庫業者のこと。倉庫14条・13条1項）は，寄託者のために当該受寄物を火災保険に付することが要求される（倉庫14条）。標準倉庫寄託約款では，倉庫証券を発行する場合でなくても，倉庫営業者は，反対の意思表示がない限り，寄託者または証券所持人のために火災保険に付けると定められている（本約款32条）。保険料は，倉庫営業者の負担と解されている。

---

16) 最判昭40・10・19民集19巻7号1876頁。

(二) 倉荷証券交付義務

　倉庫営業者は，寄託者の請求により，寄託物の倉荷証券を交付しなければならない（商600条）。倉荷証券を発行した場合には，倉庫営業者は一定の事項を帳簿に記載しなければならない（商602条）。この帳簿は倉荷証券控帳といわれるが，倉庫営業者の財産状態を明らかにするものではないから，商業帳簿や会計帳簿[17]ではない。

　なお，倉庫業法では，発券倉庫業者でなければ倉荷証券を発行することができないから（倉庫13条），国土交通大臣の発券許可を受けていない倉庫営業者には，倉荷証券交付義務はないことになる。上記約款では，発券許可を受けていない倉庫営業者は，寄託者の請求により，貨物保管証書または保管貨物通帳を交付する場合があることが約款で定められているが（本約款14条），この証書は有価証券ではない。

(ホ) 寄託物の点検・見本摘出・保存行為の許容義務

　寄託者または倉荷証券の所持人は，営業時間内であればいつでも，倉庫営業者に対して寄託物の点検もしくはその見本の摘出を求め，またはその保存に必要な処分をなすことができる（商609条）。これは，寄託物の売買等の取引に便宜を与え，かつ，保存の完全を期することにより当事者の利益を保護するためである。倉庫営業者は，上記の行為に応ずる義務だけでなく，必要な協力を行う義務を負う。

　なお，標準倉庫寄託約款では，上記の行為に必要な処置をしようとするときは倉荷証券その他寄託を証する書類の倉庫営業者への提出を要すること，上記処置により荷造を毀損しまたは価格に影響を及ぼすものと認めるときは倉庫営業者がその旨を上記書類へ記載すること，やむをえない場合には倉庫営業者は上記処置を拒絶できることが定められている（本約款23条）。

(ヘ) 受寄物の返還義務

　倉庫営業者は，倉庫寄託が終了すれば受寄物を寄託者に返還する義務を負う。また，保管期間の定めの有無にかかわらず，寄託者の請求があればいつでも受寄物の返還をしなければならない（民662条・663条）。ただし，倉荷証券が発行されている場合には，その証券所持人に対してのみ受寄物を返還する義務を負い，かつ，これと引換えでなければ受寄物の返還の請求に応ずる義務はない

---

17)　商19条，会社432条・615条。

（商613条）。標準倉庫寄託約款は，受寄物の出庫手続について定めている（本約款24条以下）。

(2) 倉庫営業者の責任
(イ) 損害賠償責任
① **重松製油所事件**（最判昭42・11・17判時509号63頁）　訴外A会社がBに対して本件自動車を代金完済までその所有権を留保する旨を約して売却していたところ，買主Bの友人CがB名義でX有限会社から金10万円を借り受けるに際し，本件自動車を持ち出し，X会社にその売渡担保として引き渡した。その後，X会社は，本件自動車を倉庫業者であるY株式会社（重松製油所）と倉庫寄託契約を締結した。Bは，仕事のことでY会社に出入りしている間に，たまたま本件自動車が倉庫外のY会社構内に放置されているのを発見し，これを運転して，自分への売主であった所有者A会社に返還してしまった。そこで，X会社は，Y会社に対し，寄託物価格相当の損害賠償を求めて訴えを提起した。第1審はX会社の請求を認めたが，第2審はX会社の請求を棄却した。そこで，X会社は上告したが，最高裁は，次のように判示して，上告を棄却した。

　「受寄者の寄託者に対する寄託物返還義務が受寄者の責に帰すべき事由によって履行不能となった場合には，受寄者は，寄託者が寄託物の所有権を有すると否とを問わず，寄託物の価格に相当する金額を寄託者に対し賠償すべきであり，寄託者が寄託物の所有権を有しない場合でも，寄託者が所有者に対し損害の賠償をした後に初めて受寄者は寄託者に対し賠償責任を負うことになるものではないのが原則であるけれども，本件の如く寄託者が寄託物の所有者でなく，当該寄託物はその真の所有者の手中に帰ったなどの原判決確定の事実関係の場合においては，受寄者の責に帰すべき事由により寄託者に対する寄託物返還義務が履行不能になったとしても，寄託者は，寄託物の価格相当の損害を蒙ったものということはできないから，寄託者であるX会社は受寄者であるY会社に対し寄託物である本件自動車の返還に代る塡補賠償，すなわち本件自動車の価格相当の損害賠償請求をなす権利を有しないものといわなければならない」。

② **倉庫営業者の損害賠償責任**　倉庫営業者は，寄託物の保管に関し注意を怠らなかったこと（無過失）を証明しなければ，その滅失[18]または毀損につ

いて損害賠償の責任を免れることができない（商610条）。この賠償責任は，物品運送人の場合（商575条）と同様に，債務不履行に関する民法の一般原則を注意的に具体化した規定と解されている（通説）。なお，物品運送人の場合と異なり，倉庫営業者の責任について，損害賠償の額に関する特則がない（商576条対比）。

　損害賠償を請求しうる者は寄託者または倉庫証券の所持人であるが，倉庫営業者の責めに帰すべき事由による受寄物の返還不能の場合[19]には，倉庫営業者は，寄託者が当該受寄物の所有者であるか否かを問わず，また，寄託者が真の所有者等に対して損害賠償をした後でなくても，当該寄託者に対し，当該受寄物の価格に相当する金額の損害賠償責任を負うとされる[20]。寄託者は，受寄物の滅失・毀損について所有者へ損害賠償を行うと，実際の損害が生じるので，寄託者が倉庫営業者へ損害賠償を請求する意味があるからである。ただし，寄託者が受寄物の真の所有者でなく，真の所有者への返還義務を負う者であり，かつ，当該受寄物が真の所有者の手中に帰したことで上記義務を免れるという事情がある場合には，寄託者は損害を被ったものということができないから，寄託者は倉庫営業者に対し損害賠償請求する権利を有しないとされる[21]。

㈡　約款による免責

　上記の倉庫営業者の責任規定（商610条）は任意規定であり，当事者の免責特約が許容される。もっとも，このような免責約款は，公序良俗（民90条）等に違反するときは無効となる。標準倉庫寄託約款では，損害が倉庫業者またはその使用人の故意または重大な過失によって生じたものであることを，寄託者側が証明しない限り，倉庫営業者は損害賠償の責任を負わない旨が定められている（本約款38条）[22]。これは，商法の規定と異なり，軽過失による責任を除外し，立証責任を寄託者側に負担させている[23]。倉庫営業者の寄託物検査には限

---

[18]　ここでの滅失には，物理的なものだけでなく，盗難や倉庫証券を受け戻さずになされた引渡し等に起因して返還義務が履行不能になった場合等が含まれる。
[19]　盗難や，倉庫証券との引換えによらない受寄物の引渡し等がこれに該当する。
[20]　大判大 8・3・28民録25輯581頁。
[21]　最判昭42・11・17判時509号63頁（前掲重松製油所事件）。
[22]　東京地判昭34・6・23下民集10巻 6 号1329頁は，このような免責特約を有効とする。
[23]　なお，標準トランクルームサービス約款30条は，消費者保護の見地から商法610条と同趣旨の規定を置く。

界があること，保管料の低廉化の要請，企業である寄託者による取引の熟知等が理由として挙げられている。

　その他，標準倉庫寄託約款では，免責事項として，地震・津波等不可抗力によって生じた損害については，直接と間接とを問わず，倉庫営業者はその責任を負わないとする規定がある（本約款40条）。これについて，間接損害とは不可抗力との間に相当因果関係がある場合に限るべきであり，因果関係の中断がある場合[24]について，上記免責約款の効力は及ばないと解すべきであるとする見解がある。

　また，上記約款では，倉庫営業者が責任を負う場合の賠償額の算定について，原則として，損害発生当時の時価により損害の程度に応じて算定するが，時価が受寄物の火災保険金額または寄託価額を超える場合は，その保険金額または寄託価額により損害の程度に応じて算定すると定められている（本約款42条）。

(ﾊ) 倉庫営業者の責任の消滅

　①寄託物の損傷または一部滅失についての倉庫営業者の責任は，寄託物の損傷または一部滅失につき悪意がない限り，寄託者または倉荷証券所持人が異議をとどめないで寄託物を受け取り，かつ保管料等を支払ったときは消滅する（商616条）。ただし，寄託物に直ちに発見することができない損傷または一部滅失があった場合において，寄託者または倉荷証券の所持人が引渡しの日より2週間以内に倉庫営業者に対してその旨の通知を発したときは，倉庫営業者の責任は消滅しない（商616条1項但書）。また，②上記の倉庫営業者の責任に係る債権は，出庫の日より1年を経過したときは，倉庫営業者が寄託物の滅失または損傷につき悪意であった場合を除き，時効によって消滅する（商617条1項・3項）。上記の期間は，寄託物の全部滅失の場合においては，倉庫営業者が倉荷証券の所持人，倉荷証券を作成していないときまたは倉荷証券の所持人が知れないときは，寄託者に対してその滅失の通知を発した日より起算する（商617条2項）[25]。

---

[24]　倉庫営業者側の故意・過失が介在した損害等が挙げられる。
[25]　倉庫営業者の上記の悪意（商616条・617条）の意義および不法行為責任（民709条）との関係については，運送人の場合を参照（本書第7章**6**(6)(ｲ)および**6**(7)参照）。

4 倉庫証券

(1) 倉庫証券の意義

　倉庫証券とは，倉庫営業者が寄託者の請求に応じて受寄物について発行する，倉庫営業者に対する寄託物返還請求権を表章する有価証券である。商法は，倉庫証券として，倉荷証券を規定している。寄託者は，倉庫証券を利用することにより，倉庫寄託中の物品を容易に譲渡または質入れすることができる。倉庫業法によると，国土交通大臣の許可を受けた倉庫業者でなければ倉庫証券を発行することができないとされているが（倉庫13条1項），これに違反して，それ以外の者が発行した倉庫証券であっても，この倉庫証券が私法上無効となるわけではないと考えられる。

　なお，実際には，倉庫証券以外に，荷渡指図書が広く利用されており，倉庫証券類似の役割を果たしている[26]。

(2) 倉荷証券

(イ) 倉荷証券の性質

　倉荷証券は，倉庫営業者に対する寄託物の返還請求権を表章する有価証券であり，経済的機能の類似した船荷証券などの運送証券の場合と同様の法的性質を有する。実際に，倉荷証券が利用されるのは，商品取引所の上場商品の受渡し等の限られた場合であるといわれている。

(ロ) 倉荷証券の発行・交付

　倉庫営業者は，寄託者の請求により，寄託物の倉荷証券を交付しなければならない（商600条）。倉荷証券を交付した場合に，倉庫営業者はその帳簿（倉庫証券控帳）[27]に法定の事項を記載する必要がある（商602条）[28]。

　倉荷証券をいったん発行した後に倉庫営業者が発行・交付する義務を負う場

---

[26] 平成30年商法改正前では，倉庫証券として，まず預証券と質入証券（複券）を定め（商旧598条～626条），預証券に関する規定が倉荷証券（単券）に準用されることになっていた（商旧627条2項）。しかし，取引実務では複券は全く利用されておらず，標準倉庫寄託約款では倉荷証券の交付のみが規定されていた（本約款13条）。したがって，改正商法は，倉荷証券についてのみ規定をしている。

[27] 実務上，証券原簿等と呼ばれ，倉荷証券のコピーが用いられることが多いといわれる。

[28] その帳簿の記載事項は，倉荷証券の記載事項（商601条）とほとんど重なる。

合として，まず，①倉荷証券の所持人は，倉庫営業者に対し，寄託物を分割しかつその各部分に対応する数通の倉荷証券を，旧証券の返還と引換に，交付すべきことを請求することができる（商603条1項）。上記の寄託物の分割および新証券の交付に関する費用は，当該所持人の負担とされる（商603条2項）。なお，各証券所持人に引き渡すべき受寄物の分割については，倉庫営業者の決定にゆだねられる（標準倉庫寄託約款15条）。

また，②倉荷証券の所持人は，その倉荷証券を滅失したときは，相当の担保を供して，その再交付を請求することができる（商608条前段）。有価証券喪失の場合における救済手段としての公示催告手続（民520条の11，非訟114条）では再発行・再交付の請求をすることができないので，倉荷証券について特別に再発行・再交付の請求を認めたものである。この場合に，倉庫営業者は，その旨を倉庫証券控帳に記載することを要する（商608条後段）。標準倉庫寄託約款では，倉荷証券の所持人は，公示催告の申立てをした後，倉庫営業者が相当と認める担保を提供して，寄託物の出庫または証券の再交付を求めることができると定められている（本約款16条）[29]。

(八) 倉荷証券の記載事項

倉荷証券には，①寄託物の種類・品質・数量ならびにその荷造の種類，個数および記号，②寄託者の氏名または名称，③保管場所，④保管料，⑤保管の期間を定めたときはその期間，⑥受寄物を保険に付したときは保険金額・保険期間および保険者の氏名または名称，⑦作成地および作成の年月日を記載し，⑧倉庫営業者が署名または記名押印することを要する（商601条）。

これらの法定事項の記載が欠けている場合でも，厳格な要式証券と考えるべきではなく，倉荷証券と認めうるものであって，権利の目的物である寄託物の同一性を認識できる程度の記載があり，かつ，義務者である倉庫営業者の署名・記名押印がある限り，倉荷証券としての効力が認められると解されている。また，寄託者の氏名・商号を欠く無記名式の倉荷証券も認められている。さらに，法定事項以外の記載事項についても，倉荷証券の本質に反しない限り，その効力を有する[30]。

---

29) ここでは，公示催告の申立てという要件を加重していることになる。
30) 実務上，倉荷証券の裏面には，裏書欄・受取欄があるほか，主要な約款の条項が記載されている。

㈡ 倉荷証券の効力

① **札幌拓殖倉庫事件**（最判昭44・4・15民集23巻4号755頁）　倉庫営業者であるY株式会社は，A製茶株式会社（Y会社の補助参加人）から煎茶等の入った木製茶箱60箱の寄託を受けた。その茶箱は箱の蓋と本体の内側には湿気防止の錫箔が張りつめてあり，蓋と本体との各面の境目には特殊なかすがい釘が1本ないし2本ずつ打ちつけられ，その上に封印紙を張りまわして密封されていた。いずれもA会社の使用人によって搬入されたもので，重量あるいは荷造の外装上異常なところはなかった。Y会社は，その内容を検査することなく，A会社の請求により倉荷証券2通を発行したが，その倉荷証券には，内容検査不適当の受寄物については種類，品質および数量を記載しても責任を負わない旨の免責条項の記載があった。その後，Xが本件倉荷証券を裏書により取得し所持人となったが，寄託物を検査したところ，その内容物が証券に記載されているものとは異なることが判明した。そこで，XがY会社に対し債務不履行による損害賠償を求めて訴えを提起した。

　第1審はXの請求を認容したが，第2審は上記免責約款を理由にXの請求を棄却した。そこで，Xが上告したが，最高裁は，次のように判示して，上告を棄却した。

　「原審の確定したところによれば，本件各倉荷証券には，倉庫証券約款として，『受寄物の内容を検査することが不適当なものについては，その種類，品質および数量を記載しても当会社（Y会社）はその責に任じない』旨の免責条項の記載があったというのであるが，右免責条項の効力を認めたうえ，倉庫営業者は，該証券に表示された荷造りの方法，受寄物の種類からみて，その内容を検査することが容易でなく，または荷造りを解いて内容を検査することによりその品質または価格に影響を及ぼすことが，一般取引の通念に照らして，明らかな場合にかぎり，右免責条項を援用して証券の所持人に対する文言上の責任を免れうると解すべきものとした原審の判断，ならびに原審の確定した事実関係（その事実認定は，原判決挙示の証拠関係によって首肯するに足りる。）に照らせば，本件各証券に表象された木函入り緑茶は，その荷造りの方法および品物の種類からみて，一般取引の通念上，内容を検査することが不適当なものに該当する旨の原審の判断は，ともに正当として是認しうるものである。」

② **倉荷証券の文言証券性** 寄託に関する事項[31]は，倉庫営業者と倉荷証券所持人との間では，その証券の定めるところによる（文言証券性）。この文言証券性は，証券の流通保護の要請に基づくものである。したがって，証券所持人が，証券の取得の際に，証券の記載が事実と異なることを知っていた場合には，倉庫営業者は当該所持人に対して当該事実の主張ができる。

(a) **倉荷証券の不実記載** 倉庫業者は，倉荷証券の記載が事実と異なることをもって，善意の所持人に対抗することができない（商604条）。判例は，受け取った寄託物が証券記載のものと相違する場合（品違い）に，倉庫営業者が善意の証券所持人に対して当該証券の記載に従った責任を負うものと判示している[32]。

(b) **内容不知約款** 標準倉庫寄託約款では，倉庫営業者は，「受寄物の内容を検査しないときには，その内容と証券に記載した種類，品質又は数量との不一致については，責任を負わない」旨を定め，証券面に内容不検査の旨またはその記載が寄託者の申込みによる旨を表示する（本約款41条）。判例は，「受寄物の内容を検査することが不適当なものについては，その種類，品質および数量を記載しても当会社はその責に任じない」旨の免責条項の効力は，受寄物の内容を検査することが容易でなくまたは検査するとその品質・価格に影響を及ぼすことが明らかな場合に限り，倉庫営業者は上記免責条項を援用して証券の所持人に対する文言上の責任を免れることができると判示している[33]。

③ **寄託物に関する処分と倉庫証券の引渡しの効力等** 倉荷証券により寄託物を受け取ることができる者に倉荷証券を引き渡したときは，その引渡しは，寄託物について行使する権利の取得に関しては，寄託物の引渡しと同一の効力を有する（商607条〔引渡証券性〕）。したがって，倉荷証券が作成されたときは，寄託物に関する処分は倉荷証券によってしなければならない（商605条〔処分証券性〕）。そのほか，倉荷証券が作成された場合には，これと引換えでなければ寄託物の返還を請求することができない（商613条〔受戻証券性〕）。

---

31) 保管料・保管期間等がこれに該当する。
32) 大判昭11・2・12民集15巻357頁。
33) 最判昭44・4・15民集23巻4号755頁（前掲札幌拓殖倉庫事件）。

㈱　倉荷証券の譲渡および質入れ

①　**倉荷証券の譲渡**　　倉荷証券は，法律上当然の指図証券である（商606条1項）。したがって，指図式の場合はもちろん，記名式の場合でも，裏書によって譲渡することができる[34]。裏書は資格授与的効力を有するが（民520条の4），担保的効力はない[35]。

②　**倉荷証券の質入れ**　　倉荷証券の譲渡の場合と同様に，裏書によって質権の目的とすることができる（商606条）。無記名式の場合には，証券のたんなる交付で足りる[36]。

③　**寄託物の一部の返還請求**　　倉荷証券の所持人が倉荷証券を利用して寄託物の質入れを行った場合には，倉荷証券は質権者に引き渡されているから，弁済期に被担保債権を弁済して倉荷証券を受け戻さなければ，倉庫営業者に寄託物の返還を請求できないことになる。そこで，商法は，寄託者の便宜を図るために，質権者の承諾があるときは，寄託者は，当該質権の被担保債権の弁済期前であっても，寄託物の一部の返還を請求することができるとしている（商614条前段）。この場合において，倉庫営業者は，返還した寄託物の種類・品質および数量を倉荷証券に記載し，かつ，その旨を倉庫証券控帳に記載しなければならない（商614条後段）。これによって，旧証券の回収と新証券の発行という手続の煩雑さを回避することができる。

---

34)　裏書の方式・効力等について，民520条の3以下参照。

35)　なお，倉荷証券の裏書の方式に関して，実務で行われることがある，会社名のみの記載と会社印を押印するだけで代表機関の署名または記名押印を欠く場合について，これを適式の裏書として扱う商慣習法または商慣習の存在は認められないとする判例がある（最判昭57・7・8判時1055号130頁）。

36)　なお，倉荷証券により寄託物の質入れをした場合に，当該寄託者は手元に倉荷証券を有しないので，寄託物を譲渡する手段として，倉荷証券と引換え（商613条）ではなくて寄託物の出庫手続をとる方法や（仮渡し），倉荷証券を提出しないで寄託者の更改をして買主名義の倉荷証券を発行させる方法（空証券の発行）等がとられることがある。このような仮渡しや空証券の発行の場合に，寄託物を受け取った者がその後に倉荷証券の返還を受けて倉庫営業者に引き渡すことができないときは，倉庫営業者は当該証券の所持人に寄託物の返還をしなければならず，その返還をすることができない倉庫営業者は，債務不履行の損害賠償責任を負うことになる（大判昭8・2・23民集12巻449頁）。

5　荷渡指図書

(1)　荷渡指図書の意義

　荷渡指図書とは，寄託物または運送品の保管者に宛てて，書面に記載された者に寄託物を引き渡すことを指図する証券である。実務で利用される各場合によって，荷渡依頼書，出庫指図書，出庫依頼書，Delivery Order等と呼ばれる。法律には特別の規定はないが，倉庫証券または運送証券の代用として実際上よく利用されている。もっとも，その内容・形式が一定せず，その法的性質および効力について議論が多い。荷渡指図書には，寄託者（または倉庫証券所持人・運送証券所持人）が発行するものと，倉庫営業者（または運送人）が発行するものとに分けられる。

(2)　寄託者が発行するもの

　寄託者が倉庫営業者に宛てて書面記載の者に対して寄託物の全部または一部を引き渡すよう指図する形式のものであり，これには①倉庫営業者が副署したものと，②そうでないものがある。上記①は，倉庫営業者が荷渡指図書の呈示を受け副署することによって，寄託物の引渡しを約束し，証券の所持人に対し引渡義務を負担するものであるから，所持人の倉庫営業者に対する物品引渡請求権を表章する有価証券と解されている。ただし，このような荷渡指図書については，荷渡指図書の引渡しが寄託物の引渡しと同一の効力を有することを認める法規定も商慣習もないことから，このような物権的効力は認められないと解されている（通説）。

　上記②については，倉庫営業者が寄託物の引渡しを約束しているわけではなく，証券の所持人が引渡請求権を有しないから，有価証券とは認められない。しかし，倉庫営業者は，証券所持人に対し証券記載の寄託物を引き渡せば免責が認められることから，一種の免責証券と解されている。したがって，寄託者は，証券所持人が引渡しを受けるまでは，倉庫営業者に対する通知によって，引渡しの依頼を撤回することができる[37]。また，荷渡指図書の引渡しが寄託物

---

[37]　最判昭35・3・22民集14巻4号501頁。

の引渡しと同一の効力を有することも否定される[38]。

(3) 倉庫営業者が発行するもの

　倉庫営業者が自己の倉庫係員等の履行補助者に対し，寄託物の全部または一部を指図書所持人に引き渡すよう指示したものである。出庫指図書，出庫依頼書等といわれる。売主の依頼で発行された出庫指図書を売主が買主に交付して現品の引渡しにかえるということも行われている。

　このような指図書が有価証券であるか，それとも免責証券ないし証拠証券にすぎないかは，それが利用される各場合によって異なってくるのであり，一律に論じることは難しい。発行者に対する物品引渡請求権を表章する有価証券であると解する学説が多いが[39]，実際にたんなる社内連絡用の文章や社内伝票的な形式のものは，引渡請求権を表章する有価証券と解することは困難であると考えられる[40]。

　なお，標準倉庫寄託約款では，倉庫営業者の出庫指図書・出庫伝票・出庫依頼書その他の出庫に関する書類は，譲渡または担保に供することができないと定められている（本約款27条2項）。

問題

　有明海で海苔の生産業を営むAは，最高級海苔が入った海苔箱を，B倉庫会社に寄託した。海苔箱は開封厳禁とされていたので，B倉庫会社は，その内容を検査することなく，Aの請求により，本件海苔箱についての倉荷証券を作成・発行した。倉荷証券の裏面には，「受寄物の内容の検査が不適当なものについてはその種類・品質および数量を記載しても当会社は責任を負わない」旨の免責約款が記載されてい

---

[38] 最判昭48・3・29判時705号103頁。なお，荷渡指図書の呈示によって指図による占有移転（民184条）が認められるかについては，荷渡指図書の呈示のみではなくて，当時の一定地区における業者間における慣行に従い，寄託者が倉庫業者に対して発行した荷渡指図書に基づき，倉庫業者が寄託者台帳上の寄託者名義を変更して上記寄託の目的物の譲受人が指図による占有移転を受けた場合には，この指図による占有移転によって民法192条（即時取得）にいう占有を取得したものであるとする判例がある（最判昭57・9・7民集36巻8号1527頁）。

[39] 裁判例として，名古屋地判昭30・12・19下民集6巻12号2630号参照。

[40] 東京高判30・12・26下民集6巻12号2766頁，東京高判昭30・12・28下民集6巻12号2816頁。

た。次の問に答えなさい。
(1) Cが，本件倉荷証券の裏書による所持人となったが，寄託物を検査したところ，変色した粗悪品で売り物にならないものであった。Cは，B倉庫会社に債務不履行による損害賠償請求をした。これに対して，B倉庫会社は，前記約款により免責されることを主張した。B倉庫会社の主張は，認められるか。
(2) 上記の事例で，B倉庫会社は，証券所持人であるCに，受寄物の返還の際に保管料・証券発行手数料等を求めたところ，Cは保管料等の金額を額面とするA振出の小切手を交付した。ところが，その小切手が不渡となった。そこで，B倉庫会社は，倉荷証券に寄託物の記載のほか，保管料等寄託物に関する費用は証券所持人が負担する旨の文言の記載があることを理由として，Cに保管料等の支払請求をした。B倉庫会社の請求は認められるか。

第10章

その他の商取引

1 保険取引

(1) 総　説
(イ) 保険の概念
　保険とは，一般的に，同種の偶発的な事故（危険）にさらされた多数の経済主体が大数の法則[1]を応用して確率計算により金額（保険料）を拠出して共同の資金備蓄を形成し，現実に事故に遭った経済主体に対し財産上の給付（保険金の支払）を行って，その経済的危機に対処する制度であるといわれる[2]。
(ロ) 保険の分類
　私保険[3]と公保険[4]に大別される。自動車損害賠償責任保険は，私保険と公保険の要素をもつ。

(2) 保険契約
(イ) 定　義
　保険契約とは，当事者の一方が一定の事由が生じたことを条件として財産上の給付を行うことを約し，相手方がこれに対して当該一定の事由の発生の可能性に応じたものとして保険料を支払うことを約する契約をいう（保険2条1号）。
(ロ) 保険契約の区分
　保険契約は，①保険者が一定の偶然の事故によって生ずることのある損害を

---

[1] 大数の法則により，個々の経済主体にとっては偶然・不測の出来事でも，過去の経験から，その全体からみれば一定期間内に一定割合で事故が発生しているという統計による確率・蓋然性を導き出すことが可能となる。
[2] もっとも，「保険」とは何かを定義する法規定はなく，その概念について種々の学説（損害需要説・金額給付説・需要説・技術説等）が対立している。
[3] 民間の保険会社の行う保険（営利保険・相互保険）および共済等が挙げられる。
[4] 社会保険（健康保険・年金保険・雇用保険等）および産業保険（貿易保険・森林火災保険等）等が挙げられる。

てん補（塡補）することを約する「損害保険契約」，②損害保険契約のうち，保険者が人の傷害疾病によって生ずることのある損害[5]をてん補（塡補）することを約する「傷害疾病損害保険契約」，③保険者が人の生存または死亡に関し一定の保険給付を行うことを約する「生命保険契約」[6]，④保険者が人の傷害疾病に基づき一定の保険給付を行うことを約する「傷害疾病定額保険契約」に区分される（保険2条6号～9号）。

(3) 保険契約の法的性質

①保険契約者が確定的に保険料支払義務を負うが，保険者は保険事故が発生した場合に保険給付義務を負う（有償性・双務性）。また，②保険者の給付は，保険事故の発生という偶然の出来事の発生にかかっている（射倖契約性）。さらに，③保険契約は，営業的商行為（商502条9号）である（商行為性）。

(4) 保険契約の当事者および関係者

契約当事者は，保険制度の運営者であり保険給付を行う義務を負う保険者（保険2条2号）と保険料を支払う義務を負う保険契約者（保険2条3号）である。

契約当事者以外の関係者は，①損害保険契約の場合には，塡補することとされる損害を受ける者である被保険者（保険2条4号イ）である。損害保険契約では，被保険者が損害の塡補（保険金の支払）を請求できる。②生命保険契約の場合には，被保険者はその者の生存または死亡に関し保険者が保険給付を行うこととなる者である（保険2条4号ロ）。生命保険契約では，保険金を請求できる者は保険契約者が指定（保険43条）する保険金受取人である（保険2条5号）。③傷害疾病定額保険契約の場合には，被保険者はその者の傷害または疾病に基づき保険者が保険給付を行うこととなる者である（保険2条4号ハ）。また，保険金受取人（保険2条5号）が保険契約者により指定される（保険72条）。

第三者のためにする保険契約は，損害保険では保険契約者と被保険者が異なる場合であり（保険8条），生命保険・傷害疾病定額保険契約では保険契約者と保険金受取人が異なる場合である（保険42条・71条）。

---

5) ここでの損害は，当該傷害疾病を生じた者が受けるものに限定される。
6) 生命保険契約からは，傷害疾病定額保険契約に該当するものが除かれる。

10-1図解：損害保険契約

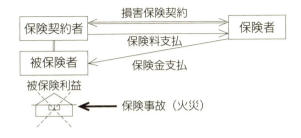

10-2図解：第三者のためにする損害保険

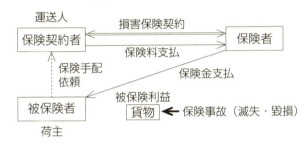

　保険者の補助者として，損害保険では，損害保険募集人[7]，少額短期保険募集人，保険仲立人が存在する[8]。生命保険では，生命保険募集人[9]，少額短期保険募集人，保険仲立人が存在する[10]。

(5) 損害保険契約

(イ) 種　類

　物保険[11]，責任保険[12]，信用保険[13]・保証保険[14]，費用保険・利益保険[15]，傷

---

[7]　保険会社の役員，使用人，代理店，その役員および使用人等が該当する。
[8]　保険業275条1項2号～4号。
[9]　生命保険契約では被保険者となる者の医学的診査等が必要であるため，生命保険募集人は実務では契約締結の代理権が与えられていない。
[10]　保険業275条1項1号・3号・4号。
[11]　火災保険（保険16条），自動車車両保険（任意保険）および海上保険（商815条～841条ノ2）等が挙げられる。
[12]　保険17条2項・22条参照。
[13]　個人ローン信用保険（債権者が保険契約者・被保険者）等が挙げられる。
[14]　住宅ローン保証保険（債務者が保険契約者，債権者が被保険者）等が挙げられる。
[15]　イベントの興行中止保険等が挙げられる。

害疾病損害保険[16]）のほか，航空保険（保険36条2号），原子力保険（保険36条3号），動産総合保険，ガラス保険等がある。自動車総合保険は，保険約款において複数の保険の内容が含まれる。

(ロ) 契約の内容

契約の内容に関して，一定の偶然の事故として契約が定める「保険事故」（保険5条1項・6条1項4号），特定の期間内に損害填補の責任を負うと契約で定めた「保険期間」（保険6条1項5号），損害が生じる客体[17]）である「保険の目的物」（保険6条1項7号，商826条1号〔保険目的物〕等），保険事故により失われるおそれのある経済的利益（保険契約の目的）である「被保険利益」（保険3条），被保険利益の評価額である「保険価額」（保険9条，商818条・819条）について規定がある。

この保険価額については，当事者間で保険価額として一定の価額を約定した約定保険価額・評価済保険の定めがある。これは，たとえば，中古の建物に火災保険を付し全損が生じた場合に実損額の填補ではなく，建物の再調達価額を保険金として支払うことを可能とするものであり，その社会的必要性から有効と認められている。

また，保険給付の限度額として契約で定める「保険金額」（保険6条1項6号）については，この保険金額と保険価額が不一致の場合が問題となる。契約締結時に保険金額が保険価額を超過する超過保険，保険金額が保険価額に達しない一部保険，同一の目的物について保険期間が重なる複数の契約が締結され，それらの保険金額の総額が保険価額を超過する重複保険について規定がある[18]）。

さらに，保険者の危険負担の対価として保険契約者により支払われる報酬である「保険料」（保険2条1項3号）は，純保険料と付加保険料とからなる[19]）。

---

16) 保険34条・35条に特別の規定が置かれている。
17) 火災保険の建物および信用保険の債権等が挙げられる。
18) 保険9条（超過部分につき契約の取消可）・12条（保険契約者に不利な特約は無効〔片面的強行規定〕），19条，20条参照。
19) 前者は，一定期間（保険料期間〔多くの場合1年〕）を単位として測定された危険率に基づき算定され，後者は，保険者の経費・租税・代理店手数料等に基づき算定される。
　なお，純保険料は，わずかでも保険料期間に入れば，期間中に契約が終了してもその期間に対応する保険料を全額取得できるとする考えがある（保険料不可分の原則）。実際には，約款で保険料の日割計算，短期料率の適用がなされている。

(ハ) 契約の成立

損害保険契約は，契約相手方の申込みを保険者が承諾すること[20]により成立する諾成・不要式の契約である（保険2条1号）。一定事項を記載した書面[21]が遅滞なく交付されることを要する。約款では，通常，契約の成立時期と保険開始の始期が一致せず，保険期間が始まった後でも保険料の支払があるまでは保険者の責任が開始しない旨が定められている。

いわゆるクーリングオフ（8日以内）も認められる（保険業309条）。

損害保険契約は保険期間一年のものが多いので[22]，保険開始期間の開始前に保険料を一時払することを要求されることが多い。告知義務，契約締結前に発生した保険事故による損害を填補する遡及保険，第三者のためにする損害保険契約について規定がある[23]。

(ニ) 損害保険契約締結後の変動

保険価額の減少，危険の減少・増加，保険契約の任意解除権，重大事由による解除について規定がある[24]。

(ホ) 保険事故発生後の法律関係

損害の発生・拡大防止義務，損害発生の通知義務，損害の填補，保険者の免責事由，損害額の算定，支払保険金額の算定，保険給付の履行期，責任保険契約についての先取特権，保険給付を請求する権利の消滅時効について規定がある[25]。

(ヘ) 保険者の代位

保険者の残存物代位，請求権代位の規定がある[26]。

---

20) 実際には，募集に従事する保険者の代理人がこれを行う。
21) 保険6条（実務上の名称として保険証券〔商旧649条〕）。
22) この場合にクーリングオフは認められない（保険業309条1項4号）。
23) 保険4条・28条〔解除〕，5条，8条・12条参照。
24) 保険10条，11条・29条，27条，30条参照。
25) 保険13条，14条，2条6号・16条・23条1項1号，21条，22条，95条1項（3年）参照。
26) 保険24条，25条参照。

(6) 生命保険契約

(イ) 種類

　定期保険，終身保険，養老保険[27]，年金保険[28]に大別される。被保険者の数により，単生保険（1人単位），連生保険（夫婦や家族単位），団体保険がある。

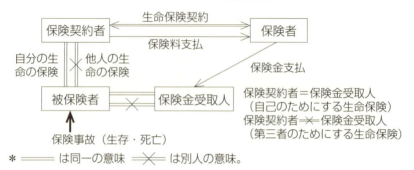

10－3図解：生命保険契約

(ロ) 契約の内容

　損害保険との差異として，①保険事故は，人の生存[29]または死亡[30]である（保険2条8号）。②保険の給付においては，約定の一定の金額が保険金受取人に支払われる（保険2条1号括弧書・5号）。③被保険者は，その者の生存または死亡に関し保険者が保険給付を行うこととなる者（保険2条4号ロ）である。また，損害保険の場合と異なり，被保険利益・保険価額という観念は存在せず，一部保険，超過保険，重複保険，請求権代位の問題も生じない。

(ハ) 契約の成立

　生命保険契約も，諾成・不要式の契約であり（保険2条1号），実際上，契約相手方が保険契約申込書に第1回保険料相当額をそえて，生命保険募集人に対し契約の申込みをし，その後に被保険者となるべき者の医師の診査等を経て，保険者が承諾の意思表示[31]をすることにより契約が成立する。申込者には8

---

27) こども保険・貯蓄保険等が挙げられる。
28) 個人年金保険および企業年金保険等が挙げられる。
29) 年金保険および養老保険等の生存保険が挙げられる。
30) 定期保険，終身保険および養老保険等が挙げられる。
31) 通常は一定事項を記載した書面（実務上いわゆる保険証券）の交付（保険40条）により行われる。

日以内のクーリングオフが認められている（保険業309条）。

　保険者の責任開始時については，約款において，保険者が契約の申込みを承諾したときは，保険者の責任は第1回保険料の受取時または被保険者に関する告知（保険37条）の時のいずれか遅い時に遡って開始する旨（責任遡及条項）が定められている。申込者の期待を保護するためである。なお，告知義務，他人の死亡を保険事故とする場合における被保険者の同意，遡及保険，第三者のためにする生命保険契約について規定がある[32]。

(二)　生命保険契約締結後の変動

　保険金受取人の変更，保険金受取人の変更についての被保険者の同意，保険金受取人の死亡，保険給付請求権の譲渡等についての被保険者の同意，危険の減少・増加，保険契約の任意解除権，重大事由による解除，被保険者による解除請求，解約返戻金請求権の差押え，保険料積立金の払戻しについて規定がある[33]。

(ホ)　保険事故発生後の法律関係

　被保険者の死亡の通知義務，保険者の免責事由，保険給付の履行期，保険給付を請求する権利の消滅時効（3年）について規定がある[34]。

(7)　傷害疾病保険契約

(イ)　種　類

　保険法上，損害保険契約の一種としての傷害疾病損害保険（保険34条・35条）[35]と，生命保険契約と同様に定額保険契約の一種としての傷害疾病定額保険（保険66条～94条）とがある。実際には，定額保険の形式が多い。以下では，傷害疾病定額保険契約を中心に取り上げる。

① 　**傷害保険契約**　　損害保険会社の傷害保険普通約款によるもの[36]と生命

---

[32]　保険37条，38条，39条，42条・49条参照。
[33]　保険43条・44条，45条，46条，47条，48条・56条，54条・59条，57条，58条，60条～62条，63条参照。
[34]　保険50条，51条（被保険者の自殺・故殺等。約款上で，被保険者の自殺の免責は保険者の責任が開始してから2年または3年以内の自殺に限定されることが多い），52条，95条参照。
[35]　損害保険会社の海外旅行傷害保険契約等が挙げられる。
[36]　ファミリー交通傷害保険約款および搭乗者傷害条項等が挙げられる。

保険会社の生命保険契約に付帯するかたちのもの[37]がある。

② 疾病保険契約　損害保険会社では，医療保険約款・介護補償保険約款・入院一時金支払特約条項等がある。生命保険会社では，ガン保険約款・入院医療保険約款・特定疾病保障特約・成人病入院医療特約等がある。

10－4図解：傷害疾病定額保険契約

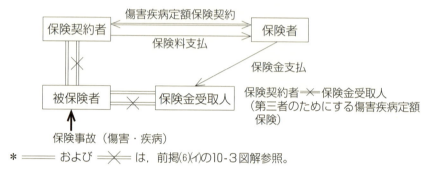

＊ ─── および ─✕─ は，前掲(6)(イ)の10－3図解参照。

(ロ) 契約の内容

損害保険契約・生命保険契約と異なる点として，①傷害保険契約の保険事故[38]，②疾病保険契約の保険事故[39]，③傷害保険契約の定額給付[40]，④疾病保険契約の定額給付[41]があげられる。

(ハ) 契約の成立

傷害疾病保険契約の契約成立過程も，前記の損害保険契約・生命保険契約と同様である（保険66条～70条）。特色があるのは，保険契約者自身が被保険者ではない場合に被保険者の同意を要することについて（保険67条1項本文），被保険者が保険金受取人であるときは，被保険者の同意を要しないと規定されていることである（保険67条1項但書）。被保険者が生きている間に被保険者が自ら保険金を受け取るのであれば悪用等の問題がないからである[42]。また，約款において保険者の責任開始期後に生じた傷害疾病を保険事故とする旨を定める契

---

37) 災害割増特約および災害入院特約等が挙げられる。
38) 急激かつ偶然な外来の事故による身体傷害とされている。
39) 疾病による入院，治療（手術等）および疾病による一定の身体状態等とされている。
40) 死亡保険金，後遺障害保険金（約款で事故日から180日以内の死亡・後遺障害）および医療保険金（約款で入院・手術保険金または通院保険金の日数分）等が挙げられる。
41) 診断給付金，死亡給付金，疾病障害給付金および医療給付金等が挙げられる。
42) なお，保険67条2項（給付事由が死亡のみである場合には不適用）参照。

約前発病不担保条項（責任開始期前発病不担保条項）が定められている。
　㈡　傷害疾病保険契約締結後の変動
　　生命保険契約の規律と同様（保険71条〜78条）である。
　㈤　保険事故発生後の法律関係
　　生命保険契約の規律と同様（保険79条〜95条）である。なお，被保険者の解除請求が可能な点で（保険87条），生命保険契約と若干異なる。

(8)　海上保険契約
㈠　意　義
　　海上保険契約は，航海に関する事故によって生ずることのある損害の填補を目的とする保険契約である[43]。
㈡　海上保険契約の要素
　　①保険事故は，保険期間内に船舶の航海に関して発生する一切の事故である（商816条）。②保険期間は，一定の期間（定時保険）または特定の航海（航海保険）で定められる（両者の混合保険もある）。船舶保険，貨物保険，保険価額の算定基準等について規定がある[44]。
㈢　海上保険契約の成立
　　海上保険証券の記載事項，予定保険について規定がある[45]。
㈣　変更・消滅
　　著しい危険の増加，船舶の変更について規定がある[46]。
㈤　損害填補
　　共同海損分担額填補責任，保険者の法定免責事由，不可抗力による貨物売却の場合の填補責任について規定がある[47]。

---

[43]　商815条（相互保険に対する準用〔商830条〕）。
[44]　商818条・819条参照。
[45]　商821条・825条参照。
[46]　商822条〜824条参照。
[47]　商817条・826条〜828条参照。

2 信託取引

(1) 総　説
(イ) 信託の意義

　信託とは，①信託契約の締結，②遺言，または，③自己信託の意思表示のいずれかの方法[48]により，特定の者（受託者〔信託2条5項〕）が一定の目的（信託目的）に従い財産の管理または処分その他の当該目的の達成のために必要な行為をすべきものとすることをいう（信託2条1項）。

　信託を設定する上記①・②・③の行為は，信託行為と呼ばれ（信託2条2項），これらの方法により信託をする者を委託者という[49]。信託は，それを引き受けた者（受託者）が信託財産（信託2条3項）の名義人となり，排他的に管理・処分権を行使する制度である。受益権を有する者を受益者という[50]。受益権とは，信託行為に基づいて受託者が受益者に対し負う責務であり，信託財産に属する財産の引渡しその他の信託財産に係る給付をすべきものに係る債権（受益債権），および，これを確保するために信託法の規定に基づいて受託者その他の者に対し一定の行為を求めることができる権利をいう[51]。

　信託の引受けは，営業的商行為であり（商502条13号），これを業（信託業，営業信託）とする者は商人となる（商4条1項）[52]。もっとも，信託業は，信託業法により，内閣総理大臣の免許を受けた一定規模以上の株式会社（運用型信託会社）でなければ営むことができない（信託業3条～5条）。しかし，受託者の権限が狭い形で，すなわち委託者のみの指図による管理・処分あるいは信託財産の保存行為・利用行為・改良行為のみが行われる信託の引受けを行う場合[53]には，会社の規模が小さくてよく，内閣総理大臣の登録を受けることで

---

48)　信託3条1号～3号。
49)　信託2条4項・145条～148条（委託者の権利等）。
50)　信託2条6項・88条～92条（受益者の権利の取得・行使）。
51)　信託2条7項・93条～104条（受益権等）。
52)　営業信託の私法関係を規律する法律としては，信託法のほか，担保付社債信託法（明38法52号），「投資信託及び投資法人に関する法律」（昭26法198号），貸付信託法（昭27法195）等の特別法がある。また，行政的取締法規として，信託業法（平16法154号），「金融機関の信託業務の兼営等に関する法律」（昭18法43号）がある。
53)　このような場合のことを管理型信託業という（信託業2条3項）。

よい[54]。

(ロ) 公益信託と私益信託

　公益信託とは，受益者（信託2条6項・88条）の定めのない信託（信託258条1項）のうち，学術・技芸・慈善・祭祀・宗教その他公益を目的とするもので，受託者が主務官庁の許可を受けた信託をいう（公益信託1条・2条1項）。それ以外の信託が，私益信託である。私益信託のうち，委託者自らが受益者となる信託は自益信託と呼ばれ，委託者以外の者を受益者とする信託は他益信託と呼ばれる。

10－5図解：信託契約

```
        信託契約の締結・遺言等（信託行為）
  ┌────────────────────────────┐
委託者 ←──────────────────────→ 受託者    信託財産の名義人
  │    ┌───┐                  │         （信託会社）
  │    │財産│    移転          │
  └───→│   │←─────────────────┤
       └───┘
              管理・処分権       利益
          ┌──────────┐         │
          │  受益者  │←────────┘
          └──────────┘
```

(2) 信託取引の種類

　①信託の引受けの際に信託会社等に委託される財産が金銭である「金銭信託」[55]，②委託される財産が有価証券である「有価証券信託」[56]，③委託される財産が金銭債権である「金銭債権信託」[57]，④委託される財産が動産である「動産信託」[58]，⑤委託される財産が土地・その定着物・地上権または土地・その

---

[54]　信託業7条～10条。このような登録を受けた会社のことを管理型信託会社という（信託業2条4項）。

[55]　信託業4条3項1号，信託業施規6条1項1号，信託業兼営1条2項，信託業兼営施規4条2項1号。指定金銭信託，貸付信託，年金信託，投資信託，特定金銭信託等が挙げられる。また，信託終了時に運用している財産のまま（現状有姿〔たとえば有価証券〕）で返還される，金銭信託以外の金銭の信託（金外信）として，ファンド・トラスト，従業員持株信託等が挙げられる。

[56]　信託業施規6条1項2号，信託業兼営施規4条2項2号。有価証券管理信託，有価証券運用信託等が挙げられる。

[57]　信託業施規6条1項3号，信託業兼営施規4条2項3号。住宅ローン債権信託，リース債権信託等が挙げられる。

[58]　信託業施規6条1項4号，信託業兼営施規4条2項4号。動産設備信託等が挙げられる。

定着物の賃借権である「不動産信託」[59]，⑥委託される財産が抵当権・質権等である「担保権信託」[60]，⑦委託者が保有する特許権・著作権等の知的財産権を管理・運用する目的で信託会社等に委託する「知的財産権信託」[61]等がある。

(3) 信託会社等の権限・義務・責任等

(イ) 信託会社等の権限

受託者である信託会社等は，信託目的の達成に必要な権限を有する（信託26条）。信託会社等の権限違反行為についての受託者による取消し，信託事務の処理の第三者への委託について規定がある[62]。

(ロ) 信託会社等の義務等

信託会社等は，善管注意義務（信託29条），忠実義務（信託30条）を負い，利益相反取引の制限の定めが置かれている（信託31条）。また，複数の受益者がある場合の公平義務，他の信託財産がある場合の分別管理義務，信託事務の処理の委託における第三者の選任・監督に関する義務，信託事務の処理の状況についての報告義務，帳簿等の作成・報告・保存の義務，受益者による帳簿等の閲覧・他の受益者の氏名等の開示の請求について規定されている[63]。

(ハ) 信託会社等の責任等

受託者である信託会社等は，受益者に対して損失填補責任等を負う（信託40条）。また，信託会社等の役員の連帯責任，損失填補責任等の免除，損失填補責任等に係る債権の期間の制限，受益者による信託会社等の行為の差止め，訴えの提起等における費用・弁護士等への報酬の支弁等，裁判所による検査役の選任について規定がある[64]。

(ニ) 信託会社等の費用償還・報酬請求等

信託会社等は，信託財産からの費用等の償還等の請求をすることができる（信託48条～52条）。また，信託会社等は，信託事務の処理のために自己の過失なく損害を受けた場合に，信託財産からその賠償を受けることができる（信託

- 59) 信託業施規6条1項5号～7号，信託業兼営施規4条2項5号～7号。
- 60) 信託業施規6条1項8号，信託業兼営施規4条2項8号。担保付社債信託等が挙げられる。
- 61) 信託業施規6条1項9号，信託業兼営施規4条2項9号。特許権管理信託等がある。
- 62) 信託27条，28条参照。
- 63) 信託33条～39条参照。
- 64) 信託41条～47条参照。

53条)。さらに，信託会社等は，信託財産から信託報酬を受け取ることができる（信託54条)。なお，担保権信託の場合に受益者がその担保される債権に係る債権者であるとき，信託会社等による担保権の実行が認められる（信託55条)。

(4) 受益者等
(イ) 受益権の取得

信託行為の定めにより受益者となるべき者として指定された者は，当然に受益権を取得する（信託88条)。受益者は，その有する受益権の譲渡等をすることができる（信託93条～99条)。譲渡を容易にするために，信託行為においては，受益権を表示する証券（受益証券）を発行する旨を定めることができる[65]。受益債権に係る債務について，受託者は，信託財産に属する財産のみをもってこれを履行する責任を負う（信託100条)。ただし，受益債権は，信託債権[66]に後れる（信託101条)。受益債権の期間の制限，受益権取得請求権について規定がある[67]。

(ロ) 受益者集会・信託管理人等

複数の受益者がいる場合に，受益者集会が認められる（信託106条～122条)。また，受託者の監督等のために，信託管理人，信託監督人，受益者代理人の制度がある[68]。

(5) 信託の終了・清算
(イ) 信託の終了

信託は，信託の目的の達成等の法定の終了事由，委託者・受益者の合意等，信託の終了を命ずる裁判により終了する[69]。

(ロ) 信託の清算

当該信託が終了した場合には，原則として，清算手続に入り（信託175条)，信託が終了した時以後の受託者（清算受託者）が清算のための職務を行う（信託177条)。残余財産は，信託行為において残余財産の給付を内容とする受益債

---

[65] この定めのある信託を受益証券発行信託という（信託185条～215条)。
[66] これは，信託事務処理の際に生じる，信託財産を引き当てにできる債権のことである。
[67] 信託102条～104条参照。
[68] 信託123条～144条参照。
[69] 信託163条～166条参照。

権に係る受益者(残余財産受益者)となるべき者として指定された者,または,信託行為において残余財産の帰属すべき者(帰属権利者)となるべき者として指定された者[70]に帰属する(信託182条)。

3 金融商品取引

(1) 金融の意義

　金融とは,貨幣あるいは資金を融通することをいう。金融取引は,資金に余剰のある経済主体から,現時点で手元資金が不足している経済主体に対して資金を融通することである。借り手は,貸し手に対して将来の所得による支払いを約束して資金の提供を受けることになる。金融取引は,将来所得による借り手の支払い約束が,貸与という形で,一定の利息を約束して借り手が貸し手に対し債務を負う場合(債務取引)と,企業実績に応じての配当の支払いを受ける形(出資取引)に大別される。債務取引の典型例が,銀行から企業に対する貸付であり,また株式会社による社債の発行である。出資取引の典型例は,株式会社による新株発行である。

　このような債権債務関係ないし権利義務を表章した証券類が,一般には「金融商品」と呼ばれている。しかし,「金融商品」は,権利と証券を一体のものとして取り扱う,いわゆる紙媒体の民商法上の有価証券(民520条の2～520条の20)である必要はない。金融商品とは,資金に余剰のある経済主体から,現時点で資金が不足している経済主体に対する資金移転のための仕掛けである。金融商品には,上記のような債務取引・出資取引だけでなく,このような金融商品から「派生した金融商品」(経済上のデリバティブ〔派生商品〕)も含まれる。金利・為替等の変動による市場リスクを分散する等のため,このような金融派生商品(経済上のデリバティブ)取引が増大している。

　実務上,上記のような取引を金融取引と総称している。このような金融取引には,本章1で取り上げた「保険取引」も含まれる。以下では,金融商品取引,商品先物取引,銀行取引およびその他の金融取引の順で述べる[71]。

---

70) これは,信託の清算期間中にのみ受益者とみなされる者のことである。
71) 「金融機関」とは,資金の融通など資金の運用・調達に係わる各種の金融取引を業として営んでいるものをいう。金融取引において,個人や企業が自ら取引相手方を探したり,借り手のリスクの評価・管理することは困難である。そこで,これらを,その専門

(2) 金融商品取引
㈣ 有価証券・デリバティブ取引等

　金融商品取引法は，有価証券の発行および金融商品等の取引等を公正にし，有価証券の流通を円滑にするほか，資本市場の機能の十全な発揮による金融商品等の公正な価格形成等を図り，もって国民経済の健全な発展および投資者の保護に資することを目的とする（金商1条）。同法は，金融商品としての「有価証券」および「デリバティブ取引」を規制対象とする。

　有価証券には，(a)紙媒体の証券・証書が発行されているものとして，国債証券・社債券・株券・新株予約権証券・優先出資証券・受益証券・抵当証券・預託証券などがある（金商2条1項）。また，(b)金商2条1項で列挙された証券であって証券・証書が発行されていないものの他，金商2条2項で列挙された信託の受益権・合名会社等の社員権（ただし政令で定めるものに限る）・集団投資スキーム持分などで，証券・証書が発行されていないもの（みなし有価証券）等がある（金商2条2項）。

　デリバティブ取引とは，デリバティブ取引の原資産を意味する金融商品（有価証券・預金に基づく権利・通貨等〔金商2条24項〕）および金融指標（金商2条25項）の先物取引・オプション取引・スワップ取引・クレジットデリバティブのことをいう（金商2条20項〜23項）。

　平成18年金融商品取引法制定時に，同法の規制する金融商品の範囲が，従前に比べて大きく拡大された。同法の規制対象となる金融商品は，(a)金銭の出資，金銭等の償還の可能性を持ち，(b)資産や指標などに関連して，(c)より高いリターン（経済的効用）を期待してリスクをとるもの，である（金融審議会報告

機関である金融機関に委ねることが効率的と考えられる。
　銀行業（銀行10条参照）を営む金融機関として，①銀行法により免許を受けて銀行業を営む株式会社である「普通銀行」（都市銀行・地方銀行等），②信用金庫法に基づき設立され，主として中小企業者・地域勤労者のために預金の受入れや融資を行う「信用金庫」，③中小企業等共同組合法に基づき設立され，主として小企業・零細企業や勤労者のために預金の受入れや融資を行う「信用協同組合」，④農業協同組合法・水産業協同組合法に基づき設立され，農業・漁業に従事する者に対する融資を行う「農業協同組合」・「漁業協同組合」・「水産加工業協同組合」などがある。
　銀行業（銀行10条参照）を伴わないその他の金融機関として，①保険会社（生命保険会社・損害保険会社），②金融商品取引業者（証券会社・投資顧問会社等），③消費者信用会社（信販会社・消費者金融会社等），④事業者信用会社（事業者金融会社・リース会社等）などがある。

「投資サービス法（仮称）に向けて」〔平成17年12月22日〕）。つまり，金融商品の中でも，リターンを期待しての元本割れまたは元本以上の損失を被る恐れのある「投資」を対象とする。したがって，一般の銀行預金や一般の保険契約は，規制対象外である。もっとも，外貨建預金や変額保険のような投資性のある預金・保険に対しては，金融商品取引法の一定の規制が及ぶ（銀行13条の4・保険300条の2）。

(ロ)　**金融商品取引業者等**

　金融商品取引業者とは，金融商品取引法2条8項に列挙する行為のいずれかを業として行う者で，同法29条の規定により登録を受けた者をいう（金商2条9項）。たとえば，従来の証券会社，金融先物取引業者，商品投資販売業者，証券投資顧問業者，投資信託委託業者，抵当証券業者などが含まれる。金融商品取引業の内容は，その取扱商品・業務内容によって，次のように，4種の業に分類される。

① 「第1種金融商品取引業」とは，有価証券の売買・その媒介・取次ぎまたは代理，店頭デリバティブ取引，元引受，PTS（Proprietory Trading System〔私設証券取引システム〕）業務，有価証券等管理業務などのいずれかを業として行うことをいう（金商28条1項）。

② 「第2種金融商品取引業」とは，投資信託・集団投資スキームの自己募集，みなし有価証券の売買・媒介等，市場デリバティブ取引・その取引の媒介等のいずれかを業として行うことをいう（金商28条2項）。

③ 「投資助言・代理業」とは，投資顧問契約を締結して有価証券・金融商品の価値等に基づく投資判断について助言する行為，投資顧問契約または投資一任契約の締結または代理のいずれかを業として行うことをいう（金商28条3項）。

④ 「投資運用業」とは，有価証券または市場デリバティブ取引に対する投資として，投資法人との契約に基づき投資法人の財産を運用する行為，投資信託の受益者の保有者から拠出を受けた金銭等の運用する行為，投資一任契約に基づき顧客の財産を運用する行為，信託の受益権の保有者から拠出を受けた金銭等を運用する行為などのいずれかを業として行うことをいう（金商28条4項）。

　上記のような分類によって，業による参入要件や兼業の範囲に差を設け，また業に応じた規制が及ぼされ，また，金融商品取引業者の行為規制について規

定がある（金商35条〜45条・66条の15。取引勧誘の規制について，本書第6章**2**(3)参照）72)。

(イ) **企業内容等の開示**

　金融商品取引法は，投資家の投資判断に資するために，企業内容等の開示として，発行市場では有価証券届出書の提出（金商5条）および目論見書の交付（金商13条），流通市場では定期的に提出される有価証券報告書（金商24条）および半期報告書（金商24条の5第1項）・四半期報告書（金商24条の4の7）・臨時報告書（金商24条の5第4項）の提出が発行会社に義務づけられる。これらは，投資家の保護を図るものである。また，公開買付けに関する開示（金商27条の2〜27条の22の4），株券等の大量保有の状況に関する開示（金商27条の23〜27条の30）についての規定がある。

(ロ) **有価証券の取引等に関する規制**

　有価証券の取引等に関する規制として，不正の手段・虚偽の表示等の不正行為の禁止（金商157条），風説の流布・偽計・暴行または脅迫の禁止（金商158条），相場操縦行為等の禁止（金商159条・160条），インサイダー取引の禁止（金商166条・167条）などの規定がある。

(3) **金融商品販売**

　「金融商品の販売等に関する法律」（平12法101号）は，金融商品販売業者等（金融商品の販売等を業として行う者〔金販2条3項〕）が，金融商品の販売等（金融商品の販売・その代理・媒介〔金販2条2項〕）に際し，顧客（金融商品の販売の相手方〔金販2条4項〕）に対して説明をすべき事項等および金融商品販売業者等が顧客に対して当該事項について説明をしなかったこと等により当該顧客

---

72)　なお，銀行・協同組織金融機関その他の金融機関は，原則として，有価証券関連業務と投資運用業が禁止される（金商33条1項）。例外として認められる有価証券関連業については，登録（金商33条の2）なしで認められるものとして，投資目的で行うこと，信託契約に基づいて他人の計算で行う有価証券の売買または有価証券関連デリバティブ取引がある（金商33条1項但書）。登録を要するものとして，書面取次行為，公共債および資産の流動化に係る一定の有価証券関連業務，一定の有価証券の私募の取扱い，投資信託の受益証券等の販売・勧誘，有価証券関連デリバティブ取引以外のデリバティブ取引がある（金商33条2項・33条の2）。登録を受けた金融機関は，登録金融機関と呼ばれ（金商2条11項柱書），金融商品取引業者も含めて「金融商品取引業者等」と定義され（金商34条），誠実義務（金商36条）・禁止行為（金商38条）など，金融商品取引業者に適用される行為規制が適用される（金商36条以下）。

が損害を被った場合における金融商品販売業者等の損害賠償の責任，ならびに金融商品販売業者等が行う金融商品の販売等に係る勧誘の適正の確保のための措置を定めることにより，顧客の保護を図ることなどを目的とする（金販1条）。

金融商品の販売とは，①預金・貯金・定期積金または定期積金等（銀行2条4項）の掛金の受入れを内容とする契約の預金者・貯金者・定期積金の積金者または定期積金等の掛金の掛金者との締結，②無尽掛金（無尽1条）の受入れを内容とする契約の無尽掛金の掛金者との締結，③金銭の信託に係る信託契約（受益権が金商2条2項1号2号に掲げるものに限る）の委託者との締結，④保険者（保険業2条1項）と保険契約者との保険契約の締結，⑤有価証券（金商2条1項2項〔同項1号2号を除く〕）を取得させる行為（代理・媒介ならびに金販1条1項8号9号のものを除く），⑥信託の受益権（金商2条2項1号2号）・譲渡性預金証書をもって表示される金銭債権（金商2条1項2項のものを除く）を取得させる行為（代理・媒介を除く），⑦市場デリバティブ取引・店頭デリバティブ取引（金商2条21項～23項の取引・その取次ぎ）等の行為をいう（金販2条1項）。

このように，金融商品販売法が定義する「金融商品の販売」は，投資性のある金融商品ばかりでなく，一般の銀行預金・保険契約も含み，このような広範な金融商品に対して適用される。このような広い金融商品を対象として，金融商品販売業者等の説明義務（金販3条），金融商品販売業者等の断定的判断の提供等の禁止（金販4条），金融商品販売業者等の損害賠償責任（金販5条・6条），勧誘の適正の確保（金販8条）などについての定めがある（なお，本書第6章**2**(3)参照）。

4　商品先物取引

(1)　意　義

商品先物取引法（昭25法239号）は，商品または商品指数について先物取引をするために必要な市場を開設することを主たる目的として設立される商品取引所（商取2条4項～6項）の組織，商品市場における取引の管理等について定め，取引等の受託を行う者の業務の適正な運営を確保すること等により，商品の価格の形成および売買その他の取引ならびに商品市場における取引等の受託を公正にするとともに，商品の生産・流通を円滑にし，もって国民経済の健全な発展および委託者の保護に資することを目的とする（商取1条）。

商品とは，(a)大豆・小豆・天然ゴム・綿花・生糸等の農産物・林産物・畜産物・水産物等，(b)金・銀・白金・チタン・原油等の鉱物等，(c)国民経済上重要な原料・材料であって，その価格の変動が著しいために先物取引に類似する取引の対象とされる蓋然性が高い物品をいう（商取2条1項，商取令1条）。

商品指数とは，2以上の商品たる物品の価格の水準を総合的に表した数値，1の商品たる物品の価格と他の商品たる物品の価格の差に基づいて算出された数値その他の2以上の商品たる物品の価格に基づいて算出された数値をいう（商取2条2項）。

先物取引とは，商品取引所の定める基準・方法に従って，商品市場（商取2条9項）において行われる，(a)当事者が将来の一定の時期において商品・その対価の授受を約する売買取引であって，当該売買の目的物となっている商品の転売・買戻しをしたときは差金の授受によって決済することができる取引，(b)約定価格（当事者が商品についてあらかじめ約定する価格〔1の商品の価格の水準を表す数値その他1の商品の価格に基づいて算出される数値を含む〕）と現実価格（将来の一定の時期における現実の当該商品の価格）の差に基づいて算出される金銭の授受を約する取引，(c)当事者が商品指数についてあらかじめ約定する数値（約定数値）と将来の一定の時期における現実の当該商品指数の数値（現実数値）の差に基づいて算出される金銭の授受を約する取引，(d)オプション取引，(e)その他これらの取引に類似する取引をいう（商取2条3項）。

(2) 商品先物取引業者

商品先物取引業者とは，商品先物取引法2条22項に列挙する行為のいずれかを業として行う者で，同法190条1項の規定により許可を受けた者をいう（商取2条23項）。「商品先物取引業」とは，(a)商品市場における取引または商品清算取引の委託を受け，またはその委託の媒介・取次ぎもしくは代理を行う行為，(b)外国商品市場取引またはその商品清算取引に類似する取引の委託を受け，またはその委託の媒介・取次ぎもしくは代理を行う行為，(c)店頭商品デリバティブ取引またはその媒介・取次ぎもしくは代理を行う行為，以上の行為のいずれかを業として行うことをいう（商取2条22項）。商品先物取引業者の業務に対して，規制がなされている（商取198条〜224条）。

商品先物取引業者は，商品市場における取引等（商取2条21項）の委託を受けたときは，その委託に係る商品市場における取引等をしないで，自己がその

相手方となって取引を成立させてはならない（商取212条〔のみ行為の禁止〕）。誠実かつ公正の原則（商取213条），不当な勧誘等の禁止（商取214条），損失補塡等の禁止（商取214条の3），適合性の原則（商取215条），商品取引員の説明義務・損害賠償責任（商取218条）について規定がある（なお，本書第6章**2**(3)）。

5 銀行取引

(1) 銀行業の意義

商法上，両替その他の銀行取引は営業的商行為とされるが（商502条8号），銀行法では，①預金または定期積金の受入れと資金の貸付けまたは手形の割引とを併せ行うこと，②為替取引を行うこと，のいずれかを行う営業を，「銀行業」という（銀行2条2項）。そして，「銀行」とは，内閣総理大臣の免許（銀行4条1項）を受けて銀行業を営む株式会社をいう（銀行2条1項・4条の2・5条2項〔資本金10億円以上〕）。

銀行が営むことができる業務は，①預金・定期積金等の受入れ，②資金の貸付けまたは手形の割引，③為替取引，④その他の銀行業に付随する業務である（銀行10条1項2項）[73]。

銀行は，上記の規定により営む業務および担保付社債信託法その他の法律により営む業務のほか，他の業務を営むことができない（銀行12条）。以下では，預金取引，貸付取引，手形の割引および為替取引についてのみ取り上げる。

㈵ 預金取引

預金取引は，顧客から金銭の消費寄託（民666条・587条）を受ける取引である。預金契約は要物契約であるから，金銭の引渡しまたはこれと同視しうる行為（たとえば振込み）があって契約は効力を生じる（手形・小切手による入金は，そ

---

[73] その他の付随業務として，債務の保証または手形の引受け，有価証券の売買・有価証券関連デリバティブ取引，有価証券の貸付け，国債等の引受け・募集の取扱い，金銭債権の取得・譲渡，特定目的会社が発行する特定社債の引受け・募集の取扱い，短期社債等の取得・譲渡，有価証券の私募の取扱い，有価証券・貴金属その他の物品の保護預り，振替業，両替，デリバティブ取引・その媒介・取次ぎまたは代理，金融等デリバティブ取引・その媒介，取次ぎまたは代理，有価証券関連店頭デリバティブ取引の媒介・取次ぎまたは代理が規定されている（銀行10条2項3項）。さらに，銀行は，上記①から④の業務（銀行10条1項）の遂行を妨げない限度において，投資助言業務（金商28条6項），自己信託による意思表示の方法（信託3条3号）によってする信託に係る事務に関する業務などを行うことができる（銀行11条）。

の取立てが完了するまで預金は成立しない)[74]。契約の成立により発行される預金証書・預金通帳は，預金債権に関する証拠証券ないし免責証券であって，有価証券ではない。預金取引には，普通預金・定期預金・通知預金・譲渡性定期預金などがある。なお，当座預金は，消費寄託と手形・小切手の支払委託契約の混合契約（当座勘定取引契約）とされる（当座勘定規定が定められている）。

　預金の払戻しについて，銀行は善意・無過失であれば免責されるが（民478条），近時は通帳・印鑑方式に代わってキャッシュカードと暗証番号等による払戻しが普及し，無権利者による払戻しが問題となった。そこで，平成17年に成立した「偽造カード等及び盗難カード等を用いて行われる不正な機械式預貯金払戻し等からの預貯金者の保護等に関する法律」（平17法94号）では，預貯金者の軽過失によって偽造カード等により払戻しがなされたときは，金融機関が全額を負担し（偽造カード4条1項），預貯金者の軽過失によって盗難カード等による払戻しがされたときは，金融機関が補填対象額の4分の3に相当する金額を負担する（偽造カード5条2項）。ただし，預貯金者に故意・重過失（金融機関の立証責任）があり，かつ金融機関が善意・無過失のときは，上記の偽造・盗難カードの場合の補償は認められない（偽造カード4条1項・5条3項1号イ）。

(ロ)　貸付取引

　貸付取引は，顧客に対して金銭を貸し付ける取引である。貸付契約は要物契約としての消費貸借の性質を有する（民587条）。この貸付取引と後記の手形割引は，銀行の与信業務の大部分を占めるものであり，銀行は与信取引の開始に当たっては，取引先に基本的法律関係を規律する銀行取引約定書を差し入れさせている。

　貸付取引の主な種類として，①貸付けの際に借主から証拠証券として借用証書を徴する「証書貸付」，②貸金債権の返済を確実にしかつ借用証書の代わりに約束手形を徴する「手形貸付」がある。②の手形貸付は，主として短期の運転資金の貸付け等に利用されるが，銀行にとって手形の割引譲渡により資金化でき，手形の担保差入れもでき，また不渡処分制度の存在により手形の支払（したがって貸金の回収）を受けられる可能性が大きいことなどから，証書貸付よりも手形貸付が銀行に好まれる。また，③当座預金の残高を超えて一定の金

---

[74]　なお，最判平8・4・26民集50巻5号1267頁は，誤った振込みの場合に，その受取人の預金の成立を認める（この者に対する不当利得返還請求の問題となる）。

額まで，銀行が小切手の支払に応じることを約する「当座貸越」がある。これは，当座預金契約に付随して締結されるもので，当座預金の残高を超える小切手の支払は，超えた部分について貸付けが成立するとされる。④銀行の手元資金運用の一方法として，他の金融機関に対してなされるきわめて短期（通常1日）の金銭貸借である「コールローン」がある。この取引を行う市場はコール市場と呼ばれ，資金の貸し手は運用する側でコールローンといい，反対に資金の借り手側ではコールマネーという。無担保コールと有担保コールがある。

(ハ) 手形割引

手形割引は，手形所持人である顧客（割引依頼人）から，満期（支払期日）未到来の手形の譲受け（裏書譲渡）をする取引であり，この場合，手形金額から譲受けの日以後満期までの利息相当額（割引料）を差し引いた（割引した）もの（割引代金）を対価として支払う（なお，本書第3章**3**(3)参照）。手形割引の性質は，手形の売買であって，銀行は消費貸借上の債権を有しないとするのが判例（最判昭48・4・12金判373号6頁）・通説である。顧客は，所持する手形の満期前に資金が必要なとき，手形割引により銀行から融資を受けることができる。手形割引の場合に，手形が不渡りになったり，手形の満期前に割引依頼人または手形の主債務者の信用が悪化する一定の事由が発生したとき，銀行が割引依頼人に手形の買戻しを請求して手形金額の支払求める権利が，銀行取引約定書に規定されている。

(二) 為替取引

① **意義・種類**　為替取引とは，隔地者間において金銭の債権・債務関係がある場合に，この金銭債権・債務の決済のために，資金移動を現金の輸送によらずに銀行を通じて行う取引である。これは，「送金為替」と「取立為替」の2つに大別される（なお，本書第7章**9**(2)(ホ)参照）。

(a)送金為替は，債務者である送金依頼人から債権者である受取人に対し銀行を通じて資金が移動する形式をとるものである（順為替という）。送金為替には，送金手形・送金小切手（外国為替では為替手形，内国為替では小切手）が利用される「普通送金」，電信（電報）を利用する「電信送金」，受取人の預金口座に入金される「振込」（口座振込）がある。現在は，一般に，振込が利用される（なお，公共料金の支払等で，債務者の口座から債権者の口座へ振り替える振替取引〔口座自動振替または自動引落し〕とは異なる）。(b)取立為替は，債権者である取立依頼人に対し債務者である支払人から銀行を通じて資金が

移動する形式をとるものである（逆為替という）。手形・小切手その他の証券類の取立てを行うものである。(c)資金移動が国内で行われるものを「内国為替取引」，異なる国にまたがり異種の通貨の交換を伴うものを「外国為替取引」という。
② 銀行間の資金決済　　上記の為替取引は，銀行間の為替取引契約の締結によって可能となる。為替取引では，振込や送金の依頼を受ける銀行を「仕向銀行」，受取人に資金の支払をする銀行を「被仕向銀行」と呼ぶ。銀行間の上記契約に基づき，被仕向銀行は，仕向銀行からのたんなる通知（為替取組案内）によって，受取人に支払い，その口座に入金することになる。銀行間のデータ送付は郵便によることもあるが，一般に，振込・送金など金融機関からの内国為替取引に関するデータ処理（コンピュータと通信回線を用いてオンライン処理）は東京銀行協会運営の全国銀行データ通信システム（全銀システム）のセンターを通じて行われ，金融機関間の貸借の決済は，各金融機関と東京銀行協会との間で日本銀行当座預金の入金・引落しを行うことにより最終的に決済されている。また，海外の個人や企業が日本国内へ円資金の振込を依頼した場合や，金融機関同士が外国為替の売買を行った場合において，金融機関同士の円資金の決済を行うための仕組みとして，東京銀行協会が運営する外国為替円決済制度（外国為替円決済システム）がある[75]。

(2) 銀行以外の貸金業者の金銭貸付
(イ) 貸金業者

貸金業者とは，銀行業を営む者を除く，金銭の貸付けまたは金銭の貸借の媒介（手形の割引，売渡担保その他これらに類する方法による金銭の交付・金銭授受の媒介を含む〔これらを総称してたんに「貸付け」という〕）で業として行う者をいう（貸金業2条・3条参照）。貸金業者の金銭貸付は銀行取引とはならないが（商502条8号。最判昭50・6・27判時785号100頁参照），会社組織で行えば商行為

---

[75] なお，為替取引で送金事故により受取人の口座に入金されない場合，これにつき仕向銀行の故意・過失があり，送金依頼人が受取人との間の債務の決済がなされなかったことによる損害を被ったとき，仕向銀行は依頼人に送金依頼についての委任契約上の債務不履行責任を負うことになる。他方，被仕向銀行の過失による場合は，依頼人は，被仕向銀行に対して不法行為責任を追及することは可能であるが，仕向銀行に対して責任追及することができるか問題となる（最判平6・1・20金法1383号37頁は，仕向銀行の振込依頼人に対する責任を否定）。

となる（会社5条）。ノンバンクともいわれ，個人への貸付けである消費者金融（たとえばサラリーマン金融〔サラ金〕），事業者への貸付けである事業者金融（たとえば商工ローン・手形割引業者）とに大別される。

(ロ) 貸金業の規制

貸金業は内閣総理大臣または都道府県知事の登録を要し（貸金業3条），顧客等の返済能力の調査義務（貸金業13条），過剰貸付け等の禁止（貸金業13条の2〜13条の4），貸付条件等の掲示義務等（貸金業14条・15条），誇大広告の禁止等（貸金業16条），契約締結前・締結時の書面の交付義務（貸金業16条の2〜17条），受取証書の交付義務（貸金業18条）などについて規定がある。

また，貸付けの契約に基づく債権の取立ての際に，人を威迫し，正当な理由がないのに不適当な時間帯での言動その他の人の私生活もしくは業務の平穏を害するような言動は禁止される（貸金業21条）。さらに，暴力団員等への債権譲渡等は禁止される（貸金業24条3項）。

金銭消費貸借の利息は，利息制限法の制限を超える部分は無効とされるが（利息1条），貸金業者は利息の元本に対する割合（利率〔金利〕）が上記の制限利息を超えることが多い。「出資の受入れ，預り金及び金利等の取締りに関する法律」（昭29法195号〔出資取締法〕）は，年20パーセントを超える割合による利息の契約をしたときは，刑罰が科せられる（出資取締5条2項3項。なお，利息制限法を超える利率の設定をして営業しても，出資取締法の刑罰が科せられない利率〔平成12年改正前は約40パーセント以下であった〕の範囲をグレーゾーンといわれていた）。

また，年109.5パーセントを超える割合による利息の消費貸借契約は，当該契約自体が無効とされる（貸金業42条1項）。

6　その他の金融取引

(1) ファイナンス・リース取引

(イ) 意　義

ファイナンス・リースとは，リース業者（レッサー）が，特定の機械・設備の利用を欲する者（ユーザー）に対し購入資金を貸し付ける代わりに，自己の名で機械・設備の販売業者（サプライヤー）から当該物件を購入して，ユーザーに賃貸（リース）して使用させ，ユーザーが約定の期間（リース期間）に支払

うリース料によって，物件購入代金・金利・手数料等を回収するものである。

現在において多数利用されている典型的リース契約は，このようなファイナンス・リースである。リース業者は，これ以外のいわゆる非典型リースとして，オペレーティング・リース（物件の利用が主な目的で，リース期間中ユーザーに中途解約権があり，本質的に賃貸借そのものである），レバレッジド・リース（リース業者が高収入の投資家から資金提供を受け，これをてこ〔レバレッジ〕に航空機等の大型物件を取得して当該物件をユーザーにリースする取引で，投資家に節税効果をもたらすことを主な目的とする）などの取引も行っている。

ファイナンス・リースは，法律形式は投機賃貸・その実行行為にあたるが（商502条1号），経済目的は設備資金の融資であるという実質を有する。もっとも，ユーザーによって，ファイナンス・リースの主な目的は，リース料全額が税法上ユーザーの損金と認められる節税目的である。

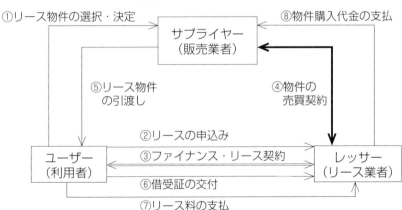

10－6図解：ファイナンス・リース取引

(ロ) ファイナンス・リース契約

リース業者・ユーザー間で締結されるファイナンス・リース契約については，それ自体を規律する私法規定は存在しないので，リース業者の定めた約款により当事者間の権利義務関係が定めることになる。ファイナンス・リース契約は，通常，次のような特徴がある。

①リース業者は，ユーザーが選択した物件を，ユーザーが選択したサプライヤーから購入して，ユーザーに利用させる。リース物件は，サプライヤーがユーザーに直接引き渡し，ユーザーが検収後リース業者に対し借受証の交付が

なされる。リース期間の始期は借受証に記載された物件の引渡日、リース料は通常月単位で定められ、②リース業者は、引渡しの遅延または不能について一切の責任を負わない。③リース物件の所有権は、所有権留保売買と異なり、終始、リース業者にあり、ユーザーに移転しない。④リース業者は、リース期間中に、当該ユーザーから物件購入代金・金利・手数料等のおおむね全部を回収することを予定し、当該物件を別のユーザーへ賃貸することを予定しない（フル・ペイアウト）。⑤リース期間中、ユーザーに中途解約権はない。⑥リース業者は、リース物件に隠れた瑕疵があっても一切の責任を負わず、ユーザーは物件の瑕疵を理由にリース料の支払を拒否できない[76]。⑦リース期間中の物件の滅失・毀損の場合に、ユーザーが危険負担し、残リース料に近い規定損害金を支払わなければならない。⑧ユーザーにリース料の支払について債務不履行が発生した場合、物件の返還義務とともに、残リース料またはそれに近い規定損害金を支払わなければならない[77]。なお、判例は、リース物件の引渡しを受けたユーザーにつき会社更生手続の開始決定があったときは、ファイナンス・リース契約を未履行の双務契約（会社更生61条）として取り扱わず、未払のリース料債権はその全額が更生債権となると判示する[78]。

(2) 資産の流動化による企業金融
(イ) 資産の流動化の意義

　債権（売掛債権・ローン債権・クレジット・リース債権等）・不動産（土地・建物）等の資産を保有する企業が、当該資産をその者から切り離して、その資産から生じるキャッシュ・フローなどを裏付けとして資金調達を行うものをいう。

　資産を証券化する場合には、特別目的媒体（Special Purpose Vehicle〔SPV〕。たとえば特定目的会社・信託など）に資産が譲渡され、その資産そのものの信用に応じて資金調達が可能となる。資産の流動化の目的は、資産・負債を貸借対

[76) なお、消費契約8条1項5号・2項2号参照。ユーザーとサプライヤーによる物件選定のための交渉の際に、サプライヤーのユーザーに対する黙示の損害担保契約が成立したと認められる場合もある（最判昭56・4・9判時1003号89頁）。

[77) ただし、最判昭57・10・19民集36巻10号2130頁は、リース期間の途中でユーザーからリース物件の返還を受けた場合には、公平の原則から、この返還によって取得した利益をユーザーに返戻しまたはリース料債権の支払に充当するなどしてこれを清算する必要があると判示する。

[78) 最判平7・4・14民集49巻4号1063頁。

照表から外すこと（オフバランス化）によって，格付けを高めたり，借金を返済して金利負担を軽減したり，総資産利益率（ROA）を高めることなどにある[79]。

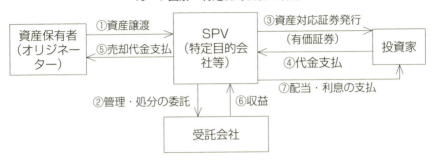

10-7図解：特定目的会社の利用

10-8図解：特定目的信託の利用

(ロ) 資産の流動化の方法

　資産の流動化の基本的な仕組みは，資産保有者（オリジネーター）が，SPVに資産を譲渡し，SPVは当該資産を裏付けにして有価証券を発行して投資家から資金を調達し，オリジネーターが資金を受け取る。投資家は，SPVから配当・利息支払を受けることになる。

　SPVは，自らは利益獲得などの目的を有することなく，たんに投資家からの資金調達や資産の小口化のための道具立てあるいは器ないし導管体（conduit）にすぎない。したがって，SPV自体が譲り受けた金銭債権等の元利金等の回収

---

[79] 資産の流動化の適正の確保，資産の流動化の一環として発行される証券の購入者等の保護を図ることなどを目的として，「資産の流動化に関する法律」（平10法105号）が制定されている。また，動産譲渡登記・債権譲渡登記による第三者に対する対抗要件を定める「動産及び債権の譲渡の対抗要件に関する民法の特例等に関する法律」（平10法104号），オリジネーター（下記(ロ)参照）以外にも債権回収業務を委託できることを定める「債権管理回収業に関する特別措置法」（平10法126号）などの整備がなされている。

を行うことは不可能であるため、サービサー（債権回収会社）が必要となる。通常、SPVはオリジネーターとサービシング契約を締結し、オリジネーターが当該債権の回収業務をSPVに代わって行うことが通例となっている。その際、オリジネーターは、SPVからサービシング手数料を受け取るメリットがある。このようにオリジネーターが債権回収等を担う場合に、オリジネーターが倒産したときにSPVが影響を受けないようにする仕組みが必要となる（倒産隔離という）。オリジネーターの倒産リスクを排除するため、SPVは資産を滞りなく回収することができるようにバックアップサービサーを準備することが一般的であるといわれる。

(八) 特定目的会社・特定目的信託

資産の流動化に関する法律では、より一層資産流動化上の導管として機能するようなSPVとして、①同法に基づき設立された社団法人である「特定目的会社」（TMK）の制度（資産流動化2条3項・4条～221条）と、②同法の定めるところにより設定された信託であって、資産の流動化を行うことを目的とし、かつ、信託契約の締結時において委託者が有する信託の受益権を分割することにより複数の者に取得させることを目的とする「特定目的信託」（TMS）で、特定目的信託に係る信託契約は信託会社等を受託者とすることを要する制度（資産流動化2条13項・222条～288条）が規定されている。

投資家は、特定目的会社の発行する優先出資証券・特定社債・特定短期社債（資産流動化2条5項7項～9条。これらは資産対応証券といわれる〔同条11項〕）、または特定目的信託の受益証券（資産流動化2条15項）を取得する。優先出資証券などは、金融商品取引法上の有価証券とされ（金商2条1項4号8号13号）、その募集・売出しその他の投資者保護などは、金融商品取引法により規制されることになる。

事項索引

欧文

CIF ……………………………… 2, 49
Delivery Order ………………………… 249
FOB ……………………………… 2, 49
receptum ……………………………… 172
SPV ……………………………… 112, 279

あ行

悪意 ……………………………… 231, 243
委託者 ……………………………… 262
一任勘定取引 ……………………………… 146
一部免責条項 ……………………………… 55
一方的仲立契約 ……………………………… 127
受取り ……………………………… 15
運送営業 ……………………………… 157
運送証券 ……………………………… 214
運送賃 ……………………… 164, 171, 175, 201
運送取扱い ……………………………… 210
運送取扱営業 ……………………………… 210
運送取扱契約 ……………………………… 212
運送取扱人 ……………………………… 141, 211
――の義務 ……………………………… 215
――の責任 ……………………………… 215
運送人 ……………………………… 158, 162
――の債権の短期消滅時効 ……………… 167
――の責任 ……………………………… 171
――の不法行為責任 ……………………… 185
運送品の処分の指図に従う義務 ………… 168
運送品引渡請求権 ……………………………… 163
運送約款 ……………………………… 162
営業者 ……………………………… 107
営業信託 ……………………………… 262
営業的商行為 ……………………… 1, 123, 210, 262
営業の部類に属する契約 ……………………… 6
送り状 ……………………………… 163
――の交付請求権 ……………………………… 163
オペレーティング・リース ……………… 277
オリジネーター ……………………………… 279

か行

海運仲立業者 ……………………………… 124
外航船 ……………………………… 207
外国為替ブローカー ……………………… 124
海上運送 ……………………………… 159
海上運送状 ……………………………… 207
海上企業者 ……………………………… 206
海上保険契約 ……………………………… 261
解除特約 ……………………………… 44
回数乗車券 ……………………………… 197
海難救助 ……………………………… 209
介入義務 ……………………………… 131
介入権 ……………………………… 149, 214
介入取引 ……………………………… 3
隔地者間の契約 ……………………………… 60
隔地取引 ……………………………… 8
隔地売買〔異地売買〕 ……………………… 31
貸金業者 ……………………………… 275
瑕疵担保責任 ……………………………… 63
貸付取引 ……………………………… 273
仮想通貨 ……………………………… 105
仮想通貨交換業 ……………………………… 105
割賦販売法 ……………………………… 60
貨物受取書 ……………………………… 236
貨物保管証書 ……………………………… 240
為替取引 ……………………………… 274
間接義務 ……………………………… 29, 32
勧誘 ……………………………… 72
堪航能力担保義務 ……………………… 207
企画旅行 ……………………………… 201
企画旅行契約 ……………………………… 202
危険 ……………………………… 253
危険負担 ……………………………… 19
擬制商人 ……………………………… 1, 107
帰属権利者 ……………………………… 266
寄託 ……………………………… 221, 225
寄託者台帳上 ……………………………… 250
寄託物の点検 ……………………………… 240

基本契約	3
基本的商行為	1
記名証券	94
客	225, 227
キャッシュカード	273
供託権	22, 237
共同海損	209
業務監視権	116
漁業協同組合	267
極度額	66
金額券	94
金額責任主義	206
緊急売却	32
銀行	272
銀行業	272
金銭債権信託	263
金銭信託	263
金融	266
金融機関	266
金融指標	267
金融商品	267
金融商品取引業者（等）	140, 267, 268, 269
金融商品の販売	270
金融取引	266
クラウドコンピューティング	104
クーリングオフ	68, 257, 259
倉荷証券	240, 244
倉荷証券交付義務	240
倉荷証券の質入れ	248
クレジットの名義貸し	67
携帯した物品	226
競売権	237
契約の解除	74
契約前発病不担保条項	260
結約書	130
結約書交付義務	129
検査・通知義務	24
顕名主義	10
故意	229
コイン・ロッカー	223
公益信託	263
高価品	177, 229
交換決済	86
航空運送	159
広告	76
交互計算	85
交互計算不可分の原則	87
口銭	3
交付契約説	95
国際売買	48
小商人	107
誇大広告	76
個品運送契約	207
個別信用購入あっせん	64
固有の商人	1, 107
コール市場	274
コールマネー	274
コールローン	274
ゴルフ場	222
ゴルフ場営業	223
混合保管	239
コンメンダ（commenda）契約	108

さ行

再寄託	238
債権の消滅原因	47
財産出資	112
債務者の連帯	37
先取特権	237
先物取引	271
錯誤	59
指図証券	95
指値遵守義務	144
サービサー（債権回収会社）	280
サプライヤー	276
サラリーマン金融〔サラ金〕	276
残余財産受益者	266
私益信託	263
自益信託	263
事業者	53
事業者信用会社	267
仕切売買	2
資金決済法	104
資産の流動化	279
自助売却権	22, 200
下請運送	189

事項索引 283

下請運送取扱い……………………… 217
下請運送人…………………………… 189
指定役務……………………………… 70
指定商品……………………………… 61
指定信用情報機関…………………… 66
品違い………………………………… 247
支払期日（満期日）………………… 91
仕向銀行……………………………… 275
氏名黙秘義務………………………… 131
ジャストペイ方式…………………… 101
集合差引計算………………………… 86
修正請求権競合説…………………… 186
重大な過失…………………………… 229
受益権…………………………… 262, 265
受益債権………………………… 262, 265
受益者…………………………… 262, 265
受益証券……………………………… 265
受託契約準則………………………… 142
受託者………………………………… 262
受注型企画旅行……………………… 202
受注型企画旅行契約………………… 202
出庫依頼書……………………… 249, 250
出庫指図書……………………… 249, 250
出庫伝票……………………………… 250
出資…………………………………… 111
受領（receptum）……………… 15, 224
受領遅滞……………………………… 20
種類物………………………………… 15
準問屋………………………………… 141
場屋営業……………………………… 222
場屋営業者…………………………… 225
傷害疾病損害保険契約……………… 254
傷害疾病定額保険契約……………… 254
傷害疾病保険契約…………………… 259
商業信用状…………………………… 208
消極的効力…………………………… 87
証券会社……………………………… 268
商行為………………………………… 1
証拠証券……………………………… 94
商事委任……………………………… 13
商事寄託……………………………… 222
商事債権の消滅時効………………… 47
商事代理……………………………… 8

商事売買……………………………… 1
乗車券………………………………… 197
商事留置権…………………………… 40
商人…………………………………… 1
使用人………………………………… 227
商人間の売買………………………… 3
消費者………………………………… 52
消費者金融…………………………… 276
消費者契約…………………………… 52
消費者信用会社……………………… 267
消費者売買…………………………… 51
商品…………………………………… 271
商品先物取引業者……………… 140, 271
商品ファンド………………………… 112
書面交付義務………………………… 80
所有権留保…………………………… 44
信義則………………………………… 58
信託…………………………………… 262
信託業………………………………… 262
信託行為……………………………… 262
信託財産……………………………… 262
信託目的……………………………… 262
人的抗弁の切断……………………… 96
信認金………………………………… 147
信用協同組合………………………… 267
信用金庫……………………………… 267
水産加工業協同組合………………… 267
請求権競合説………………………… 185
清算受託者…………………………… 265
生命保険契約…………………… 254, 258
責任開始期前発病不担保条項……… 261
積極的効力…………………………… 88
絶対的商行為………………………… 1
説明義務………………………… 143, 270
善意取得……………………………… 100
船員（船長・海員）………………… 206
船価責任主義………………………… 206
全国銀行データ通信システム(全銀システム)…… 275
選択無記名証券……………………… 95
船舶…………………………………… 206
船舶共有者…………………………… 206
船舶先取特権………………………… 207
船舶衝突……………………………… 209

船舶所有者（船主）	206	定期傭船者	206
船舶賃借人	206	呈示証券性	97
船舶抵当権	207	手形理論（手形学説）	95
全部免責条項	55	手形割引	274
送金為替	274	適格消費者団体	58
倉庫	234	適合性原則	142, 272
倉庫営業	233	手荷物	199
倉庫営業者の損害賠償責任	241	手配旅行契約	202
倉庫寄託契約	235	デリバティブ取引	267
倉庫証券	233, 244	電子記録債権	98
倉庫証券控帳	240, 244	電子契約	77
相次運送	187	電子消費者契約法	59
相次運送取扱い	217	電子マネー	102
創造説	96	電信送金	274
双方的仲立契約	127	同一運送	189
即時取得	250	同一運送取扱い	217
損害保険契約	254, 255	当座貸越	274
損失分担	116	当座預金	273
		倒産隔離	280
た行		動産信託	263
第1種金融商品取引業	268	動産売買の先取特権	45
第2種金融商品取引業	268	投資運用業	268
第三者のためにする保険契約	254	投資助言・代理業	268
大数の法則	253	到達主義	6, 22
他益信託	263	同地取引	8
宅地建物取引業者	124, 125	同地売買	31
宅配便	192	通し運送状	189
短期消滅時効	185, 201, 230	特定継続的役務提供	80
短資業者	124	特定商取引	70
断定的判断の提供	53, 270	特定物	15
担保権信託	264	特定目的会社（TMK）	112, 280
知的財産権信託	264	特定目的信託（TMS）	280
チャージ	102	特別目的媒体	112
中間運送取扱い	217	匿名組合員	107
駐車場	222	匿名組合契約	107
帳合い取引	3	トランクルーム	234
帳簿作成・謄本交付義務	130	取消権	68
通運事業	210	取立為替	274
通信販売	75	取引一任勘定	145
通知義務	239	問屋（といや）	2, 139
定期行為	18	問屋契約	141
定期乗車券	197	問屋（とんや）	2, 139
定期売買	18		

な行

項目	ページ
内航船	207
内容不知約款	247
仲立契約	126
仲立人	123
仲立人日記帳	130
仲立料	133
成行〔なりゆき〕売買	145
荷受人	162, 217
荷送人	162
荷送人・荷受人の権利義務	169
荷為替	208
荷為替信用状	208
荷為替手形	208
入庫通知書	236
荷渡依頼書	249
荷渡指図書	244, 249
任意規定	58
ネガティブ・オプション	78
ネッティング〔差額決済〕	85
農業協同組合	267
ノンバンク	276

は行

項目	ページ
媒介	123
売買契約	4
計〔はか〕らい売買	146
発券倉庫業者	240
発行説	96
発信主義	22, 24
引渡し	15
非顕名主義	10
被仕向銀行	275
引越運送	195
被保険者	254
評価済保険	256
費用償還請求権	236
ファイナンス・リース	276
ファイナンス・リース契約	277
不可抗力	225
不可抗力免責条項	17
複合運送	161, 188, 191
複合運送契約	191
複合運送証券	209
複合運送人	161, 191
不実告知	53
附属的商行為	1, 107
不退去等による困惑	54
不注意	226
普通銀行	267
普通送金	274
物品	159, 234
物品運送契約	162
物流	233
不動産信託	264
不特定物	15
船荷証券	208
部分運送	189
部分運送取扱い	217
不法行為責任	230
付保義務	239
不利益事実の不告知	54
振込（口座振込）	274
プリペイド方式	101
不渡手形	92
平常取引をする者	6
片面的強行規定	256
包括信用購入あっせん	64
報酬請求権	33
法条競合説（請求権非競合説）	186
法定利率	36
訪問販売	72
保管	221, 234
保管・供託義務	30
保管貨物通帳	240
保管義務	238
保管料	236
保険	253
保険会社	267
保険価額	256
保険金	253
保険金受取人	254
保険金額	256
保険契約	253
保険契約者	254

保険者……………………………………254
保険証券…………………………257, 258
保険仲立人………………………………124
保険利益享受約款………………………181
保険料………………………………253, 256
保険料不可分の原則……………………256
募集型企画旅行（主催旅行）…………202
募集型企画旅行契約……………………202
保証人の連帯……………………………38
ポストペイ方式…………………………101
保存行為…………………………………240

ま行

前払式割賦販売…………………………62
前払式電話勧誘販売……………………79
前払式特定取引…………………………69
マネーロンダリング……………………104
みなし有価証券…………………………267
見本摘出…………………………………240
見本保管義務……………………………129
民事仲立人………………………………124
民商法上の有価証券……………………266
無記名証券………………………………95
無償受寄者………………………………221
無店舗販売………………………………70
免責証券…………………………………94
免責特約…………………………………229
免責約款……………………………180, 242
申込みの撤回……………………………73
申込みの誘引……………………………4
元請運送人………………………………189
文言証券…………………………………95
文言証券性………………………………90

や行

約定保険価額……………………………256

有因証券…………………………………95
有価証券………………………………90, 267
有価証券信託……………………………263
有償受寄者………………………………221
傭船契約…………………………………207
預金取引…………………………………272

ら行

利益分配…………………………………116
陸上運送…………………………………159
履行担保責任……………………………146
履行補助者の過失………………………173
利息請求権………………………………35
理髪店……………………………………223
リボルビング方式………………………62
流質契約…………………………………39
留置権………………………………148, 237
利用運送……………………………158, 188
利用運送人………………………………158
旅客………………………………………160
旅客運送…………………………………196
旅客運送契約……………………………196
旅客運送人の責任………………………198
旅行業者…………………………………126
旅行業者の責任…………………………205
レセプツム責任……………172, 174, 225
レバレッジド・リース…………………277
連鎖販売取引……………………………79
連帯運送…………………………………189
連帯運送状………………………………189
連絡運輸…………………………………190
労務や信用の出資………………………112
ローン提携販売…………………………63

わ行

割合運送賃…………………………165, 169

判例索引

大審院

大判明35・12・11民録8輯11巻41頁 ………… 139
大判明38・5・30新聞285号13頁 ………… 14
大判明39・10・18民録12輯1289頁 ………… 19
大判明41・7・3民録14輯820頁 ………… 134
大判明41・10・12民録14輯994頁 ………… 22
大判明42・4・1民録15輯314頁 ………… 97
大判明43・11・25民録16輯807頁 ………… 165
大判明44・5・23民録17輯320頁 ………… 39
大判明44・5・25民録17輯336頁 ………… 139
大判明44・6・13民録17輯392頁 ………… 19
大判明45・2・8民録18輯93頁 ………… 190
大判明45・6・1民録18輯575頁 ………… 119
大判明45・7・3民録18輯684頁 ………… 22
大判大2・10・20民録19輯910頁 ………… 199
大判大2・11・15民録19輯956頁 ………… 172
大判大2・12・20民録19輯1036頁 ………… 176
大判大5・5・29民録22輯1049頁 ………… 26
大判大6・2・3民録23輯35頁 ………… 197, 198
大判大6・5・23民録23輯917頁 ………… 108
大判大6・12・25民録23輯2224頁 ………… 23
大判大7・5・15民録24輯850頁 ………… 11
大判大8・3・21民録25輯486頁 ………… 176
大判大8・3・28民録25輯581頁 ………… 242
大判大9・11・15民録26輯1779頁 ………… 19
大判大10・1・29民録27輯154頁 ………… 35
大判大10・6・10民録27輯1127頁 ………… 24
大判大10・12・7民録27輯2095頁 ………… 38
大判大11・4・1民集1巻155頁 ………… 28
大判大12・6・6民集2巻8号377頁 ………… 215
大判大12・12・1刑集2巻895頁 ………… 152
大判大13・6・6新聞2288号17頁 ………… 211
大判大14・2・19民集4巻64頁 ………… 17
大判大14・12・3民集4巻685頁 ………… 16
大判大15・2・23民集5巻104頁 ………… 177, 186
大判昭2・4・4民集6巻125頁 ………… 7
大判昭2・12・20民集6巻681頁 ………… 97
大判昭3・6・13新聞2864号6頁 ………… 230

大判昭3・12・12民集7巻12号1071頁 ………… 26
大判昭4・12・4民集8巻895頁 ………… 36
大判昭5・9・13新聞3182号14頁 ………… 173
大判昭6・6・2新報269号16頁 ………… 119
大判昭6・9・22法学1巻2号233頁 ………… 6
大判昭8・1・26民集12巻1号10頁 ………… 22
大判昭8・2・23民集12巻449頁 ………… 248
大判昭8・5・9民集12巻12号1115頁 ………… 38
大判昭8・9・29民集12巻2376頁 ………… 35
大判昭11・2・12民集15巻357頁 ………… 247
大判昭11・3・11民集15巻320頁 ………… 87
大判昭11・7・14新聞4022号7頁 ………… 19
大判昭12・6・30判決全集4輯13号637頁 ………… 27
大判昭12・11・26民集16巻1681頁 ………… 223
大判昭13・3・16民集17巻5号423頁 ………… 38
大判昭13・5・24民集17巻1063頁 ………… 181
大判昭13・8・1民集17巻1597頁 ………… 14
大判昭14・2・1民集18巻77頁 ………… 198
大判昭14・12・27民集18巻24号1681頁 ………… 39
大判昭15・8・30新聞4620号10頁 ………… 145
大判昭16・6・14判決全集8輯22号762頁 ………… 27
大判昭17・4・4法学11巻12号1289頁 ………… 19
大判昭17・6・29新聞4787号13頁 ………… 230

控訴院

大阪控判明36・6・23新聞155号10頁 ………… 28
東京控判明42・6・29新聞586号9頁 ………… 7
大阪控判大6・12・7新聞1349号19頁 ………… 27
東京控判大10・6・6新聞1876号21頁 ………… 19

最高裁判所

最判昭28・10・9民集7巻10号1072頁 ………… 7
最判昭29・1・22民集8巻1号189頁 ………… 30
最判昭31・10・12民集10巻10号1260頁 ‥ 142, 154
最判昭32・2・19民集11巻2号295頁 ………… 237
最判昭32・5・30民集11巻5号854頁 ………… 139
最判昭35・3・17民集14巻3号451頁 ………… 172
最判昭35・3・22民集14巻4号501頁 ………… 249
最判昭35・5・6民集14巻7号1136頁 ………… 15

最判昭35・12・2民集14巻13号2893頁……… 26
最判昭36・5・26民集15巻5号1440頁…… 129
最判昭36・10・27民集15巻9号2357頁…… 108
最判昭38・2・12判時325号6頁………… 135
最判昭38・11・5民集17巻11号1510頁…… 216
最判昭39・7・16民集18巻6号1160頁…… 135
最判昭40・10・19民集19巻7号1876頁…… 239
最判昭40・11・16民集19巻8号1970頁……… 96
最判昭41・10・6判タ199号123頁………… 142
最判昭41・12・20民集20巻10号2106頁〔三菱倉庫事件〕……………………… 182, 216, 231
最判昭41・12・20民集20巻2106頁……… 184
最判昭42・4・27判時492号55頁………… 45
最大判昭42・11・1民集21巻9号2249頁…… 199
最判昭42・11・17判時509号63頁〔重松製油所事件〕………………………………… 241, 242
最判昭43・4・2民集22巻4号803頁
　………………………………… 35, 127, 135, 137
最大判昭43・4・24民集22巻4号1043頁〔岩本産業事件〕………………………… 8, 11, 13
最判昭43・7・11民集22巻7号1462頁〔島根証券会社株券引渡請求事件〕……… 152, 154
最判昭43・7・11民集22巻7号1489頁…… 181
最判昭43・12・12民集22巻13号2943頁…… 154
最判昭44・2・13民集23巻2号336頁…… 142
最判昭44・4・15民集23巻4号755頁〔札幌拓殖倉庫事件〕………………… 181, 246, 247
最判昭44・6・26民集23巻7号1264号〔兵庫県営住宅用地買収事件〕…… 33, 35, 124, 136
最判昭44・8・29判時570号49頁〔尼崎特殊社交飲食業組合事件〕……………… 17, 19
最判昭44・10・17判時575号71頁……… 186, 216
最判昭45・2・26民集24巻2号104頁…… 135
最判昭45・4・10民集24巻4号240頁…… 87
最判昭45・4・21判時593号87頁………… 177
最判昭45・10・22民集24巻11号1599頁〔宅地建物取引業者報酬請求事件〕…… 132, 134, 135
最判昭46・11・16民集25巻8号1173頁…… 96
最判昭47・1・25判時662号85頁…… 26, 28, 30
最判昭48・3・29判時705号103頁……… 249
最判昭48・4・12金判373号6頁………… 274
最判昭48・10・30民集27巻9号1258頁…… 13
最判昭50・2・28民集29巻2号193頁…… 45

最判昭50・6・27判時785号100頁……… 275
最判昭50・7・15判時790号105頁……… 143
最判昭50・12・26民集29巻11号1890頁…… 136
最判昭51・2・26金法784号33頁………… 11
最判昭51・11・25民集30巻10号960頁…… 181
最判昭53・4・20民集32巻3号670頁〔日本通運事件〕……………………………… 173, 176
最判昭55・3・25判時967号61頁………… 176
最判昭56・4・9判時1003号89頁……… 278
最判昭57・3・30民集36巻3号484頁…… 44
最判昭57・6・24判時1051号84頁……… 94
最判昭57・7・8判時1055号130頁……… 248
最判昭57・9・7民集36巻8号1527頁…… 250
最判昭57・10・19民集36巻10号2130頁…… 278
最判昭58・4・19判時1082号47頁……… 5
最判昭59・11・16金法1088号80頁……… 6
最判昭59・2・2民集38巻3号431頁…… 46
最判昭59・5・29金法1069号31頁……… 7
最判昭60・7・19民集39巻5号1326頁…… 46
最判昭62・4・2判時1248号61頁……… 46
最判昭62・4・24判時1243号24頁……… 45
最判昭63・3・25判時1296号52頁……… 179
最判平2・7・5集民160号187頁……… 5
最判平4・10・20民集46巻7号1129頁…… 30
最判平5・3・30民集47巻4号3300頁…… 46
最判平6・1・20金法1383号37頁……… 275
最判平7・4・14民集49巻4号1063頁…… 278
最判平8・4・26民集50巻5号1267頁…… 273
最判平10・4・14民集52巻3号813頁…… 38
最判平10・4・30判時1646号162頁〔日本通運事件〕……………… 186, 192, 195, 230
最判平10・7・14民集52巻5号1261頁…… 43
最判平15・2・28判時1829号151頁〔神戸ポートピアホテル事件〕………… 227, 229, 230
最判平17・2・22民集59巻2号314頁…… 46
最判平17・7・14民集59巻6号1323頁…… 143
最判平18・11・27民集60巻9号3437頁〔学校法人日本大学事件〕………………… 55, 58
最判平23・12・15民集65巻9号3511頁…… 44
最判平28・9・6集民253号119頁〔兼聴社損害賠償請求事件〕………………… 113, 115
最判平29・12・14金判1533号8頁……… 41

高等裁判所

東京高判昭30・12・26下民集6巻12号2766頁
.... 250
東京高判昭30・12・28下民集6巻12号2816頁
.... 250
東京高判昭32・7・3高民集10巻5号268頁等
.... 128
札幌高判昭33・4・15判時150号30頁............. 6
大阪高判昭41・2・11判時448号55頁......... 136
東京高判昭44・8・29高民集22巻5号637頁
.... 149
東京高決昭52・6・16判時858号101頁〔姉ケ崎
カントリー倶楽部入会証書事件〕.........92, 94
東京高判昭54・9・25判時944号106頁..176, 186
東京高判昭56・8・31判時1018号117頁...... 136
東京高判昭58・9・28判時1092号112頁......... 7
東京高判昭58・12・21判時1104号136頁..... 6, 7
大阪高判昭59・9・27金判709号36頁............ 45
札幌高決昭61・3・26判タ601号74頁............ 45
東京高判昭62・3・17判時1232号110号........... 5
東京高判昭63・3・9判時1282号150頁......... 13
東京高決平6・2・7判タ875号281頁........... 42
東京高判平6・7・19金判964号38頁........... 35
東京高判平8・5・28高民集49巻2号17頁..... 41
大阪高判平10・2・27判時1667号77頁........ 143
福岡高判平10・7・21判時1695号94頁........ 136
東京高判平10・8・27高民集51巻2号102頁..14
東京高決平10・11・27判時1666号143頁....41, 43
東京高決平10・12・11判時1666号141頁..... 42
東京高決平11・7・23判時1689号82頁....41, 42
東京高判平11・8・9判時1692号136頁........ 30
大阪高判平12・9・28判時1746号139頁..... 222
東京高判平12・9・28判時1735号57頁〔ライフ
求償金請求事件〕... 67
大阪高判平12・9・29判タ1055号181頁.... 143
福岡高判平15・12・25判時1859号73頁....... 35
東京高判平16・12・22金判1210号9頁
.... 222, 223, 227
東京高決平成22・9・9判タ1338号266頁..... 42

地方裁判所

山口地徳山支判大11・5・5新聞2010号20頁
.... 226
名古屋地判大11・7・10新聞2042号24頁...... 19
大阪地判昭30・7・11下民集6巻7号1425頁
.... 19
名古屋地判昭30・12・19下民集6巻12号2630号
.... 250
広島地判昭31・6・22下民集7巻6号1606頁
.... 147
東京地判昭34・6・23下民集10巻6号1329頁
.... 242
東京地判昭34・12・16判時212号29頁........ 128
東京地判昭36・4・24判時265号29頁......... 136
福岡地判昭36・5・12訴訟月報7巻6号1236号
.... 147
東京地判昭36・5・31判時264号23頁......... 136
岐阜地判昭37・2・6下民集13巻2号170頁..11
東京地判昭41・4・26判タ193号159頁....... 135
東京地判昭46・7・19判時649号53頁........ 229
東京地判昭48・1・31判タ295号277頁....... 137
東京地判昭49・6・26金法744号35頁.......... 39
高知地判昭51・4・12判時831号96頁....222, 225
東京地判昭52・4・18判時850号3頁............. 7
東京地判昭52・4・22下民集28巻1～4号399頁
.... 27, 28
名古屋地判昭53・11・21判タ375号112頁... 119
東京地判昭53・12・21下民集29巻9～12号376頁
.... 42
大阪地判昭54・10・30判時957号103頁........ 45
東京地判昭55・5・20判タ419号150頁..127, 137
東京地判昭56・8・19判時1035号123頁...... 28
大阪地判昭56・9・25判タ463号140頁......... 11
大阪地判昭56・9・29判時1047号122頁..... 198
名古屋地判昭59・6・29判タ531号176頁... 223
東京地決昭60・5・17判時1181号111頁...... 43
福岡地判昭61・9・9判時1259号79頁......... 67
大阪地判昭63・3・24判時1320号146頁......... 8
東京地判平元・1・30判時1329号181頁
.... 222, 223
大阪地判平元・3・10判時1345号100頁......... 3
東京地判平元・4・20判時1337号129頁
.... 176, 178
東京地判平元・6・20判時1341号20頁〔読売旅
行事件〕... 203, 205

長崎地判平元・6・30判時1325頁128頁 ……… 67
東京地判平2・3・28判時1353号119頁 …… 180
東京地判平2・6・14判時1378号85頁 …… 223
神戸地判平2・7・24判時1381号81頁
　……………………………………………… 177, 186
東京地判平2・12・20判時1389号79頁 ………… 33
東京地判平3・3・22判時1402号113頁 …24, 26
東京地判平3・3・29判時1405号108頁 …… 190
東京地判平3・11・26判時1420号92頁 ……… 141
神戸地判平5・1・22判時1473号125頁 …… 206
東京地判平6・9・1判時1533号60頁 ………… 35
東京地判平7・3・28判時1557号104頁〔大和銀行出資金返還請求事件〕……………… 109, 112
東京地判平8・7・3金判1022号32頁 ……… 136
東京地判平8・9・27判時1601号149頁
　……………………………………………… 225, 226

東京地判平9・4・8判夕967号173頁 ……… 206
福岡地判平9・6・11判時1634号147頁 ……… 41
東京地判平9・8・29判時1634号99頁 ……… 33
京都地判平11・6・10判時1703号154頁 …… 205
東京地判平11・2・25金法1574号48頁 ……… 43
東京地判平11・2・25判時1676号71頁 …… 128
東京地判平11・6・7判タ1042号231頁 ……… 41
東京地判平13・10・19判時1796号97頁 …… 223
東京地八王子支判平17・5・19判時1921号103頁
　………………………………………………… 227
東京地判平17・6・29判夕1196号101頁 …… 143
福岡地判平18・2・2判夕1224号255頁 ……… 53
東京地判平18・2・13判時1928号3頁 ……5, 227
東京地判平22・12・22判時2118号50頁 ……… 29
東京地判平23・1・20判時2111号48頁 ……… 25
東京地平25・6・6判時2207号50頁 ………… 26

［著者紹介］

畠田　公明（はただ　こうめい）　福岡大学法学部教授
執筆分担：第1章，第7章1～9
主要な著作：『会社の目的と取締役の義務・責任－CSRをめぐる法的考察』（中央経済社，2014），『コーポレート・ガバナンスにおける取締役の責任制度』（法律文化社，2002）

松本　博（まつもと　ひろし）　久留米大学法科大学院教授
執筆分担：第2章，第3章
主要な著作：西山芳喜編『アクチュアル企業法（第2版）』（共著，法律文化社，2016），松本博編『サイバー社会への法的アクセス―Q&Aで学ぶ理論と実際』（法律文化社，2016）

前越　俊之（まえこし　としゆき）　福岡大学法学部准教授
執筆分担：第5章，第6章，第7章10，第10章3～6
主要な著作：「証券不実開示訴訟における『損害因果関係』」福岡大学法学論叢53巻4号329頁（2009），「金融商品販売業者等の情報提供義務」東北学院法学76号480頁（2015）

嘉村　雄司（かむら　ゆうじ）　島根大学法文学部准教授
執筆分担：第4章，第8章，第9章，第10章1・2
主要な著作：「保険とクレジット・デリバティブの法的区別の再構成」德本穰ほか編『会社法の到達点と展望――森淳二朗先生退職記念論文集』68-101頁（法律文化社，2018），「クレジット・デリバティブ取引に対する保険契約法・保険監督法の適用可能性の検討」損害保険研究76巻2号1-30頁（2014）

新版 商取引法講義

2018年10月10日　第1版第1刷発行

著　者	畠　田　公　明
	松　本　博　之
	前　越　俊　之
	嘉　村　雄　司

発行者　山　本　　　継

発行所　㈱中央経済社

発売元　㈱中央経済グループ
　　　　パブリッシング

〒101-0051　東京都千代田区神田神保町1-31-2
電話　03 (3293) 3371 (編集代表)
　　　03 (3293) 3381 (営業代表)
http://www.chuokeizai.co.jp/

印刷／三英印刷㈱
製本／誠製本㈱

Ⓒ 2018
Printed in Japan

＊頁の「欠落」や「順序違い」などがありましたらお取り替えいたしますので発売元までご送付ください。（送料小社負担）

ISBN978-4-502-28131-0　C3032

JCOPY〈出版者著作権管理機構委託出版物〉本書を無断で複写複製（コピー）することは，著作権法上の例外を除き，禁じられています。本書をコピーされる場合は事前に出版者著作権管理機構（JCOPY）の許諾を受けてください。
JCOPY〈http://www.jcopy.or.jp　eメール：info@jcopy.or.jp　電話：03-3513-6969〉